中国过程研究
China Process Research

第五辑

杨 丽 温恒福 王治河 主编

中国社会科学出版社

图书在版编目(CIP)数据

中国过程研究.第五辑/杨丽,温恒福,王治河主编.—北京:中国社会科学出版社,2019.10
ISBN 978-7-5203-4797-6

Ⅰ.①中… Ⅱ.①杨…②温…③王… Ⅲ.①过程哲学—研究 Ⅳ.①B089

中国版本图书馆 CIP 数据核字(2019)第 165955 号

出 版 人	赵剑英
责任编辑	冯春凤
责任校对	张爱华
责任印制	张雪娇

出　　版	中国社会科学出版社
社　　址	北京鼓楼西大街甲 158 号
邮　　编	100720
网　　址	http://www.csspw.cn
发 行 部	010-84083685
门 市 部	010-84029450
经　　销	新华书店及其他书店
印　　刷	北京君升印刷有限公司
装　　订	廊坊市广阳区广增装订厂
版　　次	2019 年 10 月第 1 版
印　　次	2019 年 10 月第 1 次印刷
开　　本	710×1000　1/16
印　　张	15.25
插　　页	2
字　　数	250 千字
定　　价	88.00 元

凡购买中国社会科学出版社图书,如有质量问题请与本社营销中心联系调换
电话:010-84083683
版权所有　侵权必究

《中国过程研究》编辑委员会

学术顾问 叶秀山 朱德生 陈村富 黄长著
主　　编 赵　成 姜德刚 王治河
执行主编 曲跃厚 霍桂桓 樊美筠
编　　委 （以姓氏笔画为序）

丁立群 万俊人 王立志 王成兵
王志成 王治河 王南湜 邓晓芒
冯　平 乔瑞金 任　平 刘孝廷
刘全华 成长春 曲跃厚 朱志芳
朱葆伟 朱德生 衣俊卿 张一兵
张再林 张志伟 张志林 张学广
张桂权 李　河 杨　丽 杨　明
杨　深 杨富斌 陈村富 庞学铨
李小娟 李　方 赵敦华 赵鹤龄
罗嘉昌 金吾伦 金惠敏 周邦宪
孟根龙 欧阳康 俞宣孟 俞懿娴
郭少棠 姚大志 倪培民 袁祖社
唐凯麟 黄　勇 黄长著 黄书进
黄　铭 高峰强 陶秀璈 傅有德
曾庆华 温恒福 谢文郁 靳希平
裴　勇 赖品超 蔡　仲 樊美筠
黎红雷 霍桂桓 鞠实儿

目 录

过程哲学

方东美看怀特海 …………………………………… 俞懿娴（1）
作为生态文明之哲学基础的过程哲学 ……………… 杨富斌（15）
"情感调子"在怀特海哲学中的地位与作用 ………… 张秀华（26）
华严宗哲学与怀特海哲学的比较研究 ……………… 王俊锋（36）
怀特海的"过程"概念 ……………… [美] 杰伊·麦克丹尼尔（45）

建设性后现代主义

论建设性后现代的"有机自我"
　　——当代西方"自我"概念发展的新取向 … 王治河　樊美筠（50）
试论建设性后现代主义哲学的思维方式 ……………… 吴伟赋（66）
建设性后现代主义视域中的法治思维 ………………… 陈伟功（75）
詹克斯建设性后现代建筑理论中的生态美学意蕴 ………… 李　玲（85）
建设性后现代主义的定位和未来
　　——访大卫·格里芬博士 ………………… 强乃社　樊美筠（95）

过程教育哲学

融合式教育现代化
　　——新时代中国特色社会主义教育现代化的
　　　新趋势 ………………………… 喻聪舟　温恒福（100）
从过程视角看公平教育的意义 ………………………… 黄　毅（109）
机体哲学视域下的生物学教科书价值取向研究 …… 周丽威　杨　丽（114）
怀特海艺术思想及其对我国中小学艺术教育

改革的启示 …………………………………… 温宏宇　杨兆山(123)

有机马克思主义

生态文明时代需要有机马克思主义 …………［美］小约翰·柯布(136)
关于有机马克思主义和有机教育的若干重要问题
　　——菲利普·克莱顿教授访谈录 ………………… 杨富斌(142)
善待有机马克思主义 ………………………………… 管小其(157)
有机马克思主义：过程思想与马克思主义在当代的发展 … 柯进华(171)

生态文明

环境伦理学的过程哲学之根：怀特海、
　　利奥波多与大地伦理 ……………［美］布莱恩·亨宁(183)
生态文明的哲学基础到底是什么？ ………［美］凯文·克拉克(193)
全域有机农业是通向生态文明时代的光明道路 …………胡跃高(199)
生态文明的希望在你我肩上
　　——第十届克莱蒙生态文明国际论坛综述 …… 杨道宇　樊美筠(209)

其　　他

"新共同体主义"刍议
　　——读《21世纪生态经济学》兼及新伦理观 ………… 裴　勇(219)
2018年"柯布共同福祉奖"获奖感言 ………………… 鲁枢元(222)
小公司和大哲学的深层契合 ……………………………… 张　正(224)
人本该诗意地栖居
　　——第十二届中美过程暑期班感悟 ………………… 王晓丹(226)
《过程哲学与建设性后现代主义》自序 ………………… 曲跃厚(231)

方东美看怀特海

俞懿娴/文

陈荣捷在《中国哲学数据选辑》一书中如此描绘20世纪初中国学界受到的西方思潮的冲击：19世纪与20世纪之交，叔本华、康德、尼采、卢梭、托尔斯泰和克鲁泡特金等人的思想涌入中国。1917年以后，思想运动迅速展开。紧接着十年之内，笛卡儿、斯宾诺莎、休谟、詹姆士、柏格森、马克思和其他哲学家的重要著作纷纷被译为中文，杜威、罗素等人相继来华讲学，许多期刊的专号以尼采和柏格森为主题。几乎每个西方思想家，如詹姆士、柏格森、怀特海、霍金、席勒、格林、卡尔纳普和刘易斯等等，均有其追随者。一时间，中国思想已完全西化。

这一生动描述正是民国初年方东美（1898—1977）所处的时代。自17世纪科学兴起，西方历经18世纪启蒙运动反传统、反权威、反宗教的思潮涌动，到19世纪与20世纪之交，科技进展神速，社会变革不断，哲学呈现出唯心论、唯物论、实证论、社会主义、生机论、实用主义、分析哲学、存在主义等思潮百家争鸣、蜂出并作的局面。与此同时，帝国主义、民族主义、殖民主义、资本主义、民主政治、工业现代化席卷全世界，对中国社会与文化造成巨大冲击。面对这亘古未有的变局，方东美在精神上传承了王国维"兼通中西"的治学原则，在就读金陵大学时便翻译了默里（D. L. Murray）的《实用主义》（*Pragmatism*）一书，于1919年付梓。随后，他于1921年负笈美国威斯康星大学和俄亥俄州立大学，博习西洋哲学，对黑格尔、柏格森和新实在论用力尤深。[①]

[①] 宛小平：《方东美与中西哲学》，安徽大学出版社2008年版，第20—26页。

自1925年回国任教于南京东南大学（不久更名为中央大学）之后，方东美广泛引进古希腊哲学思想，尤其对古希腊悲剧精神驰情甚深——见"希腊哲学之意义""生命悲剧之二重奏""生命情调与美感""哲学三慧"等文，并对《悲剧的诞生》一书的作者尼采大表赞赏。在这个阶段，方东美虽曾提及怀特海，但对他而言，怀特海的重要性并未超过柏格森或黑格尔。嗣后，方东美虽然零星地评价过不少重要的西方哲学家，如柏拉图、亚里士多德、笛卡儿、斯宾诺莎、莱布尼茨、洛克、贝克莱、休谟、康德、叔本华、布拉德雷、詹姆士、杜威、桑塔耶那、罗素、卡尔纳普、胡塞尔等人，但他仅对黑格尔作过系统评述。[①]整体观之，在方东美对西方哲学家的评价中，怀特海究竟占何种地位？殊难论断。然而，方东美是当代中国哲学家中首先站在中国哲学的立场注意到怀特海哲学并以"机体主义"一词名之者。[②]尤其到了晚年，他在讲述《华严宗哲学》时特别指出，应对华严宗哲学与怀特海进行系统比较。本文对旧作方东美部分的不足之处作相关补充，以更完整地说明他对怀特海的评论，以见当代中国哲学家在引进西方哲学之一端。

一　民国初期引进怀特海

早于1927年，方东美在《哲学思想缘何而起》第一章中首次提及怀特海《科学与近代世界》中的论述"数学的真确性只依据它的完全的共相。"在论及数学在思想史上的地位时，怀特海主张，数学是排除所有殊别事例的纯粹抽象之域；数学的确定性有赖于其完全抽象的通则性（generality）。数学的抽象分析需要经过什么步骤？方东美引述怀特海在《科学与近代世界》第二章中提出的三个步骤：一是运用数学方法分析世界，应直接体会经验的内容，认识殊相，欣赏它的具体价值，明其个性之所在。二是将感觉物象一步一步地抽象化，使其个性于具体境地之外也得到超然表现。三是确定绝对通则条件，使物象的特殊关系有所依据。这些条

[①] 方东美："黑格尔哲学之当前难题与历史背景"，载《生生之德》，黎明文化事业公司1980年版，第159页。

[②] 沈清松：《中国历代思想家：冯友兰、方东美、唐君毅、牟宗三》，台湾商务印书馆1999年版，第55页。

件应用甚广，能说明自然的流变和原理。这正是怀特海对心灵分析作用所作的描述：心灵首先着重的是经验内容的直接美感欣赏，包括其当下的具体价值在内；其次是对殊别事项的抽象作用；其三是理会满足经验中各种事物的殊别关系的通则条件。这是怀特海将其数学经验应用于认知心理分析，说明心灵如何由具体事物逐步走向抽象通则。

方东美还引述怀特海之说指出，"三百年来科学的宇宙观完全集中于唯物论的信仰。世界上只充斥了时空的物质是颠扑不破的。这种物质本身是无感觉、无价值、无意义的，只在机械的系统中，遵守数量的、因果的定律，不断地流动着。"接着，他在"科学的宇宙观与人生问题"一文说，"过去三百年间，西洋科学思想之精彩尽在唯物论"，并引用怀特海的说法："科学宇宙论横亘这个时期，贯注一切。它把充塞空间、浑浩流转、简约朴素的物质看作最后的事实。这种物质本身是无意义、无价值、无目的的，辟然动，翕然止，都谨守固定的常规，遵从外在的关系，丝毫无内性流露。我所谓的科学唯物论就是这种假设。"① 由此可见，方东美最先接触的是怀特海的《科学与近代世界》一书。不过，他也提到"初性与次性分别说乃是近代科学思想之破绽。这种破绽怀特海称作'自然界之两橛观'（the bifurcation of nature）"。② 这一论述引自怀特海的另一部著作《自然的概念》。方东美在批评近代科学唯物机械论的宇宙观时指出，近代人自从跳出物格化、阶级化的宇宙观的圈套之后，便负有两种重大的使命——求平等，争自由。而所谓自由就是依据继续不断的创造，把宇宙人生引到高妙的意境里，才能显现他们的实性实相。宇宙本身无处不表露新奇的事实。借用怀特海的妙语说，伟大的自然就是一种"创进"（creative advance）。③ "创进"的概念首见于怀特海的《自然知识原理探究》一书，但方东美显然并没有看过这本书，他提及怀特海的"创进"概念可能仍出自《科学与近代世界》。

二 "自然两橛观"与"具体性错置"的谬误

在谈到科学唯物论是齐物论即将抽象的数学方法应用于含德至富的真

---

① 方东美：《人生哲学讲义》，时英出版社1993年版，第64页。
② 方东美：《科学哲学与人生》，虹桥书店1965年版，第177页。
③ 同上书，第209页。

实世界时，方东美说："近代物质科学之全部，都有一种偏重抽象遗弃具体的错误。这便是怀特海所谓的"具体性错置"（the fallacy of misplaced concreteness）的论过。"①他在稍后的"生命悲剧之二重奏"一文中对此做了进一步说明：即就巴洛克科学本身的系统着想，我们亦可发现一种破绽，这便是怀特海所谓的"具体性错置"谬误。原来，17、18世纪的科学家要把自然界化为绝对单纯的系统，遂依据抽象法，假定物质之质点各于时空间架上，占有单纯位置。结果，竟误以为在一个空间或时间焦点上，物质集聚为孤立的系统，和其他时空系统或物质定型渺不相涉。如是，则宇宙任何物质系统仅由许多个别单位空间上之局部事变积迭而成。我们如欲解释这局部事变，只须就其本身及其时空近邻着想，厘定定律，不必连累兼顾任何别种物质系统或时空间架。此种极端抽象法之应用，诚赐予近代科学许多方法的便利，但不久即超越它的适当范围，把自然界之具体内容，逐渐流为枯竭的幻境了。②

这是说，怀特海认为，17世纪科学兴起以来，科学家将自然抽象化为时空各自孤立的质点的聚合，把具体的自然误认为抽象的物质系统，以致造成"具体性错置"的谬误。方东美在"生命情调与美感"一文中引用怀特海的言论说明，近代科学将自然数学化也是极端抽象化的做法："善哉怀特海之言曰：吾人究心数理科学，所欲探索者数也、量也、几何也，降及近代，秩序之抽象观念也，纯净逻辑关系之种类也。数学之要义在舍一切个别事物而高谈玄理，执实物之貌相声色以衡数学真理，不尽其趣矣。是知纯数学者，一极端抽象之理境也。"③

以上引论文分别收在方东美的名作《科学哲学与人生》和《生生之德》之中，是少数他生前便已出版的论文。这些文章主要引用的是怀特海的《科学与近代世界》和《自然的概念》。他还零星地提及怀特海的《数学导论》《符号主义：其意义和效用》《自然和生命》等书。大致而言，方东美首先注意到怀特海对于在自然数学化和原子论影响下，现代科

---

① 方东美：《科学哲学与人生》，虹桥书店1965年版，第227页。怀特海批评科学唯物论预设"简单定位"（simple-location）的物质概念，是高度抽象化作用的结果，如果误将这抽象的物质概念看作具体事实，则是犯"具体性错置"的谬误。（俞懿娴，2002）。

② 方东美：《科学哲学与人生》，虹桥书店1965年版，第344页。

③ 方东美：《生生之德》，黎明文化事业公司1980年版，第125页。

学提供的宇宙自然观不免趋于高度抽象，以致产生认知的谬误，即"自然界之两橛观"和"具体性错置"的谬误。同时，他还用怀特海"创进"的概念说明人类追求自由的真谛，这正是怀特海晚期哲学思想核心之所在。

三　中国人的宇宙观

怀特海主张宇宙是创进的过程，并批判了科学唯物论的宇宙观，使其哲学一方面与中国先哲的宇宙观交相辉映，另一方面有助于我们分析中国先哲的人生哲学及其广大和谐的宇宙观何以和科学唯物论与机械宇宙观互不相容。方东美观察到了怀特海的这些优点，认为科学的宇宙观以物质为无量微粒的抽象系统，以空间为无量点尘的抽象系统，时间为无量刹那的抽象系统，这和中国人的宇宙观格格不入。对方东美而言，中国人的空间是萦情寄意的艺术空间，中国人的时间是创化生生的时间，中国人的宇宙是形质有限而功能无穷的宇宙。他在《中国人生哲学》一书中根据原始儒家与原始道家的思想，比较了近代欧洲和中国人的宇宙观，并提出了三项对照。[①]

第一，中国人的宇宙不是机械物质活动的场合，而是普遍生命流衍的境界，他称之为"万物有生论"（或"万物含生论"）。近代科学把宇宙当作冥顽的物质系统，依机械原理而聚散离合，这虽然给科学研究以种种方便，但无法说明人生实相，更造成精神与物质之间的鸿沟。中国先哲则把宇宙当作普遍生命之变化流衍，人在其中，可依精神以寄色相，以色相显现精神，精神与物质水乳交融，毫无间隔。

第二，中国人的宇宙是冲虚中和的系统，其形质有限，但功能无穷。近代科学视宇宙为无限的物质实体，其间唯有机械因果的关系。前者着重的是宇宙的功能性，后者着重的则是宇宙的实体性。

第三，中国人的宇宙有其道德性和艺术性，故为价值之领域。近代科学视宇宙为自然现象，只有事实、没有价值。

综上而言，怀特海的宇宙观确实和方东美有相契之处。怀特海不仅一

[①]　方东美：《中国人生哲学》，黎明文化事业公司1988年版，第15—22、113—126页。

再批判科学唯物的宇宙观,而且肯定自然与美感价值须臾不能分离。他在《科学与近代世界》中举19世纪英国浪漫诗人雪莱和华兹华斯的作品作为人的美感直觉和科学机械论不合的见证。[①]方东美引其言道:"怀特海在其近作里亦说:'如果以诗意解释我们的具体经验,便知价值,值价,有价值,自身为目的,内在的意味,对于任何实事实相之解释,都是不能遗漏的。价值一辞所指者便是事情内在的真相。价值的因素简直充满了诗的宇宙观。'"[②]

1960年,方东美在任美国密苏里大学客座教授时发表的"从比较哲学旷观中国文化里的人与自然"一文中明确指出,西方人观念中的自然是没有价值意义的物质素材,也是纯然中性的机械宇宙秩序,与中国人的自然观颇不相同。对中国人来说,"自然是宇宙生命的流行,以其真机充满了万物之谓。在观念上,自然是无限的,不为任何事物所拘限,也没有什么超自然,凌驾乎自然之上,它本身是无穷无尽的生机。……人和自然也没有任何间隔,因为人的生命和宇宙的生命也是融为一体的。自然顾名思义该是指世界的一切。就本论来说,它是绝对的存有,为一切万象的根本。它是最原始的,是一切存在之所从出。它就是太极,这前缀见之于《易经》一书中,《易经》上认为太极能生天地,又能递生天地之间的一切。……宋代理学家更进一步发展为无限的天理,为万事万物所遵循而成就最完美的秩序。从宇宙论来看,自然是天地相交,万物生成变化的温床。从价值论来看,自然是一切创造过程递嬗之迹,形成了不同的价值阶级,如美的形式,善的质量,以及通过真理的引导,而达于最完美之境。"[③]

可见,方东美心目中的中国自然观近乎柏格森的生机论而非唯物论,是一种功能论而非实体论,是一种自然论而非超自然论,是一种创化论而非机械论,同时也是一种贯穿本体论、宇宙论和价值论的机体论。如此,方东美的宇宙观既肯定有一切所从出的"太极",有"完美的秩序",又肯定有处于创造过程中的自然,当可视之为柏拉图宇宙论和怀特海机体论

[①] Whitehead: *Science and the Modern World*. New York, The Macmillan Company, 1967, p. 87.

[②] Ibid., p. 93.

[③] 方东美:《生生之德》,黎明文化事业公司1980年版,第276—277页。

的结合。而在宇宙既是事实又是价值的立场上，方东美与怀特海也不谋而合。稍有不同的是，怀特海的宇宙论以上帝为中心，而方东美则承中国传统，以人为中心。

四 哲学三慧与反二元论

身为学贯中西的当代中国哲学家，方东美认为，给予中西文化适当的评价是哲学的重要功能。他曾提及，怀特海"探索近代科学思潮之来源，共得三种：一、希腊悲剧里的命运说；二、罗马法之威权；三、中古时代人类崇奉天神的理趣"，[1]这也是他引自《科学与近代世界》一书的说法。怀特海在分析西方科学思潮的历史渊源时，首先提及希腊悲剧文学的影响。古希腊悲剧中的"命运"概念成为现代思潮中的自然秩序，而悲剧作家对英雄事迹的专注成为现代人专注重大实验的榜样。其次，到中世纪，古希腊悲剧作家的"道德秩序"和"自然秩序"的概念被斯多噶学派所取代：神灵敕令万有必须遵守神定的法则。斯多噶学派传播这种神圣法最有效的途径是透过罗马律法。其三，科学不仅要求一般意义的事物秩序，还需要追求精确的习惯。因此，中世纪哲学对科学运动的最大贡献正是坚信所有细节的发生必有以特定普遍原则显示的相关的先在事件。这一信念的基石正是中世纪人们对于上帝理性的坚持，而探索自然的结果恰可坚定人们对于理性的信仰。[2]

在此，怀特海区分了三种西方文明形态：古希腊悲剧哲学、中世纪神学（含罗马律法）、近世科学。受此影响，方东美在"哲学三慧"一文比较了古希腊、近代欧洲和古中国的文化精神，认为古希腊以"如实慧"演"契理文化"，近代欧洲以"方便巧"演"尚能文化"，古中国以"平等慧"演"妙性文化"。[3]这些术语虽然充满佛学色彩，但仍可表达方东美对这三种文化特色的观察。古希腊文化崇尚理性，以智慧观照实相，是西方哲学的起点。近代欧洲文化以科学之知挟技术之功，探索自然，发展科

---

[1] 方东美：《科学哲学与人生》，虹桥书店1965年版，第141—142页。
[2] Whitehead: *Science and the Modern World*, The Macmillan Company, 1967, pp. 10-12.
[3] 方东美后来增举了印度文化，并以其慧种为"功德慧"的展现。如此，"哲学三慧"便成了"哲学四慧"。方东美：《人生哲学讲义》，时英出版社1993年版，第252—253页。

技，强调知识就是力量。中国先哲思想倾向和平中正，雅好追求精神价值，反映出中国文化以人为本、尊道贵德的特性。方东美对这三种文化做了概括性的评析，同时认为近代欧洲文化的发展颇有不尽理想之处。他指出，近代欧洲流行的学理，如初性与次性、经验与理性、精神与物质、生命与机械、心灵与物体、现象与物自身、表相与实在、物质与能量、时空连续与断续、因果与反因果等种种两分，造成西方思想陷入各种矛盾对立的二元论而难以自拔。[①]在方东美看来，怀特海反对初性与次性的二分，正可破除西方哲学传统好尚二元论的弊病。

在这个阶段，我们还不能说方东美对怀特海情有独钟，因为他常将怀特海与柏格森相提并论，甚至将怀特海列入受到黑格尔影响的学者名单之中。他在"黑格尔哲学之当前难题与历史背景"一文中认为，黑格尔哲学在英意两国对格林、贝克莱、鲍桑葵、怀特海、克罗齐等人所产生的影响，更不待说。[②]然而，怀特海或许透过英国新黑格尔主义者的思想间接地受到黑格尔的影响，但却不能说他也是新黑格尔主义者。正如他在自传中所说，自己读不进黑格尔的著作，他的哲学也反对绝对唯心论的主张。他与黑格尔在某些理念上是一致的，如认为宇宙是有机整体、自然是过程，等等。然而，黑格尔主张绝对唯心论，方东美主张机体唯实论，两人的基本哲学信念差距甚大。[③]

五　中晚期的发展与机体主义

1964年，方东美在"中国形上学中之与宇宙与个人"一文中，采取怀特海"机体"之意，提出了机体主义概念。这一概念可能取自《科学与近代世界》中怀特海曾提及的机体机械论，也可能取自《过程与实在》里所说的机体哲学。怀特海在引介这个概念时说："在哲学理论中，那普遍的'终极'皆因偶然的事物而得以在时空之中实现。只有透过偶然的具体实现，这'终极'始得其特征；离开了偶然的事物，那'终极'便

[①] 方东美：《生生之德》，黎明文化事业公司1980年版，第137—158页。
[②] 同上书，第163页。
[③] 俞懿娴：《怀海德自然哲学》，正中书局2002年版，第314页。

失去了'实现性'。在机体哲学中,那'终极'可名之为'创化',而'神'是其原初的、非时间性的偶然特征。斯宾诺莎或者绝对观念论的一元论,以'终极'是神,而'绝对'成为神的同义辞。在这一元论的架构下,那'终极'被视为最终的且超越的实在、超乎任何偶然的事物的观点,是不恰当的。就这一点而言,机体哲学采取的立场似乎更接近某些印度或者中国的思想,而不接近西亚或欧洲的思想。印度或者中国的思想把过程看作是终极的,西亚或欧洲的思想把事实看作是终极的。"①

《过程与实在》是怀特海哲学的灌顶之作,他坚持西方思辨哲学传统,企图推演出一套"诠释所有经验元素的、融贯的、逻辑的、必然的观念体系",以化解自科学兴起以来西方文明中宗教与科学、人文与自然、心灵与物质之间的冲突及其衍生出的种种二元对立。根据他的机体哲学,过程即是实在,一切实在无不处于变化生成之中。生成过程是潜存与实现、心极与物极、机械因与目的因聚合创造的过程,其中所有成分与元素无不彼此交相关联,形成有机整体。如此,怀特海的机体哲学便和方东美所说的中国哲学是一种"既超越又内在的形而上学"的看法十分接近。

方东美认为,中国哲学一方面深植于现实,另一方面又腾冲超拔,入于理想之胜境;同时摒斥二分法,否认二元论为真理。中国哲学的基本思想模式是"体用一如""变常不二""现象即本体""刹那即永恒",适足以藉"机体主义"的观点解释之。消极地说,机体主义否认心物分离,各处孤绝的系统;否认大千世界可化约为机械宇宙;否认宇宙是封闭系统,没有创生变化的可能。积极地说,机体主义旨在统摄万有,包举万象,而一以贯之;当其观照万物也,无不自其丰富性与充实性之全貌着眼,故能"统之有宗,会之有元",而不落于抽象与空疏。宇宙万象,赜然纷呈,然就吾人体验所得,发现处处皆有机体统一之迹象可寻,诸如本体之统一、存在之统一、生命之统一、乃至价值之统一……,等等。进而言之,这批纷杂陈之统一体系,抑又感应交织,重重无尽。如光之相网,如水之浸润,相与洽而俱化,形成一在本质上彼是相因,交融互摄,旁通

---

① Whitehead: *Process and Reality*, Edited by D. R. Griffin and D. W. Sherburne, corrected edition, New Yor, Macmillan Company, 1978, p. 9.

统贯之广大和谐系统。①

方东美这里提出的机体主义,虽不能肯定地说取自怀特海的机体哲学,但可以肯定的是两者颇有交会之处。方东美说,机体主义植基于现实,而又入于理想,有如怀特海以"具体经验"为起点,提出"永相"的概念,以发展他的描写形而上学(descriptive metaphysics)。方东美观察到"近代怀特海的思想,认为价值不但有理想性,而且有现实性。把现实界与永恒界联系起来"。他论述了非自然主义价值哲学的三种形态:一是柏拉图认为宇宙居于下层,是无价值的;二是从莱布尼茨到康德区分现实世界与可能世界、无价值的现象界和有道德艺术的本体界;三是黑格尔区分最高善和历史世界。方东美认为,这些形态无法联系理想与现实,唯有怀特海的思想可以解决上述三种学说的困难。②柏拉图肯定现行世界之外另有独立的理想世界,造成现实与理想的二分。这一困难柏拉图在晚期语录《巴门尼德斯篇》中已经反省到了。嗣后,亚里士多德之所以以批判柏拉图的理型论为哲学发展的起点,皆因柏拉图主张有脱离现行世界的价值体系,而现行世界的价值与实在性衍生出自我超越的理型。柏拉图区分实在表相的二元,造成西方二元对立的思维传统。莱布尼茨和康德追随其后,前者区分实在单子与现象世界,后者则造成了现象与物自身的鸿沟。因此,方东美认为,这三种形态的价值哲学均不可取,唯有怀特海可以解决他们的问题。

方东美以机体主义否定二元论,怀特海机体哲学的特征正在于打破了西方传统哲学的二元对立概念,如实体与属性、实现与潜存、因与果、心与物、主与客、不定与决定、消亡与不朽、实在与表相、个人与社群、整体与部分、内在与超越、连续与断续等。方东美旨在以机体主义统摄万有,怀特海则认为宇宙自然是由交锁关联的部分构成的整体。他们都同意自然是创进不已的过程,在时空之中,一切实在既彼此交感,又各自创生。怀特海用"摄入""合生""契入"等概念描写方东美所说的"感应交织,重重无尽""彼是相因,交融互摄"等创进过程的种种情节,方东美则一再强调中国形而上学不是超自然的形而上学,而是超越又内在的形

---

① 方东美:《生生之德》,黎明文化事业公司1980年版,第248页。
② 方东美:《人生哲学讲义》,时英出版社1993年版,第40—41页。

而上学。这种形而上学透视宇宙全体，注重机体的统一，避免孤立主义与抽象分析造成的弊病，因而是机体形而上学。这种机体形而上学视宇宙为整体，贯穿本体论、宇宙论与价值论，使宇宙真相透过艺术、道德、宗教的生命境界得以彰显。①

六 《易经》与华严宗哲学

方东美特别阐发了儒家形而上学。根据《易经》，其要义是：①以宇宙自然为创进不已之大生机，所谓"生生之谓易"也。②提倡性善论之人性观，以尽善尽美为人格之极致。③形成一套价值总论，使相对差别价值，含章定位，统摄于至善。④形成一套价值中心观，以肯定一切实在之全体大用。在这种儒家形而上学中，宇宙是基于时间、生生不已的创化过程，而个人是参赞化育、践形尽性的"时间人"。②方东美在《原始儒家道家哲学》中指出，中国哲学从春秋时代起便是一套生命哲学，生命不仅是动植物和人类所有，甚至存于"物质的机械秩序"之内。原初存在乃是生命的存在。在中国人看来，西方人发展的宇宙观是高度抽象的体系，而中国的本体论是以生命为中心的本体论，把一切集中在生命上。生命活动依据道德的理想、艺术的理想、价值的理想，在创造的活动中持以完成。因此，《周易》不仅是一个本体论系统，更是以生命为中心、以价值为中心的本体论系统。③

根据《周易》，时间是儒家形而上学的核心概念，这正与怀特海的过程与创生思想相符合。方东美一再说，西方在柏格森、怀特海之前不注重时间观念。他指出，《周易》采取了春秋时代的时间观念（如管子所谓的"轮转而无穷"），强调时间的重要性，因此在许多卦中一再提到"时义大矣哉"。但在西方，时间观念从一开始就不被巴门尼德、苏格拉底、柏拉图重视。到亚里士多德和赫克拉利特谈论宇宙变化时，才比较重视时间观念。西方人一向认为，在时间变化之流中的事物缺乏实在性，时间之为过

---

① 方东美：《原始儒家道家哲学》，黎明文化事业公司1983年版，第23页。
② 方东美：《生生之德》，黎明文化事业公司1980年版，第289—290页。
③ 方东美：《原始儒家道家哲学》，黎明文化事业公司1983年版，第158—161页。

去、现在、未来的前继后续，恰可以空间的架构加以囊括。如笛卡儿、牛顿等人皆把时间看作如空间一般安放物质的架构，这便是柏格森所谓的"时间空间化"，使时间丧失了其地位。①方东美因此肯定柏格森的创化论和怀特海哲学是重视时间的，认为西方哲学可分为两大派：一是本体哲学；二是功能哲学，后者把时间看得很重要。他提及，要说明存在，必须通过柏格森到怀特海，再至近代哲学家斯普朗格（Spranger）等，重新回到黑格尔哲学，从时间来看历史哲学。②这一提纲式的说法究竟何意令人难解。如何通过柏格森到怀特海再到斯普朗格（强调横切面的人生形态）、回到黑格尔（强调纵贯面的历史发展）？但是，方东美肯定柏格森和怀特海的哲学是重视时间的功能哲学，当无疑义。

与此同时，方东美开始注意华严佛学的思想，并从杜顺、智俨与法藏等人提出的三重观门（真空观、理事无碍观、周遍含容观）抽绎出三大原理：相摄原理、互依原理、周遍含容原理。③他认为，华严宗哲学富含机体思想，可与怀特海的机体论相提并比。在论及华严宗哲学时，方东美指出，西方哲学中的经验论限于"遍计所执性"，而二元论又陷于"虚妄分别"。唯心论不免于"我执"，唯物论不免于"法执"。除非像怀特海一样修正这些思想，否则不能解决问题。当怀特海是数学家和物理学家时，他研究的对象是科学的客观世界。但是他说"自然对心灵是封闭的"，等于说科学即使发展到很高阶段仍是孤立的思想体系。不打破这种孤立系统，科学就不能与哲学联系起来，物理、数学、化学、生物学与心理学都联系不起来，又怎么可能狂想出科学主义压倒一切哲学？所以，怀特海首先要打破孤立系统的观念，使各个学门相互联系起来，才可能产生机体论。方东美进而指出，应该对"怀特海的机体论和中国的华严宗哲学做一个本体论上的比较，方法学上的比较，概念上的比较，思想范畴的比较，整个理论系统的比较。假如你要真能得着这个结果，那么 You will cut yourself a great figure in philosophy."④

怀特海所说的"自然对心灵是封闭的"究竟何意？或许我们不同意

---

① 方东美：《原始儒家道家哲学》，黎明文化事业公司1983年版，第161—163页。
② 方东美：《人生哲学讲义》，时英出版社1993年版，第28—29页。
③ 方东美：《生生之德》，黎明文化事业公司1980年版，第313页。
④ 方东美：《华严宗哲学上册》，黎明文化事业公司1981版，第411—413页。

方东美的看法,①但对于他指出怀特海机体论的目的在打破孤立系统的思想,联系各门学问,当可赞同。他认为,如果能比较华严宗哲学和怀特海哲学,在哲学上必有重大贡献,也激励着后学从事这方面的研究。

七 机体主义与王阳明

1972年,方东美发表"从历史透视看阳明哲学精义"一文,以机体主义诠释阳明心学。他指出,机体主义是中国哲学的主流与特色,其思情形态或为旁通统贯的整体,或为完形统一之结构,深蕴于中国先哲之胸臆。机体主义否认人与自然对立,更否认人性与宇宙为停滞不前的封闭系统。举凡实在、存在、生命、价值之丰富性与充实性,皆统摄于彼是相因、交融互摄、价值交流之广大和谐系统,且一以贯之。方东美认为,这种机体主义为早期哲学家的结论,并成为王阳明思想的起点。对王阳明而言,由于身、心、意、知、物"只是一件",浑然一体,不可分割,他的机体主义遂表现为极复杂的概念,如实在之统一、存在之统一、生命之统一、价值之统一等,皆含摄于一心之中,于是成为唯心一元论。在统摄万有的一心之中,心外无物,存在即是价值。价值与存在同以心为支点,且统于至善。又心即理也,心外无理,以此心乃惟精惟一,放之则弥于六合,无所不赅。又心即性也,性即天也,心物一源,而致格无间。知行合一,也是阳明的统一动机与行为的重要学说。方东美说:"阳明将身、心、意、知、物,统化为一件,视为浑然一体,不可分割者,以揭示其机体主义立场,充分发挥为机体统一论。"②

这里,方东美以机体主义诠释王阳明的唯心一元论,并非改变他原本反对的二元论、唯心论和唯物论的立场;只是提炼阳明心学中的机体思想成分而已。事实上,怀特海的机体哲学固然以批判科学唯物论为起点,但也力求避免陷于唯心论,尤其对黑格尔的绝对唯心论更是唯恐避之不及。怀特海在《过程与实在》序言中说,绝对唯心论以神或绝对作为终极者。

---

① 事实上,怀特海说"自然对心灵封闭",并不是认为自然是个孤立的系统,而是指自然是独立于心灵的客观实在。(俞懿娴:《怀海德自然哲学》,正中书局2002年版,第211—220)页。

② 方东美:《华严宗哲学上册》,黎明文化事业公司1981年版,第373页。

在一元论架构下，终极被视为最终的、超越的实在，超乎任何偶然的事物，这在怀特海看来是不恰当的。机体哲学中的终极是创化，而不是绝对精神。在创化过程中，创化内在于所有偶然事物中，而非超越偶然事物之上。方东美将王阳明的唯心一元论视为机体主义，这立场更近乎黑格尔与布拉德雷，而不是怀特海。然而，这不应当被视为方东美全然赞可王阳明唯心一元论的证据。

八　中国哲学与怀特海

方东美对怀特海哲学的了解主要根据的是《自然的概念》和《科学与近代世界》，而非《过程与实在》。即便如此，方东美仍以他的智慧洞见，看出怀特海哲学与中国哲学之间至少有两个会通之处：第一，怀特海视自然为创进过程与《易经》创化生生的哲学思想，两者是相符的；第二，怀特海的机体思想与华严宗哲学在本体论、概念范畴与理论系统上，有相似之处。因此，怀特海的机体论启发方东美提出了机体主义的理念，用以说明中国哲学乃"机体形而上学"。方东美认为，王阳明的唯心一元论也属于机体主义。然而，就方东美站在生命哲学、功能哲学和价值哲学的立场始终将柏格森和怀特海等量齐观看来，怀特海在他的心目中始终没有取得最重要的地位。这最明显地见于《原始儒家道家哲学》一书，方东美曾区分狭义的周易哲学和广义的周易哲学：前者专就《周易》的符号系统如何完成、文字如何解释来说明《周易》，如王弼、韩康伯、孔颖达、虞廷所做的工作；后者则在阐发《周易》形而上学的哲学内涵。他说，研究《周易》不仅当讲狭义的周易哲学，同时也应讲广义的周易哲学。以周易纯粹的儒家思想来贯通佛家华严宗的思想，同时多方面地贯通近代法国柏格森的思想。方东美所指示的这种中西哲学综合研究的方向，深深影响了他的门人程石泉，使他对发掘怀特海哲学与中国古代哲学之间的相通之处深感兴趣，使怀特海成为联系中国哲学与当代西方哲学的重要管道。

作为生态文明之哲学基础的过程哲学

杨富斌/文

一 过程哲学概述

过程哲学有两种含义,一是广义的过程哲学,即古今中外所有具有过程思想的哲学,如道家哲学、赫拉克利特哲学、黑格尔哲学等;二是狭义的过程哲学,即由英国哲学家阿尔弗雷德·诺思·怀特海创立的过程哲学,又称有机哲学或机体哲学。本文所说的是狭义的过程哲学。

法国当代哲学家布鲁诺·拉图尔(Bruno Latour)认为,其姓名以 W 开头的 20 世纪最伟大的西方哲学家,不是维特根斯坦,而是怀特海。[①]因为怀特海创立的过程哲学堪称黑格尔哲学以来西方哲学三百多年间最重要的综合性哲学体系,其内容涵盖了宇宙论、本体论、形而上学、认识论、方法论、真理论、伦理学、美学、宗教哲学、历史观、文明观、教育哲学等方面,并在每一方面都提出了发人深醒的独创见解,深刻地影响了当代自然科学、社会科学、人文科学、数学和哲学等学科的发展。"国际怀特海大会"大体每两年举行一届,迄今已举办了十二届。过程哲学自怀特海创立以来,经过查尔斯·哈茨霍恩、小约翰·柯布、大卫·雷·格里芬、杰伊·麦克丹尼尔、罗伯特·梅斯里和王治河等几代人的阐发,薪火相传,影响日增,从美国扩展到世界,并在理论内容和解释力上体现出明显的与时俱进特色,衍生出颇具理论创新和建树的建设性后现代主义、有

[①] 参见 Isabelle Stengers, *Thinking with Whitehead, a Free and Wild Creation of Concepts*, Foreoword by Bruno Lature, Harvard University Press, Cambridge, Massachusetts, and London, England, 2011, p. IX.

机马克思主义等新思想。

怀特海的主要著作有：①《过程与实在》，他在此书中创立了一种新的宇宙论或形而上学，在某种意义上实现了康德的遗愿：未来的科学形而上学可能吗？怀特海的回答是：可能。②《科学与近代世界》，他在此书中把科学与人文结合起来，表明自然不仅包含事实而且包含价值。③《观念的冒险》，他在此书中提出了他的价值论，认为事实本身即有价值，现实存在有其固有的内在价值，因而有工具价值和环境价值以及对整个宇宙整体的价值。④《思维方式》，他在此书中提出在相对论和量子力学时代，人们应当坚持过程—关系的思维方式，以超越传统的实体思维方式、静态—结构的思维方式。怀特海的《教育的目的》《形成中的宗教》《自然的概念》《自然知识原理》《相对性原理》，以及他与罗素合著的《数学原理》（三卷本）同样有着广泛而深刻的影响。

从西方哲学发展史看，过程哲学是对传统实体哲学的超越。有学者把这一超越概括为"实体哲学的沉降"和"机体哲学的腾升"。在我看来，如果说传统的西方近代哲学是以牛顿经典力学为基础的实体哲学，那么怀特海的过程哲学则是以相对论和量子力学为基础的过程—关系哲学。恩格斯指出："随着自然科学领域中每一个划时代的发现，唯物主义也必然要改变自己的形式。"[①]据此我们可以说，正是随着相对论和量子力学这一划时代的科学发现，西方哲学由主要关注实体性事物及其静态结构的传统哲学，转变为主要关注事件、过程和关系的过程—关系哲学（梅斯里语）。如果说相对论和量子力学超越了传统的牛顿力学，那么过程—关系哲学则超越了传统的实体哲学。传统实体哲学能够解释的一切自然现象和过程，过程—关系哲学都能解释，而且它还能解释传统实体哲学不能解释的许多难题，如身心相互作用的问题、休谟问题（归纳问题）、因果关系的客观实在性问题、决定与非决定论的争论问题等。比如，时间为什么不可逆？时间为什么总是从过去经过现在走向未来？牛顿力学并没有很好地回答，因而经典力学不得不坚持时间向前、向后都一样。正因如此，实体哲学也没有很好回答"时间之矢"的方向问题。而过程—关系哲学坚持所有现实存在都是自我生成的，生成即是创造，时间空间不可分割；时间之矢之

[①] 《马克思恩格斯选集》第3卷，人民出版社2012年版，第234页。

所以不可逆、从过去到现在和未来是因为，生成是不可逆的，任何事物都是不断生成的，自然界从来没有完成，永远处于不断地自我创造和自组织的生成过程之中。

二　过程哲学的要义 [①]

1. 过程哲学是一种不同于传统西方哲学诸流派的新哲学

首先，过程哲学扬弃了旧唯物主义的实体学说，主张以关系—过程的观点看世界。不论是古代朴素唯物主义还是近代机械唯物主义，都是以世界是由某种物质实体构成的这一观点为前提的。过程哲学则明确否定旧唯物主义实体观，以全部现实存在都是相互关联的这一观点为出发点，认为世界本质上是一个不断生成的动态过程，事物的存在就是它的生成。

其次，过程哲学批判了唯心主义的精神实体观，坚持精神也是宇宙中的现实存在，认为精神也是不断变化的动态过程。根据过程哲学，宇宙中的所有现实存在（包括无机物）既有其物理极也有其精神极。因此，宇宙才在一定历史阶段产生了"最美的精神花朵"——人类精神。否则，人类精神的出现就只能归之于奇迹。怀特海还明确否定了"人是机器"的机械唯物主义观点，认为它根本不能说明精神的运动过程、人的经验和灵魂何以产生的问题，而说明这些问题正是怀特海哲学的中心任务。

再次，过程哲学批判了以笛卡尔为代表的二元论哲学，坚持物质与精神并非相互独立的两个实体，而是内在关联的，两者统一于现实的存在过程之中。怀特海认为，现代哲学对物理和精神一直加以严格区分，笛卡尔教导我们要对物质和精神进行不同的形而上学思考，这无疑是正确的。但是，把物质和精神看作两个独立实体，人为地割裂两者的内在关联，这种主客二元对立的思想方式乃是近代西方哲学的根本缺陷。

复次，过程哲学批判了分析哲学的片面性，强调经验与实在之间具有内在联系。怀特海认为，分析哲学强调对语言、经验、逻辑、精神等进行分析，但却从根本上忘掉了它们与实在的真实关系。分析哲学只探求语言

---

① 杨富斌："过程哲学要义"，《光明日报》2011 年 7 月 6 日。https：//www. sinoss. net/2011/0706/34413. html。

的本质，忽略了语言与经验和实在的关系，因而走向了忽视生活、脱离经验、远离实在的极端。哲学归根到底要对实在有所理解和解释，对人及其实践提供方法论和价值观指导。否则，纯粹的语言分析只会把有机的实在解析为马赛克似的碎片，看不到万物之间的联系和作用。怀特海明确指出，哲学认识不能完全归之于语言问题。换言之，世界不可能只是一个把握世界的语言问题。

最后，过程哲学批判了现象学的片面性。怀特海指出，现象学最主要的片面性在于只关注现象，而否定了真正的现实存在的本质，因而至多能达到对现象的深刻洞见，不能揭示现象所体现的事物本质。仅仅承认现象，把现象与实在的关系悬置起来，进而抛弃实在本身，是现象学的根本缺陷。

2. 过程哲学是一种建立在现代科学基础之上的思辨哲学

与大多数现代西方哲学家拒斥形而上学相反，怀特海明确而自觉地要建立一种奠定在现代科学基础之上的形而上学思辨哲学，这在现当代西方哲学家中是非常独特的。

首先，过程哲学是一种自觉的思辨形而上学哲学。怀特海不仅明确承认和高扬其过程哲学的思辨性，而且以相对论和量子力学等现代科学以及科学史为例，说明思辨形而上学的合理性、必要性及其对科学发展的积极意义。在《过程与实在》中，他明确指出，过程哲学的宗旨就是要构建一种逻辑上自洽的思辨哲学体系，并认为这是一种产生重要知识的方法。他认为，在所有思想和自然科学中都有某种思辨成分，任何竭力摆脱思辨的思想家最后都不可能成功。科学的思辨最终会被实验所证实，因而人们对科学的思辨没有任何怀疑。由于社会现象的复杂性以及社会科学和哲学知识证明的复杂性，人们对哲学思辨通常抱怀疑甚至否定态度。怀特海认为，我们应当承认思辨本身有缺陷，并要小心地抑制这种思辨，但不能因此而完全否定思辨的价值和作用。尽管分析哲学取代哲学综合和思辨有其合理性，但它主要致力于分析，却没有提出观念的综合，没有对科学揭示的有关世界的观念进行哲学综合，进而形成科学的哲学世界观。而那些反对黑格尔的现象学家们，把现象学当作对经验的描述和分析，也没有对经验与实在的关系作任何思辨，进行正确的思考，未能正确地解释思维与现实存在的辩证关系。怀特海则主张，过程哲学的旨趣在于综合性的探究。

美国当代著名哲学家小约翰·柯布指出，怀特海明确地把自己的哲学确定为思辨的是要表明，这种哲学不是由确定无疑的结论或具有确定性的学说构成的，而是由人们目前能够提供的最好的和最充分地加以检验的假定所构成的。

其次，过程哲学是一种建立在数学、逻辑学和现代科学基础之上的思辨形而上学体系。怀特海运用逻辑范畴、数学原理、相对论和量子力学来论证自己的思辨哲学体系，创造了一系列新范畴，并通过内在的逻辑关联把它们构造成一套严密的理论体系。在《过程与实在》中，他阐述的四个基本概念是"现实存在""摄入""连结"和"本体论原理"。其四组范畴是"终极性范畴""结合和分离""创造性、新颖性原理和创造性演进""共在与合生"。他还详细阐述了八种存在性范畴、二十七种说明性范畴、九种范畴性义务，并阐述了几个派生概念，如"关联性""秩序性""客观不朽""概念摄入""直觉""意图""幻想与想象"，等等。在此基础上，他讨论了这些概念和范畴的应用，并强调"真正的发现方法犹如飞机的飞行。它从特殊的观察基地起飞；继而飞翔在想象性概括的稀薄空气之中；最后，重新降落在由理性的解释使之更为敏锐的新观察之上"。

3. 过程哲学是一种与马克思的实践唯物主义和东方哲学相通的有机哲学

首先，过程哲学和马克思主义哲学都坚持用过程的观点看世界，认为世界是一个过程。恩格斯明确指出："世界不是事物的集合体，而是过程的集合体。"这和过程哲学不谋而合。实际上，马克思和怀特海的哲学都是对现代科学的哲学反思，都坚持建立在达尔文进化论基础上的过程和有机思想。马克思的"社会有机体论"和怀特海的"机体哲学"有诸多契合之处。尽管怀特海侧重探讨的是有机宇宙论，马克思侧重研究的是社会有机体论，但两者都强调现实存在的关系性、有机性和动态性，强调现实事物的相互作用是发展的终极动因，这就从根本上排斥了"外力"或"第一推动力"的机械论动力观，强调了现实事物的"自己运动""自我发展""自我生成"。

其次，过程哲学与东方哲学尤其是中国哲学有许多相通之处。怀特海明确指出，他的哲学更接近于东方哲学的有机联系和变化思想，而不是西方原子论的机械世界观。过程哲学坚持世界在本质上是一个不断生成的过程，事物的存在就是它的生成，过程是真正实在的，和中国古代哲学中"生生不息"的变易思想息息相通。过程哲学坚持任何事物都是关系中的存在，没有任何事物是一座"孤岛"，万物都有不同程度的"感受"能力，和东方哲学坚持万物皆有灵性的思想相契合。过程哲学坚持创造性演进是宇宙进化的本质，和道家哲学所说的"道生一，一生二，二生三，三生万物"的创生思想相契合。过程哲学所批判的"误置具体之谬误"，和中国传统哲学所坚持的具体事物具体分析、实事求是的思想相契合。过程哲学强调现实存在都是能动的主体或超主体，没有纯被动的消极客体，现实事物只有主体间（inter subject）关系，和中国传统哲学天人合一、主客不分的思想相一致。

三 过程哲学的方法论 [①]

过程哲学之所以能在西方现当代哲学中独树一帜，并在一定意义上推动西方现当代哲学实现了"过程转向"，一个重要原因在于它明确坚持了自己独特的哲学方法论。

首先，过程哲学以发生学的动态过程分析法取代了实体哲学形态学的静态结构分析法，以"动力学过程描述"取代了"形态学描述"。这既是过程哲学的有机宇宙论在方法论上的必然体现，也是过程哲学方法论的最大特点。怀特海指出，哲学研究方法至少包括两个方面：一是哲学研究必须建立一定的体系；二是哲学研究必须对范围广泛和适当的一般性概念予以思考。而一切体系化的思想都必须从某些预先作出的假定出发。他认为，在建立体系以前，先要完成一项任务，即先收集和强调少数几个含义广泛的概念，同时要注意与之相关的其他不同观念。怀特海始终致力于收集和整合人类迄今所创立的各种基本概念和观念，并结合科学发展的最新成就及其所揭示的宇宙真相，综合人类的日常经验、宗教体验、审美体验和其他相关知识，努力建构一种有机哲学的宇宙论体系。这种建构理论体

[①] 杨富斌："过程哲学方法论探析"，《光明日报》2015年1月21日。http://epaper.gmw.cn/gmrb/html/2015-01/21/nw.D110000gmrb_20150121_3-13.htm。

系的方法，类似于马克思《资本论》所使用的方法。马克思在分析资本主义经济活动时，从资本主义经济的多种现实中抽象出最基本的商品范畴。然后，通过系统地分析商品、货币、资本的现实运行和发展过程，在理论上具体地再现了整个资本主义社会运行的现实。这就是马克思所概括的"从抽象上升到具体"的方法。

客观地说，许多西方哲学家都注重研究现实存在，并努力从现实存在出发分析问题。但他们大多排斥发生学分析，更注重形态学的静态结构分析。过程哲学特别注重对现实存在进行动态的过程分析，努力对之作动力学的过程描述或发生学考察，致力于把握现实存在本身的有机性、关系性和过程性。因为在过程哲学看来，弄不清与过程的关系，就不能最终理解现实存在。当然，过程哲学并不排斥静态结构的分析方法，而是强调两者要有机地结合起来，在对现实存在进行静态结构分析时，不要忘记它们都处于动态的现实过程中。因而对现实存在最真实的描述离不开发生学的过程描述，只有这样，人类的认识才能更接近现实世界的本来面目。

其次，过程哲学以关系分析法代替了实体哲学的要素分析法，坚持关系支配性质而不是相反。过程哲学涉及生成、存在和各种现实存在的联系，这就和传统的亚里士多德及笛卡尔意义上的实体哲学方法论区分开来了，因为后者坚持的是性质支配关系，而怀特海则坚持关系支配性质。过程哲学认为，所有关系在各种现实的关系中都有其基础，这种关系关涉活的东西对死的东西的占有（怀特海称这种占有为"摄入"）。因此，在方法论上，应当从关系着手分析现实存在。因为任何现实存在只有在一定关系中才成为其自身，而当它进入另一种关系中时，就成了另一种不同性质的存在。在过程哲学看来，关系性是一切事物的内在本质，任何关系从本质上说都是宇宙自身内部各种现实存在和现实事物的内在关系。就每一具体的现实存在来说，关系是其自身固有的，而非其他外在的现实存在强加的。正是因为如此，它才能同其他现实存在具有真正的联系。认识现实存在，实际上就是认识这种现实的关系。一切认识本质上都是对现实存在的关系的认识。脱离这种现实关系，就不可能认识现实存在及其相互之间的关系，甚至最终可能否认这种关系的现实性。在怀特海看来，休谟等人否认事物因果关系的客观性，把它归之于人们的心理联想，其认识论根源正在于此。

再次,过程哲学以思辨分析法超越了实证主义的实证分析法,坚持思辨方法是一种形成知识的重要方法。怀特海指出,思辨方法的任务是致力于构建一种内在一致、合乎逻辑且具有必然性的一般观念体系,根据这一体系,我们经验中的每个要素都能得到解释。在怀特海看来,并非只有实证的科学知识才是重要的知识,而思辨得来的知识就不是重要的知识。因为数学、逻辑的知识也是通过思辨得来的,它们无疑是人类知识的重要组成部分。同样,通过思辨得来的哲学知识也是人类知识体系中极其重要的组成部分。许多伟大的思想家和科学家都认同哲学是爱智慧的学问,是对普遍性、绝对性、无限性的理智探求,这些探讨充分体现了人类最高级的智慧和文明的本质。而这类知识只有通过理性的、直觉的和想象的思辨方法才能获得。实际上,即使自然科学知识脱离了思辨方法也寸步难行。因为从有限的事实和观察中概括出具有普遍性的科学定律,一定需要思辨方法。

最后,过程哲学以哲学的无限概括法超越了科学的有限概括法。怀特海指出,初看起来,对无限的整体宇宙的认识似乎是一项无法完成的任务。因为全面的理解乃是完全掌握整个宇宙,而我们是有限的存在,因而不可能有这种掌握。但这并不是说,有一些事物的有限方面在本质上不可能纳入人类认识的范围。任何存在的事物,就其与其他事物的联系的有限性而言,都是可以认识的。换言之,我们可以根据任何事物的某种视域来认识任何事物。因为在无限的有限事物中,没有任何有限的东西实质上是否定无限的。对任何有限的东西的认识,总是包含了对无限的一种关联。

四 过程哲学何以能作为生态文明的哲学基础

党的十七大明确提出"建设生态文明"并把它当作实现全面建设小康社会奋斗目标的新要求之一,党的十八大把生态文明建设纳入中国特色社会主义"五位一体"总体布局,党的十九大明确提出"牢固树立社会主义生态文明观",建设富强民主文明和谐美丽的社会主义现代化强国,这在党的历史上乃至人类历史上具有重要的里程碑意义。生态文明作为立足于我国社会实践基础上的创新概念,应当以什么哲学为基础,学者们有不同见解。

有学者指出，一是不能把生态文明建立在东方传统哲学的基础上。因为以儒释道为主流的东方传统哲学虽然具有"天人合一"的特征，包含着丰富的生态文明意识，但由于这种有机论思维是建立在经验、直观甚至宗教基础上的，因而不能成为当代生态文明建设的哲学基础。二是不能把生态文明建立在后现代主义的基础上。因为后现代主义虽然看到了现代性所造成的包括生态异化在内的一系列严重问题，要求实现部分与整体的统一、事实与价值的统一、男性与女性的统一，但后现代主义把解构现代性作为目的，而现代性恰好是广大发展中国家所缺乏的，因而后现代主义不能成为生态文明的哲学基础。三是不能把生态文明建立在生态中心主义的基础上。因为生态中心主义虽然是对极端的人类中心主义（人类沙文主义）的反动，有助于恢复人和自然的系统联系，但作为其思想基础的生态机能整体主义把自然理解为与人无关的自然，这就决定了它不能作为人类有目的、有意识地进行的生态文明建设的哲学基础。四是不能把生态文明建立在生态马克思主义的基础上。生态马克思主义虽然对资本主义社会中由异化消费造成的生态异化（生态危机）进行了激烈批判，将人与自然的和谐作为未来理想社会的重要特征，认为共产主义是解决生态危机的最终方案，但由于它在一定程度上认为马克思主义存在着生态学的"空场"，试图用异化消费理论补充马克思主义的劳动异化理论，用生态危机理论补充马克思主义的经济危机理论，用资本主义的第二类矛盾补充马克思主义的资本主义矛盾理论，没有看到劳动异化造成了消费异化，经济危机造成了生态危机，因而生态文明建设也不能建立在这种理论的基础之上。

我们认为，只有马克思主义哲学才能担当起建设生态文明的哲学基础的重任。[①]对此，张云飞教授在《唯物史观视野中的生态文明》一书中已作了详细而深刻的论证。但与此同时，不能简单地认为马克思主义哲学是生态文明的唯一哲学基础，其他任何哲学都不能作为生态文明的哲学基础。在我们看来，过程哲学也是生态文明的重要哲学基础之一。

首先，过程哲学把整个宇宙看作一个活的有机体，把世界看作一个由各种事件构成的生成过程，这便从宇宙论和本体论高度说明了世界的有机

---

① 参见张云飞：《唯物史观视野中的生态文明》第三章，中国人民大学出版社2014年版。

性、过程性和关系性。自然界作为人类的摇篮,作为人类须臾不可分离的现实条件和生存基础,作为一个永远处于未完成状态的自我组织、自我创造的过程,乃是人类文明得以产生、存在和永续发展的前提。虽然经典物理学告诉我们,物质不灭和能量守恒是物质运动的基本规律之一,但真正适合人类文明可持续发展的自然条件和环境则是特定的。否则,我们根本不必提出生态文明的概念,不必超越工业文明并致力于建设生态文明。而传统的实体哲学尤其是以近代经典物理学为基础的机械唯物主义,根本不可能对此作出合理和科学的说明。怀特海在《科学与近代世界》等著作中批判的就是机械唯物主义把物质看作惰性的质料、无生命的存在,把有机的、活生生的自然界看作无生命、无价值的对象,看作人类欲征服和改造的对象,看作追求资本主义剩余价值的原材料,把自然和价值割裂开来。从根本上说,现代性的所有弊端都是由此而产生的。因此,过程哲学可以为当代生态文明建设提供哲学基础。

其次,过程哲学提出的一系列基本原理(如过程原理、创造性原理、主体性原理、摄入原理、相关性原理、本体论原理和合生原理等)和观点(如世界是一个过程,过程就是现实存在的生成,生成就是创造,自然事实与价值不可分,文明社会的特征是追求真、善、美、艺术与平和),对生态文明建设具有极其重要的启发。如果我们能吸收和借鉴以相对论和量子力学、生态学和复杂性科学、当代生命科学和信息科学等当代科学为基础的过程哲学和建设性后现代主义哲学,对丰富和发展马克思主义哲学和中国特色社会主义理论体系,建设富强民主文明和谐美丽的社会主义现代强国,无疑也具有重要的理论和实践意义。

最后,正如美国学者约翰逊(A. N. Johnson)在《怀特海的文明哲学》[①]一书中指出的,怀特海的文明哲学(the philosophy of civilization)包括了其社会哲学、历史哲学、教育、宗教思想,是其整个思想体系的重要组成部分,可为生态文明提供坚实的哲学基础。1925年之后,怀特海主要关注的是文明的发展问题,他的文明哲学主要体现在《科学与近代世界》《过程与实在》《观念的冒险》等著作中。尽管他对文明的探讨是

---

① A. N. Johnson: *Whitehead's the Philosophy of Civilization*, Dover Publications, Inc. New York, 1958.

零散的，但经过约翰逊等人的考察和研究可以看出，这些探讨有其内在的关联。怀特海的文明哲学与他的形而上学理论即实在论是完全一致的。例如，怀特海认为，文明的理想——追求真理、探索大美、观念探险、达致平和——乃是一些永恒客体，是宇宙的持续结构的组成部分。文明的理想是基于事物的本性，并且能实现的。在他看来，文明的人类是由复杂的现实存在所组成的社会构成的。任何社会的特征都是作为其组成成分的某些或全部现实存在的特征。如果这些现实存在体现为某些种类的行为，一个社会就有可能以相同的方式进行活动。人们有可能实现探险的理想，因为现实存在的本质就是它是自我创造的。每一种现实存在都是新颖性的中心，因而是探险的中心。巨大且无限的永恒客体王国提供了无限的复杂性模式。这些模式可用来指引现实存在达到最佳或最悲惨的探险。这便会导致文明的冲突。社会和谐就是人们达致平和。最美满的和谐乃是摆脱了各种冲突并克服了各种社会之恶后的和谐。在探讨生态文明问题时，深入探讨怀特海这位在科学方面训练有素的思想家对文明所作的深入思考，无疑是一件有价值的事。

"情感调子"在怀特海哲学中的地位与作用

张秀华/文

当代哲学特别是人本主义哲学用非理性对抗理性的霸权,使情感在哲学中的地位凸显。在存在主义对焦虑的讨论中,海德格尔把"现身情态"作为历史性"此在"在世结构分析的重要环节,在晚期格外强调"开端性思想(inceptual thinking)"的"基本情调(the basic disposition)",甚至把"惊奇"与"抑制"和哲学开端对应起来。①而在科学主义思潮中,怀特海是最早把情感放到重要地位的当代哲学家。他在过程实在论中坚持泛主体论、泛经验论的有机论、整体论,其哲学旨在描述和回答宇宙如何通过经验主体的肯定性摄入和否定性摄入而完成不同等级实在和宇宙的合生,并在具有爱和诗人气质的自然主义有神论的上帝引导下走向真、平和、善、美的文明秩序。所以,在他的哲学中,情感具有重要的价值和地位。这不仅体现在他的存在论中经验主体的摄入总是离不开具有情感的主体性形式,体现在他的认识论中认识主体的经验感受——因果效验(causal efficacy)被看成感觉直接性认识的基础,而且体现在他不同于传统的主客体思维方式,进入主体间性地理解万事万物,从而使万物有情、有自身感受能力的价值主体和伦理主体成为大地伦理学和环境伦理学的哲学根基。

一 离不开情感主体形式的现实实在的摄入活动

怀特海从过程论和生成论出发,认为宇宙中的一切实存都处于生成、

---

① 海德格尔:《哲学论稿(从本有而来)》,商务印书馆2012年版,第14—41页。

变化的过程中，过程即实在。特别是在有神论的自然主义立场中，其有机宇宙观认为，即使上帝也不例外地处于与世界的交往过程中，并像诗人一样陪伴经验主体的成长。因而，他把时空中的基本实在类比成原子，称作现实事态或现实实在，并将其视为经验主体，以其拥有情感强度的主体形式进行感受或摄入，即通过物质性感受摄入环境中的物质资料，通过精神性感受或概念感受摄入永恒客体完成自我感受、自我选择、自我创造、自我生成和自我实现，并最终获得自我满足的情感。显然，这一过程不仅从有情感的主体形式出发，主导着经验主体的自我感受、摄入和生成活动，而且以自我满足的情感作为结局和终极目的，进而以主体性消亡的方式完成从主体向客体的转换而被称为超体（superject）。经验主体自我实现、自我满足所达到的个体化、个性化的独一无二的新颖性创造，最终被保留在万有在神论的上帝那里，构成上帝对世界的物质性感受而获得后继性的质的组成部分。

怀特海在《过程与实在》中把上帝看成一种现实实在，并用原初性质（primordial nature）和后继性质（consequent nature）对其描述。不同于后继性质，原初性质是基于上帝这种现实实在的主体性形式——追求新生的情感和友爱——对永恒客体进行的概念性摄入，从而使永恒客体有了秩序，并为进入时空中的现实事态的合生（主要是概念摄入）做好准备。用他的话来说，根据相关性原理，只能有一种非派生的实在，它不受对其现实世界的各种摄入的制约。这种创造性的原初的超体，在其满足的统一体中获得了对所有永恒客体全部的概念性评价。这是对创造性秩序所依赖的永恒客体的共在所进行的终极性、根本性的调解，它是对表现为喜欢或厌恶形式的全部欲望进行的概念性调解，并构成了关联性的意义。它作为现实的有效事实的地位，是通过把它命名为上帝的原初性质而得到确认的。[①]

怀特海把他的存在论原理直接表述为："所有实在的共在都是现实性的形式构成的共在。"[②]就是说，任何现实实在的合生都离不开永恒客体的进入。因为，他在讨论说明性范畴时对现实事态的生成明确给出了三个因

[①] 参见 Whitehead, *Process and Reality*, New York: The Free Press, 1978, p. 32.

[②] Whitehead, *Process and Reality*, New York: The Free Press, 1978, p. 32.

素：①进行摄入的主体，即以这种摄入作为具体要素的现实实在（或现实事态）；②被摄入的材料（包括来自环境或现实世界的客观资料和来自潜在的永恒客体）；③主体形式，即这个主体是如何摄入那些材料的。①这里所说的主体形式不是别的，它包括了"情感、评价、目的、喜欢、厌恶、意识等"；②这里所说的材料既包括物质性摄入的客观资料，也包括概念性摄入的永恒客体，而永恒客体是已经被上帝因其主体形式——爱的情感及其强度——而完成的概念性摄入的结果，它已经被秩序化了，并以其不同等级和相应的方式进入现实事态的摄入活动，参与了作为经验主体的现实事态的生成。

由于一切受造物、时空中的存在物都是其现实事态的生成，同时任何现实事态不仅通过摄入活动自我生成，而且参与了其他现实事态和宇宙整体的合生。所以，伴随着上帝的概念性摄入和物质性摄入活动，宇宙及其万物构成的不同层级的经验主体，因其爱、恨的情感等主体形式而进行感受或摄入的合生，并追求着创造新颖性和自我实现，而走向自我满足的过程。在这一过程中，宇宙历经了各种冒险，但因为有上帝及其爱的存在，必然走向平和、真、善、美的文明秩序。

由此可以断定，怀特海过程实在论的存在论，从根本上说是有机论的宇宙本体论，是有神论的新宇宙形而上学或爱的形而上学。爱的情感在实在的生成过程中从未缺场，并成为宇宙之不可或缺的一个解释要素。由于上帝参与了宇宙的合生，因而每一现实实在都有物质性的摄入和精神性的摄入，从而主动地接纳永恒客体的进入，追求自我实现的完满体验。这样，从有限便进入了无限，虽死如生。可见，情感是怀特海过程哲学的一个关键因素，并在存在论意义上说明了宇宙及其万物都有情感，这就对人类何以主动接受拥有爱的情感的上帝而产生的宗教情感进行了哲学阐发。怀特海认为，哲学必须关照人类的宗教情感。但是，他并没有创立过程神学，他的学生哈茨霍恩把他的这种关照了宗教情感和宗教现象的过程哲学发展成了过程神学，这在某种程度上影响了怀特海哲学的传播。

---

① Whitehead, *Process and Reality*, New York: The Free Press, 1978, p. 23.

② Ibid., p. 24.

二 以因果效验情感为基础的表象直接性感知

怀特海不仅在存在论上确立了情感的地位和不可或缺的功能，而且在认识论上也让情感因素出场。

传统实体论形而上学的认识论，凭借主客二元论的思维方式，强调认识活动中主体对客体感知的优先性和优越性，并把这种感知与人体的感觉器官直接关联起来了。怀特海认为，所有知觉都要通过身体感觉器官的媒介以及构成触觉、痛觉和其他身体感觉的延伸组织；只要直接当下在场，所有知觉对象都是感觉对象，它们以一定的方式相联系；我们关于社会性世界的经验是一种解释性反应，它衍生于一种知觉；我们的情感及目的的经验是一种反射性反应，它衍生于原始的知觉，并与解释性反应交织在一起，同时部分地铸造了它。因此，反射性反应和解释性反应是同一过程的不同方面，包括了解释性的、情感性的以及目的性的因素。[①]

怀特海把感知建立在了更深刻的非感知—感受或摄入的基础之上，并强调了后者在认识中的地位与作用，主张认识不能没有情感调子（affective tone）。他反对把主—客体关系这一经验的基本结构等同于知者与被知者的关系，认为单纯知识的概念是一个高度抽象的概念，强调知识是以经验为基础的，而经验的基础又是情感性的，有一个"情感调子"。[②]他在指出主体与客体区分的相对性之后，提出了"非感官的知觉"概念，对其可理解性和可接受性作了详细说明。他说：我们首先应该清楚地承认，感官知觉内部存在着局限性。这一特殊的功能方式在根本上把知觉材料表现为此地、此刻、直接和离散的。感觉的每一印象都是清晰的存在，这为休谟所宣称，而且没有理由怀疑这一学说。然而，即使休谟也为每一印象穿上了力和活泼的衣服。必须清楚地懂得，没有哪一种摄入，甚至是对单纯感觉材料的摄入，可以摆脱情感调子，即贵格派所说的"关切"（concernedness）这个特点。关切是知觉的本质特征。[③]在此，他借用贵格派强

---

① Whitehead, *Adventures of Ideas*, New York: The Free Press, 1967, pp. 177–178.
② Ibid., pp. 175–176.
③ 参见 Whitehead, *Adventures of Ideas*, New York: The Free Press, 1967, p. 180.

调的"关切"在认识活动中的作用，进一步说明了知觉活动离不开感情调子。

为了阐明当下的感知经验拥有过去非感知的经验基础，他以人的经验为例指出，人的经验的现在时刻是由另一时刻流入人的那个自我同一性而形成的。这种自我同一性就是直接过去在当下的延续。①特别是他在讨论经验主体的感受或摄入活动在前后事态中存在着情感相符这一问题时，他以"生气"这一情感为例强调：只要这种情感落入了意识之内，他便对过去的情感享有了一种非感官的知觉，他把这种情感的前后相符或一致称作"自然的持续性（continuity of nature）"。②

更重要的是，怀特海对有关感官知觉的正确学说作了精辟而深入的阐发：身体活动所固有的情感调子的定性特点被演变成区域特点。于是，这些区域被理解为和那些性质特点相关联，同样也被摄入的主体形式所分有。这便是为什么会有感官知觉强加的审美态度的理由。表明客体特点的那些感觉对象——即处于对比模式中的那些感觉对象——也进入了摄入的主体形式。这样，艺术才成为可能，因为不仅客体可以被规定，它们摄入的情感调子也可以被规定。这便是建立在感官知觉基础上的审美经验。③

怀特海把认识论建立在其过程存在论的基础上，进一步回答了因果关系、记忆、知觉等问题。在他看来，人类流行的对过去的普遍表达有三个方面：因果关系、记忆，以及我们基于当下过去的经验将我们的活动转换成我们当前修正它的基础。因此，消亡（perishing）是超越未来的一种角色假设。事态的"不在"乃是它们的"客观不朽"。一个纯粹的物质摄入就是一个事态如何在它的当下存在中吸收另一个已经成为"不在"的客观不朽的事态。过去如何居于当前就是因果关系、记忆，它是知觉的来源，也是当前情感和过去情感的一种持续的符合。过去如何居于当前是一个基本因素，从它出发生长出当前每一个暂时事态的自我创造。因此，消亡就是生成的开始。过去是怎样消亡的，未来就怎样生成。④这无疑再次表明，在怀特海那里，认识活动始终伴随着情感的发生。

---

① Whitehead, *Adventures of Ideas*, New York: The Free Press, 1967, p. 181.
② Ibid., pp. 183 – 184.
③ Ibid., pp. 215 – 216.
④ Ibid., pp. 237 – 238.

三 携情感的现实实在对自身、他者及宇宙有价值

怀特海基于其过程实在论，在泛主体论、泛经验论下，把一切存在都看成是携带着情感、有自身内在价值的实在，并在生成自身过程中参与了他者的生成和整个宇宙的合生。这里的他者不只是时空中作为经验主体的其他现实事态，还包括作为现实实在的上帝这一经验和感受主体。因此，一切携带情感的现实事态、现实实在都对自身、他者以及宇宙有价值，但这一结论需要作出进一步的论证与说明。

首先，从现实事态或现实实在对自身有价值来看。主要在于怀特海的这一主张，即现实事态或现实实在是经验主体，不是现成的持存物，不是单纯受动的存在，而是拥有主体形式、依托情感调子进行感受或摄入的自我选择、自我创造、自我生成、自我满足的能动的存在。其感受和摄入是其自我成就的实践过程，遵循的是主体性原则。如果把感受看作在时间中作为经验事态的自我展开和从生到死的整个过程，那么每一片刻的感受或摄入都是经验主体的自我活动，都具有内在同一性。基于这种同一性，它不断地获得主体自身的自我肯定，后一时刻的摄入总是以前一时刻的摄入为基础的。而且，在持续的进展中，当前的主体总是携带着过去的经验和情感来参与未来的自我创造和生成，这一过程循环往复，直到最终的自我实现、自我满足。从而，它完成了自己从生到死的转换，从主体到客体并参与了他者生成的转换，从有限走向了无限，因而成为具有客观不朽的永恒存在，将自身独一无二的价值保留在了上帝的后继性质中。经验主体自我完成了自己生命的伟大历险，最终创造出属于自己的新颖性（novelty）。正是在这个意义上，经验主体的现实事态对自身有价值。

其次，从现实事态或现实实在对他者有价值来看。在怀特海那里，任何现实事态都不是孤立的存在，而是宇宙整体中的一元，是联系中的存在。这些联系的不同次序构成了宇宙的等级秩序。因此，整个宇宙是一个充满联系的有机、有序、和谐的整体。正是因为如此，罗伯特·梅尔斯（Robert Mesle）把怀特海哲学叫作过程—关系哲学，[①]怀特海把自己的哲

---

① Mesle, C. R: *Process - Relational Philosophy: An Introduction to Alfred North Whitehead*, Templeton Foundation Press, 2008.

学叫作有机哲学。这就是说，每一个现实事态的生成与自我创造都不是孤立的，其感受和摄入既离不开环境或现实世界，也离不开作为最大背景的宇宙，更离不开作为诗人一直陪伴着的上帝。因为怀特海确信，任何作为经验主体的现实事态的生成都是合生，不仅要有来自环境从下至上的因果效验，而且要有来自上帝的自上而下的因果效验。在环境中，曾经作为主体的客体会为现实事态提供其物质性摄入的客观资料，这不是可有可无的，而是摄入或感受主体的感受和摄入必需的条件。在这个意义上可以说，过去的、完成了的现实事态作为客体参与了新事态的生成，因而作为一种客观资料对新事态有价值。不仅如此，一旦新事态的生成得以完成，即从主体变成客体参与了下一个事态的生成，它就会对他者有价值。这些都反映了从下至上的因果效验。此外，还有自上而下的因果效验，它标志着作为上帝的他者对经验事态有价值。在怀特海看来，经验事态的摄入总是具有两级性（dipolarity）——物质极和精神极，物质极的物质性摄入受制于从下至上的因果效验，精神极的概念性摄入则受制于自上而下的因果效验。这表明，经验事态在感受或摄入过程中不仅有主动性还有受动性，需要客体性原则的介入。为此，怀特海在范畴性要求中给出了客观多样性范畴，即不同客体要素在主体事态的合生过程中发挥着不同的作用，都有价值。比如，现实事态在摄入过程中除了保形阶段的物质性感受来自环境中的客观资料之外，还需要在补充阶段的概念摄入过程中让来自上帝概念摄入而秩序化了的永恒客体进入，从而使现实事态的物质性摄入通过概念评价得以定型。因此，上帝对现实事态的合生具有引导作用，对主体事态的合生具有价值。这体现了具有欲求、爱和作为现实实在的上帝这个经验主体对他者具有价值。这些客体性因素的介入都离不开主体的选择，而选择什么、在多大程度上摄入客体资料和永恒客体，都与主体的情感调子有关。一旦现实事态完成了由物质极和精神极这两级决定的摄入并获得自我满足，一方面就把自己独特的新颖性创造贡献给了上帝的后继性质而获得客观永恒性；另一方面就转换成为其他现实事态的客体资料参与了新事态的合生，对他者具有了价值。

再次，从现实事态或现实实在对宇宙有价值来看。根据怀特海的有机宇宙论，现实事态以其终极的创造性构成了宇宙万物，上帝所具有的原初性质和后继性质，作为现实实在也参与了宇宙的合生。在怀特海的过程哲学中，宇宙展现为创造性的生成过程，上帝作为现实实在使发挥着自身功能的宇宙自身成为可能。上帝的两极性摄入，不仅通过永恒客体的秩序化引领了宇宙秩序，使得世界中的价值增加成为可能，而且通过保存现实事态走向自我满足后而获得的独特价值解决了意义问题。同时，上帝也处于不断丰富其自身的后继性质的过程中，成为具有激情的诗人并陪伴着宇宙和世界。上帝不再统治和控制世界，而是说服和引领世界。这需要宇宙和世界中现实事态的两极摄入，尤其是概念性摄入，通过摄入永恒客体，使处于潜在性的永恒客体进入现实事态的合生而具有现实性，上帝那里获得原初目的（initial aim）。正如柯布所说，怀特海相信，来自永恒客体的秩序能够增加世界的价值。[①]

四 作为环境伦理学之根的关爱与尊重他者的情感

可以说，怀特海有机哲学的泛主体论、泛经验论回答了非人类的存在成为伦理主体的可能性与合法性问题。

由于万物有情，都是具有欲求、情感等主体形式的经验主体，人类不能只把自己当成追求目的和价值的主体，并把其他存在当作无自身目的和价值的、被动的甚至死的客体。这种以人类为一方、非人类为另一方，肯定前者、否认后者的主客二元的传统形而上学思维方式必须被放弃。只有把万事万物和人类都看作宇宙共同体中的一员，注重宇宙共同体大家园的共同福祉，厚道地对待一草一木，敬畏自然，呵护环境的伦理意识和伦理责任才会变得可以理解并被付诸行动。这正是当代怀特海主义者或有机马克思主义（我更愿意称其为过程马克思主义）所倡导的宇宙正义、生态正义、环境伦理。

布莱恩·亨宁（Brain G. Henning）在"过程与道德"一文中认为，怀特海哲学包括了伦理道德问题。亨宁基于怀特海的价值思想，确认了怀特海道德思想的合法性。由于万事万物都有自身的价值，并对他者、宇宙和上帝有意义，因此伦理主体的范围必须扩大到非人类。在《思想方式》中，怀特海把道德定义为"为了意义最大化的一种控制过程"。在《观念

---

① Cobb, J. B.: *Whitehead Word Book*, Claremont: P & F Press, 2008, p. 68.

的冒险》中,怀特海讨论了美的问题,把道德秩序放在美的秩序之中,认为善的才是美的。亨宁进而认为,怀特海有利他主义的思想,他的道德哲学在总体上是利他的,是为了经验主体自身的利益和共同体的利益的。怀特海坚持认为,个体对整体的价值不能和个体自身与他者的价值割裂开来。①

布莱恩·亨宁在"环境伦理学的过程哲学之根:怀特海、利奥波多与大地伦理"一文中,通过思想史的考察和文本研究进一步指认,怀特海对环境伦理学也有贡献。怀特海主义者最早参与了环境伦理学的研究:柯布在1972年就出版了环境伦理学的第一部著作;在威廉姆·布莱克斯通组织的第一个环境伦理学会议上,哈茨霍恩、柯布和冈特都出席了会议,并提交了论文;哈茨霍恩在《伦理学》上发表了第一篇环境伦理学论文"超越明智的利己主义——一种伦理学形而上学",环境伦理学的第一篇博士论文"非人类世界的权利"是由怀特海专家乔治·兰克指导学生阿姆斯特朗完成的,等等。②

怀特海的过程哲学在有机论、整体论、过程论、内在论下,使包括人类在内的一切存在都成为经验主体,都具有了感受、情感、目的、评价等主体性形式。这样,主客体思维模式就转换成了主体间性(inter - subjectivity)的解释原则,通过情感的调子,爱、敬畏、关切、同情等情感样态,一切主体间就有了共情与相互理解的可能性与必要性,都承认他者的在场——共在、合生,利他原则就被确立起来了。显然,怀特海在科学哲学、自然哲学传统内开创了理解对象与体验生命的"有情""重情"的人文科学方法论,奠定了主体间互动、对话、合作的建设性后现代主义立场,这也是柯布等怀特海主义者倡导生命解放、共同福祉、生态文明的关键之所在。菲利普·克莱顿等人撰写的《有机马克思主义——生态灾难与资本主义的替代选择》,进一步关注不平等、共同福祉、生态思维等问题,尊重与强调传统和文化,并试图寻找替代造成生态灾难的资本主义的可能方案,无疑是有情感调子的过程哲学在当代伦理正义观方面的集中

---

① 怀特海:《思想方式》,华夏出版社1999年版,第16—17页。
② Henning, B. G.: *Unearthing the Process Roots of Environment Ethics: Whitehead, Leopold, and the Land Ethic*, Balkan Journal of Philosophy, Vol. 8, 2016 (1).

表达。

综上所述,无论是从存在论、认识论还是价值论、伦理学的理论进路来看,情感调子在怀特海哲学中都发挥了重要功能。怀特海哲学不仅解构了理性主义的实体论形而上学,而且抛弃了主客二元论的思维方式所张扬的抽象主体性与能动性,在主体间性的解释原则下,把他者的价值与伦理主体的地位还给其自身,为环境伦理和生态文明建设提供了理论支撑。然而,这并不意味着强调了情感调子的怀特海哲学没有理论局限,关键的问题是我们如何从他的哲学那里获得可借鉴的思想资源与启迪,在开放的文化间的互动中努力探索出拯救现代性、谋求人类可持续发展的多种理论和实践方案。

华严宗哲学与怀特海哲学的比较研究

王俊锋/文

台湾学者方东美称华严宗哲学为"广大和谐的哲学"。[①]中国的大乘佛学是印度佛学中国化的产物,其中最重要的便是佛学与中国传统天人合一思想的融合,它克服了空与有、理与事、生与灭等二元对立,以达到事事无碍的殊胜境界。可以说,中国大乘佛教一直以克服二元对立为发展方向,而华严宗哲学以六相圆融、十玄无碍、法界缘起的思想,建立了一套非二元的超本体论系统,最能体现佛教圆融特色与广大和谐的思想。

怀特海的过程哲学是机体哲学。在西方实体主义、分析哲学的传统中,怀特海的非实体主义、综合性哲学独树一帜。他在《过程与实在》中明确指出,他的哲学更接近印度的或中国的某些思想。[②]本文的主要旨趣是在分析华严宗哲学和怀特海哲学的概念基础上,讨论两者对克服二元思想的共同性和差异性,及其在这种张力下如何互补,以构建卓有成效的对话。

一 华严宗的"法界"

法界缘起是华严宗哲学最基本的理论,也是其理论的根基。"法界"中的"法"指事物,"界"指的是类别、分类。同时,"法界"也指原因、体性。根据华严宗的"法界缘起",世间、出世间的一切现象都是如来藏清净心的生起,它能涵盖一切法,并在如来藏清净心的作用下,互为

[①] 方东美:《华严宗哲学》,台湾黎明文化事业公司1983年版,第5页。
[②] 怀特海:《过程与实在》,商务印书馆2011年版,第15页。

因果、相依相待，此中有彼、彼中有此，相即相入、圆融无碍，一切事物形成相互联系的有机整体。法界缘起也可理解为"一真法界"。

法藏在《起信论义记》中谈到，"如来藏随缘起念成阿赖耶识，此则理彻于事也；亦许依他缘起无性同如，此则事彻于理也。"①世界的本体是如来藏，即理；世界的现象为阿赖耶识，即事。如来藏相当于"体"，由此而成就的个别现象相当于"用"。所以，法界缘起也可理解为体用不二。"理"是事物的"总相"，"事"是事物的"别相"，也就是一般与特殊的关系、本质与现象的关系。

宗密进一步发展了法界缘起理论，创造了四法界的学说。在《注华严法界观门》中，宗密说："唯一真法界，谓总该万有，即是一心。然心融万有，便成四种法界。"②也就是说，我们对世界的认识有一个发展过程，即从事法界、理法界、理事无碍法界直到事事无碍法界，才能达到圆满。这就使法界缘起理论具有了宗教意味。

但是，在理解华严宗的法界缘起时，我们不应把如来藏或真如理解为实体。因为华严宗的哲学是圆融无碍、非实体的、非二元的。我们可以从"空""有"方面作进一步阐释。法藏"总、别、同、异、成、坏"六个范畴说缘起，即六相圆融。但法藏与龙树的不同之处在于他以肯定的方式说缘起，而龙树以"八不"即否定的方式说缘起。依法藏，现实世界中的任何"有"，都是缘起世界必不可少的条件。但我们不能执迷于"事"，因为所有"事"都是无自性的"空"的本体的显现。法藏在《大正藏》云："此真空虽即色等，然色从缘起，真空不生色。从缘谢，真空不灭（色）。"现象界的成立、谢灭，无不是缘起，而这即是"空"。"空"只能是现象界的"空"，此外更无他物。"空""有"的不一不二的关系，表明背后都无形而上的实体，只是缘起的现象界的"实相"。

二 过程哲学的"机体"

怀特海在《科学与近代世界》中称自己的哲学是机体主义哲学。机

---

① 释印顺：《我之宗教观》，中华书局2014年版，第28页。
② 方立天：《佛教传统与当代文化》，中华书局2006年版，第102页。

体主义哲学从根本上说是要扬弃西方传统哲学的唯物主义和机械主义的世界观。

怀特海的哲学系统，首先否定西方作为能够独立存在的物质或精神作为起点。他认为，现实实体是终极存在，它自身便包含物理极和心理极。怀特海哲学的继承者、过程哲学的第二代代表人物哈茨霍恩也表达了同样的看法，即任何存在都不可能只是物质的或是精神的。同时，他反对西方独立自存的实体观念。过程即是实在，存在即是生成，生成即是创造。怀特海以过程作为实在的存在方式，表明并不存在没有关系、常住不变的实体。他用八个存在的范畴，即现实实体、摄入、聚合体、主体性形式、永恒客体、命题、多样性、对比，创造性地为我们描述了一个富有动感过程的世界。

西方传统哲学以实体—属性二元区分的方式思考世界，而怀特海过程哲学给予我们的则是一个富有动感的机体世界。作为整体的世界是富有生机和生命力的，各种不同的存在主体间都有其自身的价值与目的。但这种多样性的价值和目的之间又是相互包容、具有内在联系的整体。世界的流变，就是具有创造性的主体彼此不断摄入、相互结聚而呈现出的生生不息的过程。

怀特海改造了西方传统哲学的实体观念，并给予我们一种新的认识论。传统西方哲学的认识论是主体—客体的关系。但怀特海过程哲学则认为，最重要的并非主客关系，而是整体与部分的关系。任何客体都是整体世界的有机组成部分。在世界机体中，部分与部分之间、部分与整体之间都是相互内在的关系。整体的变化会影响部分的存在，部分的变化也会改变整体。无论整体还是部分，都无永恒不变的实体（上帝也不例外，这也是过程神学的上帝观念最鲜明的特征）。

三　两者的异同之处

华严宗的"法界"与过程哲学的"机体"理论，都表明世界是有生命律动的宇宙论。华严宗通过理与事、性与相、一与一切、相即与相入等范畴，表达了中国哲学的广大和谐性。方东美认为，华严宗是一套机体主义哲学，其理论要旨在于说明，整个世界的各种层次中，融贯了普遍的

"理",从而普遍的"理"能够渗透到宇宙万象的"事"当中。如此,便可以将一切万有的差别性、对立性、矛盾性等多元关系综合起来,形成一个广大和谐的系统。怀特海在《科学与近代世界》中,直言不讳地称自己的哲学是机体主义哲学。但是,我们在看到两者相通性的同时,也不能忽视两者之间的差异性。

华严宗哲学是在"空""真如"为本体的脉络中阐释其圆融思想的。其目的是要打破空有两边的执着,建立相即相入的互摄关系,最后达到事事无碍的境界。这种最后的和谐关系,是佛的殊胜境界,代表了宇宙的最高层次,是修持观法的最后目标。怀特海过程哲学则意在克服西方传统的"本质""实体"观念,打破主客二分的二元思想,并以心物交融的"现实实体"为终极单元,发展了一套内在关系的机体哲学。怀特海过程哲学是在创造性的逻辑下展开的。创造性即活动,所以过程哲学是极具动感的。特别是他的"事件"理论,打破了自柏拉图形而上学以来现象与本体间的分离问题、身心间的影响问题。但是,怀特海在说现实实体是存在的终极单位,在其背后再无他物的同时,又说现实实有和永恒客体是实在的两种基本类型,实在难以理解。特别是关于永恒客体,他一方面说"任何存在,其概念的认知不必然涉及在时间世界中的任何特定实际的存在的,便是永恒客体",[①]另一方面又说永恒客体是现实实有的潜能。这里的问题在于,永恒客体若是一种潜能,没有任何经验内容,那它如何作用于实际的现实实有并影响后者呢?它若不必然涉及时间中的存在,那它与康德的物自体又有何区别呢?怀特海虽然认识到了柏拉图的理念说的困难,有意要打破本体与现象之间的二元对立,但他引入永恒客体并作为世界的限制性原则,无疑留有西方传统形而上学的痕迹。

四 两者的差异性深层原因分析

通过上述分析我们发现,怀特海哲学和华严宗哲学既有相通之处,也有差异性。过程哲学视生成(becoming)比本质(substance)更基本的存在,华严宗以体用不二为"真空"与"妙有"的桥梁,都是为了打破东

---

① 怀特海:《过程与实在》,贵州人民出版社2006年版,第352页。

西方思想中二元对立的思想和理论难题。但它们之间也有明显不同，这种不同根植于东西方文明对于实在的终极旨趣的理解方式。换言之，这种差异性在于华严宗哲学和怀特海哲学的整体结构不同。

首先，不论是印度佛教还是中国化的大乘佛教，一直存在"空"与"有"的对立。如中国大乘佛教的涅槃经与如来藏系便是"空""有"两宗之间的对立：涅槃经把重点放在涅槃境界，注重出世，认为世界的实相是常乐我净的绝对本体，从而否定现世的生活；如来藏系则认为缘起是阿赖耶识的作用，从而更要注重起用的方面。所以，如何打破出世和入世的二元对立，建立体用相即的哲学，圆融现实世界与西方净土之间的张力，一直是困扰中国佛学的难题。

华严宗的法界缘起又称"大缘起陀罗尼法"，其最独创的思想是事事无碍的思想，这是其他佛教所没有的。它所言的四法界（事法界、理法界、理事无碍法界、事事无碍法界），是智慧不断超越的过程。事法界是无明之心对世界万有的执着，即只看到特殊性；理法界即世界所有的现象都是无自性的、非常住的，即普遍性；理事无碍是从无自性的空中解放出来，不落"空""有"两边，即特殊性与普遍性、体与用互摄无碍。事事无碍法界是领悟到所有特殊的现象都是空之理的显现，所以事事之间都可以透过空理而圆融无碍。华严宗一方面承认事相世界的真实性，另一方面又以空把看似分离的世界联结起来，从而在"真空"与"妙有"之间建立了桥梁。

华严宗沿着《华严经》、唯识与《起信论》，借鉴龙树的相关理论，以"理"与"事"把佛学中的真谛与俗谛、理想世界与现实世界圆融结合在了一起。华严宗法界缘起的逻辑就是相即相入。

相即，是针对缘起法自身的空有两性说。法藏在《五教章》中说："初中，由自若有时，他必无故，故他即自。何以故？由他无性，以自作故。由自若空时，他必是有，故自即他。何以故？由无自性，用他作故。故二有二空各不俱故，无彼不相即。有无无有无二故，是故常相即。"法藏的相即用空和有两个概念意在说明，相即的双方必有一方为空，另一方为有，不存在两方都是空或都是有的情况，否则就不可能出现相即。就自他两面的缘起来说，自有他无是"他即自"，自无他有是"自即他"。也就是说，在自他的缘起法中，处于虚位、否定的、潜在的一方，依顺于实位的、肯定的、现实有的一方；后者包容前者，前者依附后者，前者以后者的存在作为自己的存在，这种依顺就是"即"。根据相即的逻辑，事物之间的关系是真如实相的呈现，是缘起空性的呈现，而非逻辑上的排次关系。因此，华严宗可以在相即的逻辑上言一即一切、一切即一。

相入，指的是事物之间的相互影响与作用，以有力与无力两方面说明。法藏在《大正藏》中说："二明力用中，自有全力故，所以能摄他。他全无力故，所以能入自。他有力，自无力，反上可知。不据自体，故非相即；力用交彻，故成相入。又由二有力，二无力，各不据故，无'彼不相入'。有力无力，无力有力，无二故，是故常相入。"①这里的相入可从"摄"与"入"两方面来说：摄是有力的一方，摄他就是现实的存在包含非现实的存在；入是无力的一方，入自就是潜藏的因素注入现实的存在。缘起之物都是有力一方引导无力一方，无力一方随顺有力一方相铺而成，不存在两方都有力或都无力的情况，所以才能不断生成作用，自在无碍。根据相入的关系，华严宗提出了"一即多""多即一"的命题。若一为本体，则是本体与现象之间的相即相入；若一指现象，则是现象与现象之间的相即相入。可见，华严宗的哲学概念是在空无自性的思想下阐发的，是依据概念的空义来阐明事事无碍的最高境界的。

方东美称华严宗是一套"无碍"的哲学，其最重要的是对"空"义的阐发。总结华严宗的"空义"，主要有以下几点：空义只在缘起中成立，缘起之外无空；空义并不妨碍缘起，空在缘起处成立，不必灭缘起才有空；空不是与有相对的空，我们不应该执之为另一实在。所以，法界缘起理论的背后并不涉及独立自存的形而上学实体作为现象界生起与消亡的根据。我们更不应把空理解为一个形而上学实体，它是超越了"有""无"相对性的绝对的无。②

其次，华严宗的思维方式和理论建构是在空无自性的本体下言说的，并不存在任何独立自存的实体或先验的存在。同时，其事事无碍的殊胜境界是任何人都可以达到的。怀特海的思维方式和理论建构用过程替代实体，并以现实实体、摄入、合生、永恒客体等概念建构了一套有机哲学。

---

① 释印顺：《中国禅宗史》，中华书局2010年版，第53页。
② 方东美：《中国华严宗》，中华书局2013年版，第136页。

他在《过程与实在》中表示,机体哲学是一种实现性的细胞理论(cell-theory of actuality)。这里的"细胞"并非西方传统形而上学理解的物质或本质,而是现实实有(actual entity)。现实实有是存在的终极单元,是怀特海形而上学的核心概念。现实实有以过程显现自身,这一过程是在创造性的脉络下言说的,上帝也不例外。怀特海认为,依据普遍相对性原理(principle of universal relativity),现实实有之间通过相互摄入、结聚使世界形成了一种你中有我、我中有你、一而多、多而一的相互联系的有机整体。可见,怀特海哲学排斥了独立存在的实体概念,以期建立一套以过程为中心的非实体主义哲学。

怀特海指出,"在几个世纪中,充斥哲学文献中的一个错误概念就是'独立实存'的概念。"[①]他以现实实有为核心,建立了自己的过程哲学。作为世界的终极单元,现实实有之间是如何作用、建立联系的?这涉及"摄入"这个过程哲学的重要概念。在《过程与实在》中,怀特海将摄入分为两种:物理摄入(physical prehension)和概念摄入(conceptual prehension)。物理摄入是一种现实实有对另一种现实实有的摄入,概念摄入是对永恒客体的摄入。他在《观念的冒险》中指出,摄入具有三个组成部分:经验境遇、材料和主体形式。对摄入作这样的分析,很容易使人误解摄入概念是在认识论意义上而言的。但是,怀特海的摄入概念是宇宙论的,而非认识论的。即在任何一种摄入类型的主观形式中,意识并不必然被涉及。他在《观念的冒险》中说,摄入这个语词指的是经验境遇能够包含任何其他存在,不管它是另一种经验境遇还是另一类型的存在。若将意识作为主体形式的一部分,会使摄入概念局限于人或其他高级存在,而无法作为一个普遍概念。

我们还可以从积极摄入和消极摄入来理解怀特海的摄入概念。积极摄入就是感受,消极摄入则是感受的消除。感受是对宇宙中其他存在的摄取,从而作为自身内在建构的组成部分,这正是怀特海说世界是一个感受之海(the feeling of ocean)的原因。也就是说,感受是一种结聚。正是由于所有存在都有感受,宇宙才会有统合作用,并不断形成新的合生(concrescence),从而每时每刻形成一个新的世界。

---

① 怀特海:《过程与实在》,贵阳人民出版社 2006 年版,第 256 页。

我们根据现实实有、摄入和过程等概念发现，怀特海哲学确实与华严宗哲学中的缘起、相即相入等思维方式有相似之处。但在怀特海的永恒客体中，我们会发现怀特海哲学与华严宗哲学的差异性。他在《过程与实在》中给永恒客体下的定义是：任何存在，其概念的认知不必然涉及在时间世界中的任何特定实在的存在的，便是永恒客体。同时他又指出，一个永恒客体时常是现实实有的潜在性。但是，就其自身被概念地触及而言，就其物理摄入的事实而言，它是中性的。这种摄入是对于时间世界的特殊的现实实有的摄入。一方面，怀特海将永恒客体作为世界的限定性原则并与现实实有交融在一起；另一方面，永恒客体又好似柏拉图的理念，是先验的存在，永恒客体对现实实有的摄入或现实实有对永恒客体的摄入，犹如我们对柏拉图理念的模仿。但是，若永恒客体并不一定存在于时空中，不经由现实实有，那我们如何理解永恒客体呢？哈茨霍恩在《创造性综合与哲学方法中》指出，现实性与可能性之间的关系是不对称的，现实性能够包容可能性，但反之不然。怀特海的永恒客体若从这一层面分析，不仅与哈茨霍恩的思想相对立，也与他把现实实有作为终极存在的单元思想相矛盾。

除了以上分析，我们还应注意怀特海的上帝观念。在怀特海哲学中，事件、现实境遇和现实实有这三个概念对一般存在物而言是互通的。但怀特海指出，上帝可以称为一个现实实有，但不能称为现实境遇。因为若说是现实境遇，则说明上帝完全在时空中，但上帝在怀特海哲学中是唯一的、非时间的现实实有。虽然过程哲学的上帝与世界之间有相互内在的关系，但上帝亦有超验的一面。也就是说，上帝与世界的关系不能像华严宗哲学的空有关系那样，被理解为即体即用、即本体即现象、体用不二的关系。由此，我们才能更好地理解怀特海何以认为永恒客体并不一定存在于现实实有之中。因为永恒客体从上帝中流出，它有超越性、无限性的一面，而现实实有作为时空中有限的存在物，对其摄入必然是有限的。

五　华严宗哲学和怀特海哲学：从同异性的分析看两者的对话

对比华严宗哲学和怀特海哲学的异同，不是为了比较两者的优劣，而是为彼此关照自身提供一个窗口,以期为双方提供一个对话的基础。

从怀特海哲学看,过程哲学旨在打破二元对立这个西方传统形而上学的桎梏。二元对立(如身心问题、人与自然的关系问题,上帝与世界的关系问题等)不仅造成了许多理论困境,而且在现实中产生了许多实际问题,如生态问题、和平问题、虚无主义等。怀特海提出了非常具有创造性的新理念、新思维,特别是他认为现实实有之间内在关系的观点,能为我们解决现实问题提供新的路径。但是,要克服他所残留的二元论痕迹,可以从华严宗的圆融无碍、相即相入的思想中寻找资源。同时,过程哲学强调创造性,但这种强劲的生命律动也可能产生佛教所说的"我执""法执"问题,这也可以从华严宗哲学中汲取空无自性的观念,使过程哲学更加完满。

从华严宗哲学看,其华藏世界给了我们一种极具诗意和宗教情怀的理想,但它过分强调无碍,过于从和谐的立场抽象地看待现实世界,忽视了世界的矛盾,结果导致人们对善恶、是非的麻木,因而缺乏改变世界的能动性。[①]过程思想能够不断地为世界提供新的价值导向,使机体的世界不断更新,散发出强有力的生命力。

---

① 吴汝钧,《纯粹力动现象学》,商务印书馆2005年版,第455页。

怀特海的"过程"概念

[美] 杰伊·麦克丹尼尔/文　谢邦秀/译

过程思想中的"过程"是什么意思?"过程"指两种活动。它是经验世界的行为,就在这种经验的行为中,世界的多变成一。这种活动被称为合生。只要它发生,它便是在不间断的生活之流中从这种经验的行为到紧随其后的新经验的转变。合生与转变——经验的行为与通向新颖性的创造性进展——是过程的两层含义,两者结合起来对整个生活具有重大意义。在东—西方思想的精神中,我将讨论它们对因果关系、因果效验和爱的意义。

一　一个畅流的世界

请想象一下中国桂林漓江江畔的一座山,它表面看上去非常稳固,它不是液体,你能爬上去而不会沉没,你可能在山上摔倒并摔伤膝盖。它看上去根本就不在过程中,它似乎是稳固的、不变的。但物理学家告诉我们,这种稳固性并非故事的全部。山里存在着巨大的能量,其中一些能量存在于山的分子和原子中,还有一些存在于空无一物的空间之中。但所有这些能量都是动态的、不断变化的,更像是一条河而非一块石头。"山"是一个名词,但却是一个精力充沛的动词。这是一个复杂而多层面的事件:是一种正在成为山的行为。中国哲学认为,它有其自身不断的创造性,并称其为"气"。

甚至原子也是动态的。想一想原子中的一个电子。量子物理学家告诉我们,它是由一系列瞬间爆发的能量组成的,是一系列瞬间的偶然事件或脉动。电子不是固定的、不变的,它是这些能量的脉动中一次脉动的偶然事件，然后是下一次脉动的偶然事件。电子不是一件事物，而是一串连续发生的偶然事件。

佛教徒告诉我们，我们的意识是一种决不会在任何两个时刻完全相同的认知、感受和观念之流。物理学家告诉我们，电子是能量的脉动之流，其中没有一个会在任何两个时刻完全相同。怀特海同意他们两者的说法。环顾四周，我们看到的是各种流。世界像江河一样畅流，因为世界是一个生成的过程，世界上的各种现实实有（actual entity）也是生成的过程。

二 人的生活：一种偶然事件

想象一下，一天早晨，一个女人站在河边，准备从桥上过河去上班。过程思想家认为，她早晨看到的这条河与她下午看到的这条河并不完全相同。这个世界很像这条河流。正如河水在流动一样，世界也在流动，它是一个转瞬即逝的事件的网络。每一天甚至每一刻，都是一个不断更新的时刻。

但怀特海随后补充说，那个过河的女人也在变化。如果她早晨过一次河，下午又过一次河，回来的这个人与早晨的这个人已经不完全一样了。即使她感觉像是同一个人，但她心里已经有了一种新的记忆，即她对这天早晨曾过过河这一经验的记忆。她的生活是一种经验这个世界、并对它作出回应的过程。而一种经验一旦发生，就会成为过去的一部分，将会被经验之流中的其他经验所承继。

当然，如果我们从小的时间单位来考虑，这些变化可能显得微不足道。在其家人和朋友眼里，一个女人在早晨和在下午看上去似乎完全一样。但如果我们从较大的时间单位看，对这个女人和其他人来说，这些变化是显而易见的。一个女人 60 岁时与她 30 岁时并不完全一样，30 岁的她和 3 岁时的她也相去甚远。事实上，与她自己以前的自我相比，60 岁时的她更能够感受到身边的朋友和家人对她的认同，因为她的生活已经发生了太大的变化。她的存在即她的生成。

从过程的角度看，随着时间变化的过程并没有被过去预先决定。我们在周围看到的所有事物都来自过去，但所有事物也都在进入一种开放的、充满尚未实现的可能性的未来。因此，在任何特定时刻，人类就像一群在一条小路上行走的旅客,这条路的一部分已经被过去铺平,但尚未铺完。我们的脚步在帮助创建这条道路。

三 多变成一,并通过一而增多

脚步是什么?在怀特海哲学中,它是一种多变成一的行为。为了说明这句话的含义,让我们再来考虑那个女人。我们假设,在她过河上班时,她环顾四周并看到了至少三种事物:一座山、那条河、一位与她擦肩而过的渔夫。尽管这三个事物是彼此独立的,但它们同在她的视野之内,同在她经验它们的行为之中。这就是怀特海所说的"多变成一"的含义。他意指事物在经验它们的行为中走到了一起。他在《观念的冒险》中这样表述这一点:"除了在经验中同在以外,没有事物是同在的。经验在世界中,世界也在经验中。"

然后,当他说"多通过一而增多"时,他的意思是说,一种统一的世界经验一发生,随后就变成了宇宙的历史中的一件新增的物体,尽管它仍然是存在于她的记忆中的一种经验。但这种经验变成了客观不朽,因为它成为了宇宙不间断的历史的一部分。

当然,那个女人可能再也不会以一种有意识的方式想到这种经验。即使那个女人在其意识层面忘记了看到过山这一经验,但在其无意识层面,这种经验已经成为她的生活的一部分。因此,她的生活是一个持续的过程,其中每一时刻"多"都变成了"一"并通过"一"而增"多"。用怀特海的话说:"那种古老的学说'没有人能够两次趟过同一条河流'得到了扩展。没有一个思想家能够有两次同样的思考;更一般化地说,没有一个主体能够有两次同样的经验。"

从怀特海的观点看,原子深处没有一个电子能够展现同样的动力,也没有一个电子能够有两次同样的经历。那个电子可能看上去像是一个在空中穿行的粒子,但事实上,如上所述,它乃是一系列能量事件的瞬间,其中的每一个瞬间都继承了过去。这和那个女人的生活是一系列不间断的经验瞬间、其中每个瞬间都承继了其过去并没有什么不同。就好像一部电影的胶片剪辑,这部电影以一种连续的方式展开,剪辑的胶片一个接着一个,但实际情况是,电影是由剪辑的片段组成的。正是这种剪辑的片段,创造了那种连续感。一个电子的生活和一个人的生活以类似的方式展开：一个瞬间接着一个瞬间。怀特海说："存在着一种持续性生成，但不存在生成的持续性。"

当然，电子并不以与人类生活相同的方式"生活"。它们没有意识，也不能反思，它们没有建立一个公正的社会的希望。尽管如此，它们有它们需要回应的世界。用怀特海的观点来看事物，能量的每一瞬间的爆发——每一个量子事件——都把它自己的亚微观世界瞬间地统一到了一起。然后，这个统一行为的当下性会消失，以至那一瞬间成了后发生的事件的客观不朽。这里，"多"也变成了"一"并通过"一"而增"多"了。

四 因果关系

在这种将亚微观世界汇集到统一体中的行为中，能量事件受到被汇集到统一体中的事物的影响，并被其亚微观世界所塑造和决定。这就是我们所说的因果关系的意思，即当一个事件发生时，它不可避免地被影响它的因素所塑造，并部分地由那些因素所导致。

但是，宇宙中没有什么是完全被决定的。在接受那些影响的行为中，能量事件闪耀着创造性，在此基础上，它因接受那些影响而实现了某些可能性，也因此切断了其他可能性。通过这种方式，它呈现出一种量子的不确定性。

怀特海的基本观点是，事物内在的能量事件是早期进化的例子，后来在宇宙史中，我们称之为人类和其他动物生活中经验的现实际遇。在无机界的能量与生物界的主观经验之间，存在着一种本体论的连续性。笛卡尔将世界分为有形的物体和无形的心灵，怀特海则认为只存在一种现实，即时时刻刻或点点滴滴的经验。

这意味着在人类经验的每一瞬间，宇宙的某一特征被汇集到了那个单一行为的统一体中。通过被汇集到那个统一体中，外部世界的许多事物成为在那个瞬间正在发生的那种事物的一部分。对怀特海来说，两种存在物可以存在于彼此之中这种观念，是其哲学最重要的方面之一。他在《过程与实在》中说，普遍相对性原理直接反驳了亚里士多德的观点，即"一种物质不存在于一个主体之中"。相反，根据这一原理，一种动在存在于其他动在之中。事实上，如果我们考虑到相关性的程度，考虑到微不足道的相关性，我们必须说，每一种动在都存在于每一种其他动在之中。

五　因果效验

因此，我们对因果效验有一种怀特海式的理解。因果效验指的是过去对现在的影响：即过去的因果效验。我们假设，因果效验既可以是健康的也可以是不健康的，既可以是建设性的也可以是破坏性的，既可以是有意识的也可以是无意识的。基于这种观点，甚至电子也是因果效验的接受者。我们用"自由"来意指那种切断某种可能性的行为，自由就是增多这一行为本身。甚至电子也在某种微不足道的程度上享有自由。这样，因果效验便和自由走到了一起。

这种观点的影响类似于禅宗。它意味着我们要对现在的行为负责，尽管我们受到我们的过去的制约。它还意味着我们的行为不可避免地会影响未来，即使我们存在于现在。禅宗认为，"对过去的一切感激不尽；对现在的一切服务无穷；对将来的一切责任无限——这就是禅的精神。"这也是怀特海哲学的精神。我们生活的任务不是逃避过去、忽视现实或无视未来，而是时时刻刻尽我们的可能去感恩、共情、负责，并享受生活之美。

为什么要有共情心？我们的内心有什么在召唤我们成为菩萨？在某种程度上，它可能纯粹就是我们与万物相关这一事实。但对怀特海哲学而言，相互关联本身并不能真正解释共情的冲动，因为一种暴力行为和一种爱的行为有同样多的相互关联。某些因果效验对他人和自己的影响极具破坏性，那为什么还要有爱？怀特海补充说，这是因为，存在着一种普遍的合生，它每时每刻都受到这个世界的因果效验的制约。但它同时又是自由的，总是以一种爱的精神发生。当我们想要爱他人时，这种现实就内在于我们心中。而且，相对于我们自己认识的自我而言，这种现实和我们真实的自我更接近。

佛教徒把这种普遍的合生称为阿弥陀佛，说阿弥陀佛是一位向导，指引人们去感恩、服务、负责，如禅宗指点的那样。穆斯林称这种合生为真主。怀特海称这种合生为神，是内在于我们每个人心中的神灵。正是通过这种源于神圣、但又内在于每个人心中的诱惑的呼召，因果效验变成了爱。

论建设性后现代的"有机自我"

——当代西方"自我"概念发展的新取向

王治河　樊美筠/文

后现代视域中的"自我"（self）问题是当代西方哲学文化中的一个重要议题，也是后现代哲学的一个重要理论构成。这方面中外都出版了不少著述。然而，无论是国内还是国外，迄今为止对"后现代自我"的研究大都停留在解构层面，关注的主要是"碎片化的自我"和"破碎的自我"。将"后现代的自我"完全等同于"破碎的自我"。正如我国有学者描述的那样："作为继前现代自我观、现代自我观之后人类自我观的第三种形态，后现代自我观抽掉了现代自我之理性主义和主体性，而把自我演变成为无主体性、碎片化、零散化的自我。"[1]在后现代作者笔下，这种后现代自我并不是作为一个具有人格、情感和感觉的"自我"而存在的，他只是一堆散乱的、毫无秩序的木块而已。人们无法把这些各自独立、互相之间毫无内在联系的"碎片"秩序化。[2]因此，所留下的只能是一地鸡毛。

显然，对于后现代主义在自我问题上的最新发展，特别是对于建设性后现代的自我观，人们尚疏于考察。本文试图结合后现代主义的最新发展，初步勾勒从现代"实体自我"到解构性后现代的"破碎自我"，到建设性后现代的"有机自我"的发展轨迹，在此基础上探讨建设性后现代的自我观的理论内涵，以就教于方家。

---

[1] 刘晓露："试论后现代自我观的哲学起源"，《长沙大学学报》2015年，第4期。
[2] 何言红："中国当代文学中的'后现代自我'"，《当代作家评论》1992年，第3期。

一 现代实体自我观

所谓现代实体自我观，就是将自我看作独立自足、不假外求的实体。所谓实体，按照西方现代哲学之父笛卡尔的界定，就是某种独立不依、永恒不变的东西，它自己就可以存在，无须依靠别的什么东西（a thing existing in such a manner that it has need of no other thing in order to exist）。[1]尽管笛卡尔随后意识到只有上帝才符合这个条件，可以不依靠他者而存在，但这丝毫阻挡不了人们对这个实体概念的普遍接受，特别是在罢黜上帝、人人自冕为王的现代西方。"一块石头就是一个实体"，因为它"可以独立存在"。同样，"我也是一个实体"，因为我也可以独立存在。[2]正是在这个意义上，笛卡尔的"我"被看作"实体性的存在"，[3]在此基础上建立的"现代自我"不仅是"自由的、自主的"，而且是可以"随心所欲地进行自我创造的"。[4]

不难看出，作为实体的"现代自我"具有三大特性：一是实体性。就是独立自主，不受他者影响，不受变化影响。实体之间的联系或关系被看作"偶然的""外在的"，它们对实体没有任何影响。按照著名过程哲学家凯瑟琳·凯勒的分析，西方的神话、宗教、哲学以及整个西方现代文明都是建立在这样一个假定基础上的：每个个体都是一个孤绝的存在（a discrete being），我在本质上是独立于他人和周围环境的。自我被认为"是存在于某个地方的一个实体"。[5]二是分离性。所谓成为自我，就意味着我必须是某种分离的东西。自我本真地与分离联系在一起。根据凯勒的考察，我们所假定

---

[1] René Descartes: *Philosophical Writings*, ed. and trans, Elizabeth Anscombe and Peter Thomas Geach, London: Thomas Nelson & Sons, 1954, p. 192.

[2] Nathan Smith, Jason Taylor, *Descartes and Cartesianism*, Cambridge Scholars Publishing, 2005, p. 28.

[3] Steven Shaviro, Without Criteria: Kant, Whitehead, Deleuze and Aesthetics, Cambridge, MA: MIT Press, 2009, p. 73

[4] Paul C. Vitz, "Introduction: From the modern and postmodern selves to the transmodern self." In Paul C. Vitz & Susan M. Felch (eds.), *The Self: Beyond the Postmodern Crisis*, Wilmington, De: Isi Books, 2006, p. xi.

[5] 高峰强等著：《理性的消解——后现代心理学》，山东教育出版社2009年版，第195页。

的自我与分离的内在联系甚至可以在西方语言中找到它的根脉。拉丁语"自我"("se")一词意指"靠自己",与动词"分离"密切关联。对我们的文化来说,"正是分离铺就了成为自我的路"。[①]下面是一个当代西方男性回忆自己是如何接受分离教育的:"我自小接受的教育就是要成为我自己。我被告知通往成功的路就是自拥自重,热爱困难和孤绝,独立和自足,不依赖他人是一个优点。"[②]这样,在独立和自主的名义下,分离就和我们所珍惜的自由等同起来了。[③]三是不变性。我的自我是有本质的,这种本质始终如一、保持不变。我的本质时刻都是同一的。按照笛卡尔的界定,自我是一个具有一致性的、可以游离于肉体之外的精神实体。他说,"我"是一个作为思维的东西,即这样一个实体:其全部本性和本质在于思维作用,而且为了它,存在并不需要有场所或物质事物。因此,灵魂与肉体全然两样,而且比肉体更容易认识;纵然没有肉体,灵魂也会一如现状。[④]笛卡尔就此奠定了他的心物(主客)二元论的哲学基础。

尽管现代哲学家大都把这样一个实体性的自我奉为某种普世性的东西,但在后现代思想家看来,这种"实体性的自我"("the substantial self")只是一个现代现象。只有在现代西方文化中我们才开始把人类个人(human person)称为"自我",才说人们有"自我"。这种自我常常被视作"个体认同、政治和法律权利以及伦理律令的基础"。[⑤]而在世界上许多其他非西方文化眼中,这种作为实体的、脱离情境的西式自我完全不是一个对自我的恰当描述。[⑥]用安乐哲教授的话说,这种与他者毫无联系

[①] Catherin Keller, *From a Broken Web: Separation, Sexism, and Self*. Boston: Beacon Press, 1988, p.1.

[②] John R. Wikse, About Possession: The Self As Private Property. Pennsylvania State University Press, 1977, p.10.

[③] Catherin Keller, *From a Broken Web: Separation, Sexism, and Self*. Boston: Beacon Press, 1988, p.1.

[④] 罗素:《西方哲学史》(下),商务印书馆1982年版,第88页。

[⑤] Kirsten M. Gerdes, "Loss of 'Self,' Grievability of Life, and Reharmonizing Political Potential" in Roland Faber, Michael Halewood and Deena Lin eds. Butler on Whitehead, New York: Lexington Books, 2012, p.219.

[⑥] Markus Hazel R. Kitayama Shinobu, "Culture and the self: Implications for cognition, emotion, and motivation." *Psychological Review*, Vol 98 (2), Apr 1991, pp.224–253.

的孤绝的自我,只是一个"本体论意义上的虚构"。①但正是这种虚构的自我概念不仅成了"现代哲学的基石",而且成了"现代心理学和政治学的基石"。②它不仅为现代个人主义提供了理论支持,而且"成为西方极端自由主义经济制度在道德与政治上的逻辑前提",为自由放任的资本主义市场经济提供了"道德"基础。③这种实体自我概念的盛行,不仅削弱了利他主义、社群主义,而且导致心理上的孤独、精神上的无根,最终将把人类引向自我毁灭的不归路。

以现代社会日益严重的孤独现象为例,它可以被看作现代实体自我观的一个严重的负面社会后果。按照心理学的界定,孤独感是一种封闭心理的反映,是感到自身和外界隔绝或受到外界排斥所产生的孤伶苦闷的情感。有统计资料表明,孤独感已成为现代人的通病。心理学家估计,随着社会越来越富有,孤独现象会越来越严重,由此带来的社会问题会越来越多,所造成的心理和生理疾病也会越来越多,包括导致"心理致癌"。④美国心理学家近年来的调查也为现代都市人的孤独感提供了最有力的佐证。在400名受访者中,百分之百的人自称常感孤独。⑤其实,早在20世纪50年代中期,美国著名心理学家劳伦斯·莱西就曾对一组癌症患者的生活史做过调查。他发现,这些患者的共同特点是,从童年时开始便留下不同程度的心理创伤。他们或早年丧母,或青年失恋,或中年丧偶,或老年失子。这些精神刺激使他们变得沉默寡言、孤影自怜,对生活失去信心,对工作缺乏热忱,进而抑郁悲伤、情绪紧张、精神压力沉重。⑥德国科学家巴特鲁施博士在研究白血病患者的心理时发现,10位病人中有9位与绝望、孤独的心情有关。

显然,现代自我概念对此难辞其咎。正如著名后现代心理学家葛根指

---

① 安乐哲:"儒学与世界文化秩序变革",《人民日报》,2014年11月7日。
② 高健龙:"试析后现代自我观",《理论月刊》,2008年第9期。
③ 安乐哲:"儒学与世界文化秩序变革",《人民日报》,2014年11月7日。
④ 心理致癌,是指不良情绪对机体免疫机能产生抑制作用,从而影响免疫系统对癌细胞的识别和消灭功能而患上癌症。精神心理因素并不能直接致癌,但它却往往以一种慢性的持续性的刺激来影响和降低肌体的免疫力,增加癌症的发生率。
⑤ 胡楚青:"孤独等于每天抽15根烟",《生命时报》,2010年8月10日。
⑥ Joan Arehart‑Treichel, "Can Your Personality Kill You?" *New York Magazine* Nov 28, 1977.

出的，对于现代社会普遍存在的各种严重的精神分裂与精神错乱，"作为自主个体的自我概念在很大程度上是负有责任的"。[①]因此，对现代自我概念的解构便成为理论的必然。作为对现代性的超越，后现代主义当仁不让地承担了这一历史重任。

二 解构现代自我及后现代"破碎自我"自身的困局

后现代思想家对作为实体的现代自我的批判和解构是全方位的，尽管他们使用的语言不一，解构的进路不同。

从解构主义语言学的视域出发，德里达坚信文本即一切，"文本之外无物存在。"（There is nothing outside of the text.）[②]据此，他彻底否定了作为实体的自我或主体的独立自主性。在将宇宙万物都"文本化"的德里达眼里，自我或主体绝非什么独立不倚的实体，更不是什么中心，它不过是文本的一个建构，是无限语言游戏中的一个词（term）。[③]他认为，那个笛卡尔、康德和黑格尔等人所标举的普世性的大写的主体"从未存在过"，这样一个主体仅仅是个传说，是个"杜撰"（fable）。[④]德里达笃信一切都逃不出文本之网和分延之网，主体也不例外。他明确指出："作为行动的代理人和差异的主人的主体是不存在的，如同客观性一样，主体性只是分延的一个效果，一个镌刻在分延系统内的效果。"[⑤]

而在深信一切都逃不出权力关系之网的福柯看来，自我或主体并不像人们认为的那样自由，那个独立自主、永恒不变的自我并不存在，它不过是"权力的手段和工具"。[⑥]他的原话是，"不存在独立自主、无处不在的

---

① Kenneth Gergen, *The Saturated Self*. New York: Basic Books, 2000, p.156.
② Jacques Derrida, *Of Grammatology*, trans. Gayatri Chakravorty Spivak, Baltimore & London: Johns Hopkins University Press, 1997, p.158.
③ 王治河：《后现代哲学思潮研究》（增补本），北京大学出版社2006年版，第126页。
④ Jacques Derrida, *Points: Interviews 1974-1994*. ed., Elisabeth Weber, Stanford: Stanford University Press, p.264.
⑤ Jacques Derrida, *Positions*, Chicago: University of Chicago Press, 1981, p.28
⑥ David F. Gruber, "Foucault's Critique of the Liberal Individual", *Journal of Philosophy* 86, Issue. 11 (1989), 615-621.

普遍形式的主体。……主体是在被奴役和支配中建立起来的。"[1]所以，"个人不是一个被权力的实施抓牢的预先给定的实体。其身份和特性是权力关系对身体、运动、欲望、力量施展作用的产物。"[2]不仅如此，福柯还利用自己的考古学对"人"进行了考古。他的考察表明，"人"并非什么永恒的无限存在物，他只是特定历史时代的一种认识论的建构，是一个"最近的发明"，他的出现只是近两个世纪的事。对于这之前的古典时期来说，"作为独立自主对象的人，并没有地位。"[3]他进一步认为，随着人关于自我知识的增长，随着知识型的转换，这个大写的人，这个"作为知识、自由、语言和历史的起源和基础的"大写的"主体"，终将像画在沙滩上的画一样消失得无影无踪。这就是他所谓的"人之死"（the death of man）或"主体的死亡"（the death of the subject）！[4]

服膺"一切即文本"的美国解构主义思想家保罗·德曼则直接用文本置换了"自我"。在他那里，自我只是话语的一个功能，自我被看作封装在语言之内并由社会和权力的历史关系与规训的模式来构成的。[5]在他看来，所谓中心的自我的概念，人类主体概念纯粹是无意义的，仅仅是个比喻，纯粹是宇宙秩序中的"短暂的事故"（transitory accident）。[6]

如果说德里达和福柯等人是用文本和权力的在先性来解构自我的实体性和中心性，那么以葛根为代表的后现代建构主义者则用"社会建构"概念消解了作为实体的现代自我。在葛根看来，自我绝非什么独立自主的实体，而是特定历史和文化的社会建构物。"我们日益意识到我们是谁，我们是什么在很大程度上不是'个人本质'的结果，而是取决于我们如

---

[1] 福柯：《权力的眼睛——福柯访谈录》，上海人民出版社1997年版，第19页。
[2] 同上书，第209页。
[3] S. Parsons, "Foucault and the Problem of Kant", *Praxis International* 8 (1988), pp. 317–328.
[4] Michel Foucault, "The Birth of a World", Le Monde May 3, 1969. 参见 *Foucault Live (Interviews, 1966–84)*. edited by Sylvere Lotringer, New York: Semiotext (e), 1989, p. 61.
[5] 尤娜、杨广学："试论后现代语境下的心理学对自我的研究取向"，《山东社会科学》2004年，第4期。
[6] Paul De Man, Allegories of Reading: Figural Language in Rousseau, Nietzsche, Rilke and Proust, New Haven, CT: Yale University Press, 1979, p. 111.

何在各式各样的社会集团中被建构。"①这样，现代主义津津乐道的个人的"独立自主"便"让位给无所不在的相互依存的现实"。②由于社会环境和社会关系是变化的，因此由其所建构的自我也并非一成不变的。他并不拥有一成不变的本质。所谓自我纯粹仅仅是"关系的表达"或"关系的表现"。这样一来，原来占据中心位置的作为实体的自我便被"关系"所取代。正是关系"使自我成为可能"。作为"自主个体"的现代"实体自我"，便成了一个"过气"的概念。③

不难看出，在解构现代自我、罢黜现代自我的中心地位和实体地位方面，解构性后现代主义发挥了摧古拉朽的重要作用。问题是，在现代自我退场之后，我们应该用一种什么样的自我观来代替现代自我观？时代需要一种什么样的自我观呢？这方面，解构性后现代主义鲜有建树，这和它反对宏大叙事的立场不无关系。于是，在摧毁现代自我的废墟上留下的是一地鸡毛，呈现在人们面前的后现代自我只是一个"破碎的自我"。正如索尔·贝委指出的，"我们已经彻底揭露了自我的旧观念。因此，我们不能继续重弹老调了。然而，问题依然没有解决。人类是某种事物。他到底是什么？"④这意味着人类开始走上一条自我迷失之路。

美国当代作家保罗·奥斯特在其侦探小说《玻璃城》中，用文学语言将这种自我迷失揭示得淋漓尽致。失去妻儿后深受痛苦折磨的小说主人公奎恩，很早以前就不认为自己是一个真实的存在了，他以此来逃避痛苦，只是把自己当作其侦探小说中虚构的英明侦探马克斯·沃克而活着。奎恩不再与他人联系，逐渐将自我封锁在自己的小空间，即使偶尔外出接触外界，也"从来都不是有目标地出行，任由那两条腿把自己带到任何地方"。因为失去对自我身份的定位，外界对奎恩也不再有意义。在一切结束后，小说主人公奎恩告别了自己笔下虚构的侦探马克斯·沃克的身份，甚至告别了自己的真实身份，于小说结尾处"消失得无影无踪，无

---

① Kenneth Gergen, *The Saturated Self*. New York: Basic Books, 2000, p. 170.
② Ibid., p. 147.
③ Ibid., p. 156.
④ 索尔·贝委："略论当代美国小说"，《外国文艺》1978 年，第 3 期。

处可觅"。①

当解构性后现代主义将一切都零散化,将自我"去中心化",把自我看作完全是由历史、文化和语言建构而成的时候,理论上也面临一系列难以克服的困难。

首先,如果自我只是由外物(语言、权力、社会环境)构成的,只是被动地接受一切来自外界的影响,那他/她岂不成了"灌满环境因素的香肠"?其自由何在?②

其次,如果自我被颠覆成碎片了,那我们如何解释个体的变化、革新和创造?如果没有自我,如何谈人格?因为"只有自我能够爱、反思、欣赏和忍耐"。③显然,当解构性后现代主义把自我肢解进主体间的、关系的和语言的背景中时,"当它拒绝把人作为主体时,它也就摧毁了人类经验的基础"。④正如有心理学家指出的那样,组织经验和从事一个行为过程的能力依赖于一个产生体验的人,一旦人的观念被完全颠覆,个人主体的概念也就被破坏了。如果没有一个发展、变化和学习的心理主体,那心理治疗的过程显然也就丧失了它的意义。

当然,也有后现代自我的拥趸欢呼后现代自我的出场,认为后现代社会中的"现代自我"的退场和随之而来的"后现代自我的日益盛行"是一件"好事"。⑤应该说,所谓独立自主的、作为实体的现代自我的退场是一件好事,因为这是一个具有浓郁西方色彩的、一元的、霸道的、排他的、男性中心的自我。在这个自我中,"完全没有他人的位置"。⑥这是一个现代西方哲学家虚构的某种存在物,这个天马行空、独立自主的实体是

---

① 刘荣:"后现代的自我身份——析保罗·奥斯特的《玻璃城》",《吉林广播电视大学学报》2015 年,第 5 期。

② 谢安国:"对话自我:一种新的自我概念",《理论界》2014 年,第 11 期。

③ Jason W. Brown, Process and the Authentic Life. Frankfurt / Lancaster: Ontos Verlag, 2005, p. 81.

④ 尤娜、杨广学:"试论后现代语境下的心理学对自我的研究取向",《山东社会科学》2004 年,第 4 期。

⑤ Paul C. Vitz, The Embodied Self: Evidence from Cognitive Psychology and Neuropsychology, in Paul C. Vitz and Susan M. Felch, eds. The self: Beyond the Postmodern Crisis, Wilmington, Intercollegiate Studies Institute, 2006, p. 124.

⑥ 谢安国:"对话自我:一种新的自我概念",《理论界》2014 年,第 11 期。

不存在的。对这个实体性的、霸道性的自我的解构,无疑为人类自我的发展开辟了新的可能性。

然而,后现代自我的盛行并不是一件值得庆贺的事,相反这是一件"需要恐惧的事"。因为"后现代自我的盛行"反映了个人病态的增长,"它所反映的是我们的社会病态"。①按照保罗·维兹的分析,家庭的破裂、社会隔绝、虚假关系、性虐待正在引领西方社会走向一个日益滋养精神分裂和多重人格的环境,走向孤独感、虚无感甚至无力感。日本现代作家村上春树的小说所揭露的,就是日本后工业时代都市青年的那种没有明确的目标、没有生活意义、对未来一片迷茫的虚无感。因此,时代呼唤一种新的建设性的自我观。建设性后现代的"有机自我"或"过程自我",就是对这种新的自我观的探索。

三 走向有机自我

如果说现代自我观将自我实体化、无限化的弊病是妄自尊大的话,那么后现代自我观将自我颠覆、拆毁的弊端则是矫枉过正,剩下的只是一个碎片的、幽灵般的自我,两者均不能为个人与社会提供一个坚实的立足点。我们能否重新整合前现代、现代和后现代的自我观,从而掘发出人对自己的一种全新理解,"更好地处理人与自我、人与人、人与社会、人与自然之间的矛盾"?②这是时代摆在当代哲学家面前的问题。为此,建设性后现代思想家通过提出"有机自我"的概念给出了自己的方案。和现代封闭、独立自足的实体自我不同,有机自我是一种开放的、生成中的过程自我,是一种关系的自我和创造性的自我。

1. 有机自我是一种过程自我

和现代自我观将自我看作永恒不变的实体相反,建设性后现代的有机自我观将自我看作一个变化发展的过程,一个不断超越旧我走向新我的过

---

① Paul C. Vitz, "*The Embodied Self: Evidence from Cognitive Psychology and Neuropsychology.* "in Paul C. Vitz and Susan M. Felch, eds. The self: Beyond the Postmodern Crisis. Wilmington, Intercollegiate Studies Institute, 2006, p.124.

② 高健龙:"试析后现代自我观",《理论月刊》2008年版,第9期。

程。因此，它提出了"过程自我"的概念。过程自我强调自我是动态的，不是静态的；是变动不居的，不是静止不变的。这种自我不是某种深藏在某处等待我们发现的东西，而是时刻处在生成之中的。用麦克丹尼尔的话说，"自我永远处于变化之中。"①它不是某种超越时间的东西，而是在时间中并随着时间、场域和情况的变化而变化的。从过程自我的视角看，自我的存在就是它的生成，自我的生成就是它的存在。一如"鲜花不是由种子必然导致的，而是由种子生成的，成人也不是由婴儿必然导致的，而是由婴儿生成的。"②也就是说，自我不是先天给定的，而是生成的，是一个日日新、月月新的存在，"是一个永远进行中、永无完成的个体化的过程"。③

为了揭示客观事物的动态性，赫拉克利特强调"人不能两次踏进同一条河流"。怀特海在《过程与实在》中用"无主体经验两次"来说明踏进同一条河的不是同一个人，其所揭示的是主体的动态性。④按照麦克丹尼尔的阐释，不仅18岁的你和8岁的你不一样，就是下午的你和上午的你也不完全一样，尽管你或许感觉到自己是同一个人。但你的这种感觉是不准确的，因为在这半天里你接触了新的事物，结交了新的朋友，体验了新的东西，这些都构成了你的生成，成为你"新我"的一部分。⑤在这个意义上，自我不是一个名词、一种状态，而是一个动词，一个始终与环境处于互动中的、不断生成的、具有无限可能性的过程。

2. 有机自我是一种关系自我

建设性后现代自我观的一个革命性的突破，是赋予关系以一种"本体论的和认识论的地位"。⑥它用来挑战现代自我的利器是"内在关系"或

---

① Jay McDaniel, "Zen and the Self." *Process Studies*, Vol. 10, Issue 3/4, Fall/Winter 1980, pp. 110 – 119.

② Jason W. Brown, *Process and the Authentic Life*, Frankfurt / Lancaster, Ontos Verlag, 2005, p. 233.

③ Steven Shaviro, *Without Criteria: Kant, Whitehead, Deleuze and Aesthetics*, Cambridge, MA: MIT Press, 2009, p. 81.

④ Whitehead, *Process and Reality*, New York: Free Press, 1978, p. 29.

⑤ Jay McDaniel, *What is Process Thought?* Claremont, CA: P & F Press, 2008, p. 9.

⑥ Catherin Keller, *From a Broken Web: Separation, Sexism and Self*. Boston: Beacon Press, 1988, p. 177.

"有机联系"。"关系自我"（relational self）强调，自我是关系性的存在。正是关系特别是内在的有机关系构成了自我，离开关系没有任何自我可以存在。在建设性后现代主义那里，自我是彻底社会的和关系的。在建设性后现代哲学的重要奠基者威廉·詹姆斯看来，那种单一的、独立自足的、首尾一贯的、与他者处于对立状态的自我是不存在的。真实存在的自我永远是多元的、复杂的、处于关系中的。他在《心理学原理》中探讨了自我的多样性和关系性，按照他的分析，自我由物质自我、社群自我、精神自我、纯粹自我四部分构成。[1]其中"物质自我"包括身体、衣物、亲戚、家庭、财产、创造物。社群自我包括从社会共同体获得的认可，从亲友处获得的荣誉和声望。每个人都有无数的社群自我。这意味着在詹姆斯那里，自我不再是单一的、封闭自足的实体，而是一个开放的系统；不再是一个与个体的身体、环境以及与个体有关系的他人隔绝的存在，而是延伸到了社群和环境并与它们息息相关。他说，"一个人的自我是所有他称之为属于他的事物的总和，不仅包括他的身体和他的精神力量，还包括他的衣服和房子、妻子和孩子、祖先和朋友、名望和工作、土地和马匹、游艇和银行账户。"[2]

在建设性后现代哲学家看来，大千世界的一切，从亲戚朋友同事，到山川大地、花草动物，都构成了自我的一部分，都是我们的"真我"。用怀特海的话说，自我是"整个宇宙的合生"。[3]显然，这与马克思所说的"人的本质不是单个人所固有的抽象物，在其现实性上，它是一切社会关系的总和"[4]是一脉相承的。在怀特海那里，"我们本质上是根据我们所不是的东西来度量我们自己的。"[5]用梅洛—庞蒂颇有吊诡意味的语言表达就是，"世界全部在我之中，而我则完全在我之外。"（The world is wholly inside and I am wholly outside of myself.）[6]巴特勒在《给自己一个叙述》中也强调，关系性内在于自我的创造中。当我们说"我和你"的时候，就已暴露了我的

---

[1] William James, *The Principles of Psychology*, New York: Dover Publications, 1890, p. 293.
[2] Ibid., p. 291.
[3] Whitehead, *Process and Reality*, New York: Free Press, 1978, p. 51.
[4] 《马克思恩格斯选集》第 1 卷，人民出版社 1995 年版，第 56 页。
[5] Whitehead, *Modes of Thought*, Cambridg, MT: Cambridge University Press, 1938, p. 141.
[6] Maurice Merleau-Ponty, *Phenomenology of Perception*, London: Routledge, 2003, p. 474.

脆弱性、孤立无依性以及对你的依赖性。这意味着我的建构有赖于你的存在。"自我要实现自己的真正本质，就要实现他与一切他物的关系。"①在这个意义上，关系自我是一种生态的自我，是一种有根的自我。

正是从有机关系的立场出发，建设性后现代思想家和生态主义者不满意现代实体性的自我概念，认为它含有太浓厚的个人主义的色彩。达利和柯布强调的是自我与他人的不可分性，"我们的基本观点是：个人是内在的与他人联系在一起的（他们的关系决定了他们的作为个人的身份）。因此，任何视个体为独立自足的观点都歪曲了事实。"②据此，他们提出了"共同体中的个人"（Person-in-community）的概念，以表明与个人主义的独立自足的个人的区别。深层生态哲学的创始人奈斯强调，人与自然密不可分，个体的自我并不具有本体论上的在先性，因为"自我本质上是生态的。"③他提出了"生态自我"的概念，并试图通过它揭示作为自然的一部分的人与自然之间的内在有机联系。美国著名建设性后现代生态女性主义思想家查伦·斯普瑞特奈克则挑战了现代西方文化中盛行的表征"独立自主的自我"的"孤独的牛仔"神话，该神话错误地认为"孤独的牛仔"可以独自存活，他无须与空气、水和事物发生任何互动，"似乎他在分子水平上也与宇宙中的全部存在没有任何联系"。在斯普瑞特奈克眼里，这是一种典型的人类中心主义立场，这种立场导致了"现代儿童在凌驾于自然至上的'玻璃盒'中长大成人"，④成为无根之人。这种无根的教育不仅削弱了"对地区周边联系、文化模式和生态系统的敏感性"，而且直接导致了我们与过去的决裂，与过去生命感的决裂，与周围共同体的疏离，与大自然的隔绝。⑤在安乐哲看来，这种建立在"孤立自我"基础上的个人主义不仅不能使我们很好地理解家庭和社群的共同生活，而且与作为经验事实的这种共同生活形成紧张对立，"掩盖了体现真实家庭关系

---

① David Griffin, *Whitehead's Radically Different Postmodern Philosophy*, Albany: State University of New York Press, 2007, p.79.
② 达利、柯布：《21世纪生态经济学》，中央编译出版社2015年版，第175页。
③ Arne Niss, "The Basics of Deep Ecology" in The Green Fuse, John Button, ed. London: Quartet Books, 1990, p.131.
④ 斯普瑞特奈克：《真实之复兴》，中央编译出版社2001年版，第143页。
⑤ 王治河、樊美筠：《第二次启蒙》，北京大学出版社2011年版，第89页。

特征的人与人之间的亲密性、相互依存性"。①

建设性后现代的关系自我不仅揭示了自我与他者的内在关联性,使我们意识到我永远是社群的我,他者是我的一部分,我是他者的一部分,自我不是在我们身上"发现"的,而是在我们与他人关系中"创造"的;②而且更重要的是,关系自我唤起了我们对他者的责任感,使我们意识到,"一个人之所以是人是因为他人,与他人,为他人。"(One is only human because of others, with others, for others.)③用列维那斯的话来说,他者不仅是自我的"构成要素",也是自我价值的贡献要素。④在他看来,正是我所面对的他者的脸"使大写的我成了问题"。⑤列维那斯认为,伦理学先于本体论,对于他者,我们永远是有责任的。在他者面前,我永远是歉疚的。而"发现自己面对他者"则"唤醒了我的责任感:对他者的无限责任。这个他者需要作为一个生命所必需的一切。通过服务他者,我践行着这种责任,不管情愿与否。完全拒绝这一责任无异于谋杀,完全接受这一责任则意味着完美的爱"。⑥这意味着,在列维纳斯那里,"成为自我就是成为有责任的"。正是这种对他者的责任"构成了自我"。因此,应该抛弃"人是自己的目的"的观点,"他者才是目的"。"我只是一个人质。"(I am a hostage.)⑦

需要指出的是,建设性后现代思想家赞成解构性后现代主义对现代实体自我、霸道自我的批判,但同时反对对自我的过分贬低和彻底消解。在他们看来,列维那斯无限拔高伦理学的在先性,让自我完全臣服于对他者的责任和关心是"片面的和还原论的"。因为对他者的责任和关怀是重要

---

① 安乐哲:《儒学与世界文化秩序变革》,《人民日报》2014年11月7日。
② 姜飞月、王艳萍:"从实体自我到关系自我——后现代心理学视野下的自我观",《南京师范大学学报(社会科学版)》,2004年第5期。
③ Allan A. Boesak, *Farewell to Innocence*, J. H. Kok (1976), p.152.
④ Michael Halewood, "Fact, Values, Individuals and Others: Towards a Metaphysics of Value", in Roland Faber, Brian G. Henning, Clinton Combs, eds. *Beyond Metaphysics?: Explorations in Alfred North Whitehead's Late Thought.* Amsterdam/New York: Rodopi, 2010, p.239.
⑤ Emmanuel Levinas, *Totality and Infinity: An Essay on Exteriority*, trans. by A. Lingis. Pittsburgh: Duquesne University Press, United States, 1969, p.195.
⑥ Adriaan Peperzak, *Beyond: The Philosophy of Emmanuel Levinas*, Evanston: Northwestern University Press, 1997, p.67.
⑦ Emmanuel Levinas, *Basic Philosophical Writings*, Adriaan Theodoor Peperzak, Simon Critchley, Robert Bernasconi, Indiana University Press, 1996, p.94.

的,"但这种关怀不能与自我享受割裂开来,更遑论将之拔高放置其上"。[1]在个体与集体、自我与他者之间,只能简单地使一个优先于另一个,使一个为另一个牺牲吗?如何既强调共同体的联系和团结,又不毁灭个体的自由?[2]如何既恰当地阐明自我与自然、文化、历史、他人的关系,又很好地维护自我的自由和自我的选择权利?建设性后现代的有机自我呼吁我们重新思考自我和他者、我们和自然、我们和他人的关系,而这一切离开自我特别是自我创造性的努力是不可能的。因此,建设性后现代自我呼唤创造性的自我。

3. 有机自我是一种创造性的自我

尽管建设性后现代的自我观强调关系在构成自我中的至关重要性,强调社会、环境和他者对自我构成的影响,强调自我对他者的责任,但它并不因此完全否定自我的存在、自我的自由和自我的创造性,从而彻底偏离自我本真的批判性和创造性,"沦为景观控制的奴隶"。[3]创造性的自我既是社会的,但又不只是社会的,他也是独特的和私人的,"而且有相当程度的自决"。[4]建设性后现代哲学家明确承认自我个体的存在,坚持认为"在我们的知觉和知觉观之前,存在着实在的个体"。[5]它强调,"所有因果关系都是根植于个体的",因为"一切内在价值都居于个体之中",[6]"我们的自我是我们的真正本性,是我们存在的根据",[7]也是我们的最大资源。没有自我,就没有道德责任的空间。

---

[1] Steven Shaviro, "Self–enjoyment and Concern: On Whitehead and Levinas." in Roland Faber, Brian G. Henning, Clinton Combs, eds. *Beyond Metaphysics?: Explorations in Alfred North Whitehead's Late Thought.* Amsterdam/New York: Rodopi, 2010, p. 257.

[2] Kirsten M. Gerdes, "Loss of 'Self,' Grievability of Life, and Reharmonizing Political Potential," in Roland Faber, Michael Halewood, and Deena Lin, eds. *Butler on Whitehead*, New York: Lexington Books, 2012, p. 233

[3] 张一兵,"颠倒再颠倒的景观世界",《南京大学学报》,2006年第1期。

[4] 格里芬等著:《超越解构:建设性后现代哲学的奠基者》,中央编译出版社2002年版,第74页。

[5] David Griffin, *Whitehead's Radically Different Postmodern Philosophy: An Argument for Its Contemporary Relevance*, Albany: State University of New York Press, 2007, p. 38.

[6] David Griffin, *Whitehead's Radically Different Postmodern Philosophy*, p. 39.

[7] Frank Rogers, *Compassion in Practice*, Nashville, Tennessee, Upper Room Books, 2016, pp. 67–68.

作为关系的和有责任感的存在，后现代的有机自我存在于与"他者的辩证关系之中，存在于与其他自我创造性的张力中"。①在这个意义上，它是一种创造性的自我，它强调的是自我本真的创生性和创新性。强调作为主体，自我是"自我创造的"，②是在回应世界的过程中创造自己的。它在每一瞬间，都经历了再创造。

和现代机械世界观视人为机器不同，后现代的有机自我把人看作活生生的生命，而生命的重要特征就是它的高度创造性。用怀特海的话来说，在本真的意义上，生命是原创性的代名词。创造性是人性的基本方面，用大卫·格里芬的话来说，"在根本上，我们是'创造性'的存在物。"③

由于视"创造"为自我的本质属性，视超越为我们本性的一部分，对于建设性后现代思想家来说，活着就是去创造，去奉献。因此，他们最推崇的活动是创造性的活动，最推崇的人生是富有创意的人生。在此过程中，怀抱一种开放的态度，让自我向新事物敞开，聆听新事物的召唤，探索新的生活道路，探索创造新的自我的可能性。他们深信，人生劳作的主要乐趣就在于使自己成为不同于昨日的另外之人，我们每个人都可以成为超越过去的"另一个"人。④这种自我是一种美学的存在，它视生活/生命为艺术作品，"一种赏美的对象"。⑤这样的生活和生命，实际上拥有连续性和历史性，"不是朝向某种既定的理想，而是关于自我的全新阐释"。⑥

不难看出，从实体自我到破碎自我再到有机自我，代表了当代西方自我理解的发展轨迹，表征了自我概念研究的新进展。建设性后现代主义所标举的有机自我虽然有待完善，但它试图超越现代孤绝的自我和后现代碎片自我的可贵努力，无疑值得肯定。有机自我的概念在根蒂上显然与中国人对自我的理解存在着深度妙合。正如有学者指出的，"中国人的自我是最富有互动色彩的，中国人的生命只有透过与他人的共存才能彰显其意

---

① Archie Smith, *Relational Self*, Nashville, TN: Abingdon, 1982, p.54.
② David E. Roy, *Toward a Process Psychology*. p.96.
③ 格里芬：《后现代精神》，中央编译出版社1998年版，第223页。
④ 贺桂芬："叙事心理学"，《福建师大福清分校学报》，2008年第6期。
⑤ Jason W. Brown, *Process and the Authentic Life*, Frankfurt / Lancaster: Ontos Verlag, 2005, p.614.
⑥ 刘晓露："试论后现代自我观的哲学起源"，《长沙大学学报》2015年，第4期。

义。"①此外，中国古人所推崇的自强不息的君子品格，与建设性后现代主义所标举的创造性自我也是息息相通的。这种深度契合无疑值得我们进一步探索，通过整合中西智慧创造性地发展出一种时代迫切需要的新的自我观。

---

① 陆洛:"人我关系之界定",《本土心理学研究》2003年12月，第20期。

试论建设性后现代主义哲学的思维方式

吴伟赋/文

早在一百多年前，马克思就在《关于费尔巴哈的提纲》中指出，"哲学家们只是用不同的方式解释世界，而问题在于改变世界。"① 这就是说，哲学作为人类的一种思想探索性活动，其真正的价值不仅仅在于解释世界，更重要的是在于它能否帮助和指导人类现实地改变世界。这正是哲学存在合法性的最重要的根据。作为一种最远离社会经济基础的意识形态，哲学之所以具有改变世界的功能是因为，它能够为实践活动的主体提供一种有效的思维方式，而实践活动的主体则正是根据这种思维方式去实践、进而改变世界的。因此，任何一种新的哲学的真正价值，主要体现在它能否真正地为人类所面临的实践问题提供一种既行之有效、又易于被实践活动主体所掌握的思维方式。如果以这个标准来考量建设性后现代主义这一当今现代西方最新的哲学思潮，我们认为，其价值是十分重大的。笔者力图从思维方式构成的角度，全方位地透视、介绍和分析建设性后现代主义的思维方式，让建设性后现代主义的思维方式从哲学家的书斋中和课堂中解放出来，成为广大民众即实践主体的思维方式，进而对建设中国特色社会主义现代化强国的伟大实践发生积极的影响。

一 思维方式的内涵与外延

要把建设后现代主义所倡导的哲学思想转化为民众能接受并加以实际

---

① 《马克思恩格斯文集》第1卷，人民出版社2009年版，第502页。

应用的思维方式，成为人们思考和解决问题的思维工具，首要的一个逻辑前提就是要厘清思维方式的内涵与外延。综观国内外关于思维方式内涵的界定，我们发现，大多数对思维方式内涵的界定都停留在对其宏观描述的角度上，很少有人从思维方式的具体构成因素和高度综合的角度来界定思维方式。这就造成了这样一种状态，虽然我们一方面大声疾呼思维方式转变对人们实践活动的重大意义，但另一方面却又对究竟应该如何转变我们的思维方式始终一筹莫展。从逻辑上说，要转变思维方式就必须从动态和静态相统一的综合的角度明确思维方式的构成因素。因此，在论述建设性后现代主义哲学思维方式之前，本文试图从思维方式的构成角度揭示思维方式的内涵，以便为我们科学地评述建设性后现代主义的思维方式提供一个可以真正展开的标准或基础。

考察思维方式的研究史不难发现，思维方式是一个可以从多角度、多层次进行解释和定义的范畴，其名称也是千差万别的，如思维定势、思维结构、思维形式、思维框架甚至思维方法等等，不一而足，这也从一个侧面昭示了对思维方式内涵作综合研究的必要性。我们认为，思维方式是一个表征思维全过程的总体性概念，它所关注的焦点是人们在认识问题和解决问题时如何思维、怎样思维的问题。如果从这一标准来界定思维方式，那么，上述这些从不同角度、不同层次来说明思维方式的概念都不能完整地显示出思维方式的丰富内涵与整体意义。所以，在严格的意义上，它们都不能完整地表征思维方式，虽然从这些角度进行的研究的确有助于我们更为全面地界定思维方式的内涵。例如，思维定势概念是一种从静态角度揭示人在思维之前就已经先在地存在于头脑中的思维样式或思维框架。再如，思维方法与思维方式是有区别的，不能等同视之，因为思维方法主要指的是人们在思维时所用的方法，尽管也涉及人们如何思维的问题，但更多地却是显示思维中的一个阶段；而思维方式则是指人在思维时运用一种或多种思维方法进行思维的整个过程，它表征的是从提出问题到作出结论的整个思维过程的特定形式。例如，我们思考中国的经济转型升级问题，运用哪种思维方法，这属于思维方法的问题，但同样是思考经济转型升级问题，从什么角度提出问题、根据什么原则去思考、遵照怎么样的思维顺序去思考、最终又是怎样得出结论的过程，则属于思维方式的问题。据此，我们可以对思维方式的内涵作出以下界定：人在思维时，根据某种或某几种思维方法,沿着一定的思维顺序而进行的思维活动过程,对这种思维活动过程进行科学概括后所得到的结构形式,就是所谓的思维方式。把这一界定与上述各种从不同角度规定思维方式的定义相比较就会发现,其概括和综合的程度更广,内涵也更深,因而更有助于我们理解和把握人的实际思维活动。

由此可见,思维方式应该是一个包括多种因素和成份、具有一定结构形式的综合系统,其内容是多方面的。结合国内外有关思维方式研究的成果,我们认为,思维方式应该是由以下五个方面构成的思维系统,这一系统的整体特征则表征了某种特定的思维方式,形成了我们通常所说的某种类型的思维方式。

第一,思维方式的适用对象或适用范围。任何一种思维方式,不管其是否新颖,都有其特定的适用对象和适用范围并受其对象或范围的制约,一旦超出其适用对象或范围,就会丧失其自身的适用性和合理性。世界上不存在一种能够适用于所有对象或问题的思维方式,这是因为客观世界的事物和问题本身具有无限复杂性,正是这种复杂性使得我们实践活动中所碰到的对象或问题总是处在不断的变化之中,最终导致既有的思维方式产生应用危机。于是,新的思维方式就应运而生了。因此,对于任何一种思维方式来说,其适用对象无疑是一个不可或缺的重要的评价要素。从思维方式发展史看,一般地说,思维方式发展程度越高,其所适用的对象和范围也就越广泛。

第二,思维方式的价值目标。思维方式的价值目标不仅是一种新的思维方式赖以产生的动因,也是思维方式运思过程中贯穿始终的一个重要因素,同时又是我们评价一种思维方式是否有效、是否正确的一个标准。思维方式原本是一把双刃剑,它既可以帮助我们解决问题,也可以给我们带来问题,问题的关键取决于运用思维方式的主体的价值目标。因此,在评述一种思维方式的功能时,必须关注其价值目标。可以说,思维方式的价值目标直接决定了一种思维方式是否可以为人们所接受和运用。思维方式的价值目标一般可以分为两个层次,一是最低价值目标:解决人们所碰到的各种当下问题;二是最高价值目标:为了全人类的共同福祉。例如,马克思主义创立的实践思维方式的最低价值目标是解决资本主义给人类社会带来的严重问题,最高价值目标则是为了解放全人类即人的自由而全面的发展。

第三，思维方式的立足点。即思维方式的支撑点或思维方式的根据和基础，它和思维方式的价值目标一起，共同构成了思维方式的出发点。一般地说，思维的出发点与思维价值的目标密切相关，而且在很多时候具有高度的同一性与一致性。每一种思维方式都有自己的根据和基础，离开了这一基础，思维方式就会变成无源之水、无本之木。作为一种思维活动，思维方式不能空无傍依，其整个运作过程当然需要一个支撑点或出发点。区分不同思维方式的一个重要标准就是思维立足点的不同。例如，科学思维方式的立足点是"经验事实"，离开这一立足点，科学思维方式就不可能飞翔起来；而文学艺术思维方式的出发点则不是事实，而是形象。没有形象，文学就失去了其自身的本质规定性。

第四，思维方式的角度。所谓思维角度就是实践主体理性地思考客体的聚焦点以及思维坐标，即思维活动的指向性。每一种思维方式都有自己特定的思维角度，这种角度构成了思维方式的一个重要因素。思维之所以有一个角度问题，不仅有客体的原因，也有主体的原因。就客体来说，由于始终处于不断的运动变化之中，而且客体之间相互作用，它本身就是多层次的、立体的系统；就主体来说，由于不同主体的知识结构、价值观念以至审美情趣所造成的认识能力的差异，必然造成主体在认识活动中对客体的各个层次和各个侧面不仅有一个选择问题、先后认识的次序问题，而且还有可能无法认识客体的某些层次。这就是为什么面对同一客体，不同主体之所见所闻所感不同的原因之一。事实上，即使是同一个主体，在不同的时间、地点、环境和自身情况变化的条件下，对于同一客体也会有不同的思维角度，因而形成不同的思维方式。

第五，思维的顺序或思路。从思维方式的实际过程看，作为人的一种认识活动，它不是杂乱无章的，而是一个连贯的、有先后次序的过程，有一个思维的顺序或思路的问题。因此，从动态的角度研究思维方式，最关键的就是研究思路问题。一般而言，思维过程是一个有序的自组织系统。我们通常所说的顺向思维、逆向思维、发散性思维，本质上就是思路问题。不同的思维方式其运思的顺序是不同的，因而思路不仅是思维方式的重要因素，而且是区分不同思维方式的重要依据之一。例如，哲学家的思路和艺术家的思路、普通人的思路是不同的。

总之，由上述五个方面所构成并标志的思维结构形式就叫思维方式，其中最重要的是思维立足点、思维的角度和思维的顺序

二　建设性后现代主义思维方式

建设性后现代主义是后现代主义思潮中的一种最新形态，也是目前为止最为合理的一种后现代主义哲学。它兴起于上世纪 80 年代末 90 年代初，其理论奠基者为英国哲学家怀特海，主要代表人物是美国哲学家小约翰·柯布和大卫·格里芬。目前，建设性后现代主义哲学正处于快速的发展之中，引起了越来越广泛的世界性影响，为西方哲学发展注入了一股新鲜血液，有人评价它预示着人类 21 世纪哲学发展的趋势。建设性后现代主义究竟为我们提供了怎样一种新的思维方式呢？顾名思义，建设性后现代主义主要为我们提供了一种新的建设性思维方式，这种思维方式可以通过我们上述界定的思维方式的五个方面来描述。

首先，在思维方式的适用对象上，建设性后现代主义思维方式"不只关涉人类的可持续发展问题，更攸关我们整个星球能否存亡绝续问题"。[①]正是因为它关注的是这样广泛的问题，所以其思维适用对象在广延性上拓展到了整个宇宙，在时间性上不仅包括了现在和过去，更指向了未来。在文化上，它还包括了整个人类的所有文化样式。因而，建设性后现代主义思维方式具有非常广阔的适用性。这种思维方式和传统的及现代的思维方式完全不同，其思维对象或思维焦点不仅仅是人类，不仅仅是现实的功利，不仅仅停留在现代科学及各种现代思维方式的正面性成就之上，相反，它所关注的对象（如生态危机、环境危机、信仰危机、核危机等等）具有超国界、超历史等特点，对人类发展生存影响重大。这些问题的最终解决不仅需要全人类思维方式的更新，而且是一个长时期的过程。正是因为其适用对象不同于以往，所以建设性后现代主义作为一种思维方式从提出伊始就起点很高，它要解决的问题涉及人的最终关怀问题，而传统的及现代的思维方式确实难以解决这些问题。这也从一个侧面说明了建设性后现代主义思维方式的优越性。

[①]　王治河、樊美筠：《第二次启蒙》，北京大学出版社 2011 年版，第 18—19 页。

其次，从思维的价值目标来说，建设性后现代主义的最低目标是希望它所提供的思维方式能够真正解决人类目前正在面临的上述危机，使人类能够避免在短时期内灭亡。因为这些问题已经严重到了非解决不可的地步："传统社会已持续几千年，而现代社会能否存在100年还是个问题。"[①]其最高的价值目标是为了全人类的可持续发展，用柯布的话来说，是为了人类的共同福祉。为了实现上述两个目标，建设性后现代主义在反思、批判现代性思维方式的基础上进行了大量的理论工作和实践工作，提出了一系列与现代性思维方式根本不同的新的思维方式。如过程论、他者论、生态论、内在关系论、共存论、创造论、诗意存在论、平等价值论、另一种可能论、观念历险论等等，我们可以把这些全新的思维方式概括为"整体有机论的思维方式"。因为建设性后现代主义的理论基础就是整体有机论：整体包含于每一个部分之中，部分被展开为整体。现代思维方式把分离的物体当作首要的实在，而建设性后现代主义则把有机体的包容与展开当作第一位的，宇宙被当作是一个完整的整体。整体有机论既是一种本体论考虑，又是一种思维方法，因为世界是一个无机体和有机体密切地相互作用、永无止境的、复杂的网络，不能加以单一的、机械的、冷漠的对待和思考。

第三，从思维方式的立足点来说，建设性后现代主义的主要贡献是修正现代性思维方式的错误预设，并在此基础上假设新的前提。在建设性后现代主义看来，现代性思维方式把假设的理性当作能够解决一切问题的基础，其思维方式的立足点是认为理性是万能的，能穷尽这个世界的一切真理。但人类认识史表明，这是完全不可能的，科学至上论和科学万能论已经被证明为是错误的。因此，如果我们消除了现代性思维方式的预设即理性是无所不能的，那么现代性思维方式的谬误就是不证自明的了。正是因为意识到了现代性思维方式在立足点上的失误，建设性后现代主义思维方式不存在一个静止不变的思维立足点。换言之，其思维立足点始终处于动态之中，且不断地根据问题的需要而变换。这就凸显了建设性后现代主义思维方式的优越性，因为任何一种思维方式不管其有多大功用，一旦思维方式的立足点得以固化，这种思维方式的局限性也就确定了。建设性后现

---

① 格里芬编：《后现代科学》，中央编译出版社1995年版，第17页。

代主义洞察到了世界的无限复杂性、多样性和不断变化性，因而呼唤我们不要固化我们的思维方式的立足点，从而克服了现代思维方式在思维立足点上所固有的局限性，大大地提高了思维方式的科学性和有效性。众所周知，后现代主义哲学从其产生伊始就受到过颇多指责，但人们也不得不承认，它确实指出了现代性思维方式的根本谬误在于其思维方式立足点上的单一性和不变性，因而是现代社会面临的各种危机的重要诱因。具体说来，建设性后现代主义预设的立足点：一是世界是复杂的，远比我们认识到的要复杂得多；二是世界是有机的，决不是现代性认为的那样是可以计算、操纵和任意控制的；三是世界上的万物在价值上是平等的，决不是现代性认为的那样，即人是万物的灵长；四是从时间角度看，它不仅仅立足于现在，而是力图把过去、现在和未来结合起来，但以未来为主要立足点；五是坚信思维方式的重要性，相信只要我们真正地转换我们的思维立足点，就一定能够解决由现代性带来的诸多问题，因而建设性后现代主义者是乐观主义者。

第四，从思维方式的角度看，建设性后现代主义倡导一种全方位的思维视角，反对以单一的视角看问题，它主张向他者开放，倾听他人的声音，哪怕是最低微的人的声音，而不是只听专家权威的声音。这就避免了人微言轻的现代性悲剧的再次发生。现代性的悲剧在于理性权威统治一切，其结果只能是悲剧。例如，科学思维方式在我们的思想领域居霸权地位，造成了唯科学是从的科学沙文主义，堵塞了更多的通往事物真理的道路和角度。而对后现代思想家来说，"一个人能够获得的观察事物的视角越多，他（她）的解释就越丰富、深刻"。[1]这是建设性后现代主义者对于人类思维方式的一个重要贡献。

第五，从思维方式的顺序来说，建设性后现代主义的思路也不同于现代性思维方式，其思路不是线性的机械性思路，而是遵循客观世界的本性的有机整体性思路。从这一特点来说，建设性后现代主义的思维方式不是一种分离性的思维方式，而是一种有机的依对象性质而变化的整合性的思维方式。具体地说，这种思维顺序是先自然后人类、先关系后实体、先他人后自我的内在关系论（"他者"论），而现代性思维方式的根据则是

---

[1] 王治河、樊美筠：《第二次启蒙》，北京大学出版社2011年版，第19页。

"自我论"。建设性后现代主义的思维方式既不同于现代性的思维方式，也不同于解构性后现代主义的思维方式，是一种辩证吸收上述两者之优点并加以综合创新的先进思维方式。当然，它们的结果也大不相同。

三 结论与启示

综上所述，建设性后现代主义思维方式的主要内容与特点是倡导建设性（辩证否定性），关注现实问题的哲学解决，主张事物本体论和价值论上的平等与共生，强调对事物的多元化与整合，注重创造性、动态性、包容性和前瞻性。作为一种崭新的思维方式，它的最大贡献在于有力地批判和反思了现代思维方式特别是科学思维方式的局限性和危害性，有力地扭转了现代人的思维定势，大大拓展我们的思维视野，激活了人们创造性思维的激情，并促使我们重新思考人与自然、人与人的关系，重新思考思维与存在、物质和意识的关系，从而彻底改变了我们对世界的认识。在建设性后现代主义看来，"世界的形象既不是一个有待挖掘的资源库，也不是一个避之不及的荒原，而是一个有待照料、关心、收获和爱护的大花园。"[1]人不是自然的主人，而是自然的托管者。

由于上述独特的贡献，我们有理由认为，建设性后现代主义思维方式正日益成为我们思考和应对这个充满多样性和高度复杂性的动荡世界的一种全新思维方式，并可能取代现代思维方式的统治地位，使人类的思维方式发生革命性飞跃。但我们必须清醒地认识到，由于思维方式惯性力量非常强大等原因，目前无论在西方还是在东方，它还远远没有成为主流的思维方式，其价值目前还主要体现在学理方面，甚至在学术界对这种思维方式也有不同的意见和争论。但对中国而言，我们认为，建设性后现代主义思维方式有着不可或缺的独特价值。虽然其真正价值的实现有一个过程，需要我们做大量而艰苦的工作。一方面，中国现代化的任务还没有完成，现代思维方式仍然需要继续加强，由此看来，似乎倡导建设性后现代思维方式有点超前；但另一方面，西方发达世界已经进入后现代社会，因此我们必须同时完成现代化和后现代化的双重任务。只有这样，我们才能更好

---

[1] 格里芬编：《后现代科学》，中央编译出版社1995年版，第10页。

地发展中国特色社会主义，最终实现中华民族伟大复兴的中国梦。而要完成这一伟大使命，我们就必须大力倡导学习后现代思维方式。因此，我们的任务非常艰巨。但我们有理由相信，我们能够走出这样一条光明的道路。

总之，思维方式不可能始终不变，它的变革与转换必须着眼人类的未来，必须以人类实践的现实需要为立足点，这是我们关于思维方式的基本结论和必须遵循的基本原则。

建设性后现代主义视域中的法治思维

陈伟功/文

法治思维已成为中国学术界的一个关键词，这个概念的提出，着眼点似乎在于反腐限权，有专家已对此深刻意蕴展开了充分的学理分析。[①] 基于这个路径的解释，在政治及其学术层面上显然对于中国当下的改革、发展具有重要的现实意义。本文尝试从生存分析的角度对这个概念进行解释，认为如果生存环境是一个法治共同体，那么人们就应当而且必须坚守法治思维。这种思维方式不仅是领导干部应当具备的基本素质，而且也应由共同体成员一并遵循，它应当成为中国人的一种生存方式。

一　法治思维观念的生成

任何一种观念的生成都有其生存要求的基础，法治思维亦当如此。在人类文明观念的演进中，经历神权宗教、皇权宗法、暴力革命、无政府主义、个人主义、实利主义等各种思维方式，每一种思维无异于一种"冒险"，代表着一个时代观念的"水位"，而法治思维当属如今文明观念的又一次"冒险"和"水位"。[②] 甚至可以预言，法治思维正在成为人们的一种新的意识形态，因为，法律具有至高无上的地位似乎正在成为人们的一种共识和信仰。

相比较而言，价值趋向扁平化，宗教、道德已失去了昔日的辉煌，甚

[①] 陈金钊："法治思维抑制权力的傲慢"，《河南财经政法大学学报》2013年，第2期。
[②] 观念之"冒险"的概念见怀特海著《观念的冒险》；观念之"水位"的概念见刘瑜著《观念的水位》（浙江大学出版社，2013年版）。

至已被边缘化。而与人们生存关系比较接近的政治也逐步远离公众的视域,"政治被划归到一个单独的领域,该领域由职业政治家所占据,由政党精英加以组织,并由技术性话语和行政人员的官僚实践予以保障,它在相当大的程度上是与广大公众绝缘的。"① 虽然公众正退居到私人领域,正在享用"私人的欢愉",但人们毕竟生存于一个不可逃避的社会、国家乃至全球共同体中,正是法律才是人们必须知道和遵循的。因此在实践理性王国中,法律成了真正的君主。在人们的日常生存中,宗教、道德、政治等等渐已淡去,惟有法律才是实在的,由此导致人们的思维方式必然以法治为主。

现代法治观念诞生的目的原本在于反对神权、皇权,限制各种权力对公民权利的挤压、践踏、剥夺。随着时代的发展,人类的生存方式越来越多姿多彩,随着"小政府、大市场"生存结构的形成,法治不仅要对抗"利维坦"、限制权力,更要规范、协调人的生存。因此,在建设性后现代主义视域中,法治不仅仅是将法律作为工具来统治、管理公民的技术,而且应当是所有成员和谐生存的方式。其第一要义当然是对权力的限制,法治与政治应当保持一种有效的张力,以保障公民的基本权利。在法治思维中,法律地位至高无上。在当前中国的政治语境中,它特指对权力的限制。在未来文明发展的进程中,它可能更多地是指对生存的规范、协调。

二 法治思维的要义

法治思维实质上主张的是一种审慎、反思、他律性的思维,即决不盲目迷信自己的判断,从多方位、多角度思考问题,真正做到三思而后行。即使如此,由于人类的有限性,从文明观念史的演进来看,每一个时代的主要观念的确可以称得上是一种"冒险"。当然,法治思维主要以现有法律规定为参照,以积极主动的直观态度,"悬搁"自己的情绪、判断,开诚布公、坦诚相对,在反思中达到和谐的平衡。② 具体而言,法治思维的要义包括以下内容:

---

① 保罗·金斯伯格:《民主:危机与新生》,中国法制出版社2012年版,第29页。
② 约翰·罗尔斯:《正义论》,中国社会科学出版社2009年版,第16页。

1. 对法律的信仰

人必然生存于某种信仰之中,甚至虚无也可以称之为一种信仰。没有信仰的人生是不可能的,也是没有意义的。在万物的有机联系中,人一定会从中选择自己认为最重要的东西,不论这种选择是主动的还是被动的。而这种选择、等待与追求的过程就是信仰。在"人对人是狼"或"人对人是神"的生存环境中,暴力或爱是人的生存方式,法律不会成为人们的信仰。而在各种社团尚不发达的陌生人社会,人与人主要处于"相互冷淡"的理性生存环境中,人们既要"采取最有效的手段来达到既定的目标",[①] 又要确保将各种风险降到最低,不论对于个体还是社会,都希望而且事实上也把法律当成最终的保护。

当然,对于法律的理解,在不同传统的社会中有所不同。很多法学家提出的定义也许只是基于一个角度,只是一种"试验性"的提法。[②] 毕竟,"法律"这个概念从古到今、在不同的社会中一直在演变、生成之中,从一个有限的角度对其定义总会有一定的不足。在这个意义上,必须以更广的视野、更包容的态度来理解法律。但这并不能遮蔽这样一个事实:法律仍然有其共同的、一般的特征;人们对法律仍然有着这样的共识:法律是权力部门制定或认可、并能保证实施的规范体系。甚至主张纯粹法理论,认为法律只与应然有关、与实然无关的凯尔森也认为,法律及其秩序必须被遵守和适用才是有效的。[③] 对此,基于怀特海过程哲学的过程自然法理论、过程法学为我们提供了一个新的视角。[④]

2. 对权力的限制

相对于神治、人治,法治对应的是现代市民社会、市场经济发展所需要的秩序。它或许不是最理想的、但却可能是最有效的模式。人和经济的发展都需要人的自由和权利,这就要求最大限度地排斥外部权力的干涉。但既然是权力,如果没有更大的力量和智慧促使其内敛的话,它是不可能把自身的一部分让度出去的。而法治正是这样一种力量和智慧,它与权力

---

① 约翰·罗尔斯:《正义论》,中国社会科学出版社2009年版,第11页。
② 莱因荷德·齐佩利乌斯:《法哲学》(第六版),北京大学出版社2013年版。第2—3页。
③ 同上书,第17—19页。
④ 杨富斌:"当代美国过程法学述评",《北京政法职业学院学报》2010年,第4期。

保持现实的张力,达到一种平衡,在这种关系—过程的动态变化中实现和谐与美。

只要有存在关系,就会产生权力。有学者认为,"在中国,法律因为被政治、道德等所绑架因而没有了权威性,出现有些法学家眼中的法治倒退论,法律成为'参考'的对象,法治成了可用可弃的工具。"① 在人们的直观上,这个判断完全符合事实,因此强调法治对权力的限制就是准确的。在这样的语境中,"把法律作为修辞要求少讲政治、道德大词,以法律作为说服的最主要工具"。② 随着中国共产党由革命党转型为执政党,法律的地位也应当由"权力的工具"转型为"对权力的限制"。因为绝对的权力产生绝对的腐败,必须用法治来限制权力,将权力限制在合法的范围内运行。以权力为主导的秩序势必造成失和、混乱甚至崩溃的社会,而没有权力的法治也终将流于空谈。正是在这个意义上,怀特海认为,人对人的强制性统治"其正面意义在于,它保障了社会福利所必需的协调行为。然而这种统治一旦超出这个范围,便会有致命的害处。"③

3. 对权利的保护

为什么应当保护权利? 怀特海认为,有关人类基本权利的观念,其来源是人类的人道精神。而在以奴役为基础转换到以个人自由为基础的演变过程中,法律贡献了建设性的能力。④ 人道精神本身也有一个发展过程。人类有夫妻之爱、亲子之爱,有乐于进行观念交流的求知欲。在大规模的社会商业活动中,出现了一种更广泛的同感,即对自然所蕴藏的理想目标的尊崇。以对这种精神力量的尊崇为基础,产生了把人当作人来尊敬的情感。⑤ 这就是人道主义精神。

在现代社会,人们往往有这样一种预设:法治预示着自由、富强、民主、文明。这里的法治思维显然主要不是针对权力的,而是把法律当作天下之公器,认为法律规则体系的背后实为意义体系,其目的是人生之祥和,把法治当作了安顿人心世事的工具。正是在这种事实与规则的互动

---

① 陈金钊:"用法治思维抑制权力的傲慢",《河南财经政法大学学报》2013年,第2期。
② 同上。
③ 怀特海:《观念的冒险》,贵州人民出版社2000年版,第100页。
④ 同上书,第15、32页。
⑤ 同上书,第100页。

中，生成了法治秩序。在规则与秩序的解构、重构过程中，法意与人心也在嬗变。施密特在《政治的概念》中写道，人类行为的所有领域都被一种不能简约的二元性结构化了。道德关心善恶问题，美学关心美丑问题，经济学关心赢利与否问题。在政治中，关键的区别是朋友和敌人之间的区别，"政治就是最激烈和最极端的对抗。""所有真正的政治理论都假定人是邪恶的。"而在建设性后现代视域中，这种二元对立的思维方式则被否弃了。试问，如果认定人性是邪恶的，为什么还要保护其权利呢？

4. 对生存的规范

柏拉图说，"世界的创建过程便是说服战胜征服的过程。"怀特海认为，这种说服的方式才是进步的、文明的社会。因为"文明是对社会秩序的维持，而维持社会秩序靠的便是通过展示更佳选择去说服人。"而且存在着这种说服的现实性与可能性，因为"人的价值就在于他有听从说服的倾向。展示出各种好坏的选择，他便能说服人或者被人说服。"然而，社会秩序也在不断地变化当中。"在一个活跃的文明中，总是存在着不安的因素。因为对于观念的敏感便意味着好奇之心、冒险之心及思变之心。"① 因此，人的生存需要各种规范，尤其是在现代社会中，法治规范是最重要的。

另一方面，在怀特海看来，人总是在自身的有限性中追求超验的某种理想，这种有限的形式规定了其价值。人既要实现应当具有的价值，但又限于其有限性中，因而必然在不断的试错中挣扎，由此就决定了他律的必要性。在现代社会中，法律就成人们在生存中对自己规范、指导不可或缺的一部分。怀特海说，哲学家是人，却努力要从上帝的观点观测宇宙。我们无法摆脱自身的限制而去追求清晰性，清晰只是"足够的清晰"。在这个意义上，法治思维中的"法"显然不仅仅指条文规范，而是指那个整体意义上的、不确定的"法"。

5. 对生态的呵护

生态文明思维是怀特海哲学的一大亮点，这种思维也应当是法治思维的应有之义。有学者指出，人类正处于一种系统性危机之中，"人类共善"是破解危机的新范式。这是一种整体方法，大部分传统文化都采取

---

① 怀特海：《观念的冒险》，贵州人民出版社2000年版，第97页。

这种方法。我们不是要简单地回归传统，而是要在分析的思维模式中重新找到整体看待问题的方法。在怀特海看来，价值是现实存在本身固有的，这种内在价值是对他者的工具价值、对宇宙的整体价值的根源。人是自然界的一部分，人与其他动物只有程度上的不同。

在以生态文明为主导的法治思维中，应当将利用自然的态度转变为视自然为生命之源的态度。在生态文明中，私人占有自然资源的情况将不复存在，生活必需品的商品化将停止，产品使用期也将延长。应该强调的是商品的使用价值，而非它的交换价值。"经济"必须被重新定义为全人类生产物质基础的集体生产活动，而非主要生产被资本吸收的剩余价值。金融资本也将被终结。社会组织将引入民主化原则，以有助于在所有社会关系及所有体制中建构新的范式。生态文明将为全世界人民提供参与模式，培养积极的行动者。[①]

三　法治思维生存方式的养成

在不同传统中，法治思维的类型尽管并不完全一致，但也有其抽象的一致性。有学者指出，特定的思维类型支配着一个特定民族的精神性与政治性，以此来辨识何种处境与方式对这个民族而言是正常的或典型的法律生活与法学思维。为了培育良好的法治思维习惯，必须考察特定民族与特定时期法学的发展状况。对当代中国来说，法治思维的养成方式也一定不同于其他国家。

1. 自律：形式正义

不少学者指出，当代中国应首先提倡形式正义，严格遵循法律条文。其理由是，中国的人治传统源远流长。要实现法治，不惜矫枉过正，机械的程序化正是我们所急需的思维方式和运行方式。这种观点也许不一定正确，但却看到了中国社会的症结所在。法的不确定性与形式正义并不矛盾，前者是一种实然，后者是一种应然。在怀特海看来，形式决定了有限，有限才有价值和意义，失去有限的无限是没有意义的。这就是说，法

[①] 姜红："人类共善：破解资本主义系统性危机"，《中国社会科学报》，2012年12月12日。

律虽具有开放的结构,但其本性仍然是一种形式和程序,形式正义是符合其本性的。

形式正义的规范论对事不对人,主张非个人性与客观性,有别于决定论的个人性和秩序论的超个人性。正如施密特指出的那样,法治国在形式正义思维取向下质变为"法律国","法律之主因而降服了君主。"针对中国社会法治传统薄弱的现实,要养成法治思维的习惯,坚守形式正义也许是最有效的途径。对概念法学、机械法学、形式主义等进行抨击当然有其合理之处,但在法治思维尚不成熟的社会,强调形式正义是一个不可逾越的过程。

2. 他律:实质正义

很多哲学家和法学家对形式、机械思维进行了批判,主张法治中的实质正义,其立足点是基于对丰富而多变的生活的考察。在怀特海看来,形式—实质属于应当扬弃的二元对立思维,因为两者之间并无绝对的界限。如果仅从分析的角度看,形式的对立面应当是无限。基于这一理念,坚持形式正义并不必然排斥实质正义。诚然,形式思维存在一定缺陷。在施密特看来,法官绝非规范性的概念,而是秩序、制度性的概念,他并不是凭空地、抽象地代表规范,而是源自一个由机关与公务员所组成的制度体系,法官只是这个体系中的一个环节。决定者的主观意志才是连结抽象法律规范和具体事件的关键要素。按照规范论,似乎只有符合或不符合规范,并没有价值判断,并不考虑对秩序的破坏。"规范论的合理性与客观性在此将演变成摧毁与瓦解秩序的法学谬论"。

在施密特看来,规范与规范的适用有着本质的差异。从抽象的规范中无法引导出具体的决定,决定并不来自适用规范的结果,而是一种无中生有的产物。决定的法效力绝非得自涵摄或法的论证结果,具有个人性的决定及其形式的权威性才是法学思维方式中决断论的特征。"在法学上,可于一个意志过程中、于一个决定中获致所有法的效力与价值最终的法据,只有决定方能创造出'法',决定的'法效力'并非得自决定所依循的规则";"法规范次第形成之前,必存有一个根本的决定,这个决定本身也是一种法的形式,这种法学思维类型,便是'决断论'"[①]。

从上述论述可以看出,坚守形式法治的观念出于法律信仰、对权力的

---

① 卡尔·施密特:《论法学思维的三种模式》,中国法制出版社2012年版,第23页。

限制，坚守实质法治的观念出于对形式法治的协调和纠偏。吊诡的是，这居然可能导致官僚制度、权力膨胀！正如施密特指出的那样，规范论思维容易导致将法降低为功能性的法规，制造国家官僚体制；决断论使法学思维基于"一瞬间"的功能化。孤立的制度论思维可能导致一种助长主权性、封建阶级性之发展的多元主义。

3. 秩序：整体正义

在怀特海看来，秩序是非个人的，但爱是个人的。"根据秩序在提高个体现实，即提高经验的强度方面的成功，来估价不同种类的秩序的不同重要性"。① 经验的重要性需要秩序适当稳定，这一点是必然的。尽管存在着超时间的、范围广阔的秩序形式，但历史的转化也表示了秩序形式的转化，秩序形式总是有些居于统治地位，有些受到破坏。②

也许用施密特的论述可以丰富秩序思维的内涵。在他看来，每一种法学思维都有相应的政治运作模式，法学思维方式的转变意味着国家组织与政治生活面貌的转变。例如，17世纪的极权主义孕育了霍布斯的决断论，18世纪是崇尚理性法规范论的时代，19世纪以来则由结合了决断论与规范论的法实证论独领风骚。施密特提倡"具体秩序"思维，它表明法学思维中牵涉的秩序不是抽象的、空泛的，而是必定连结了特定国家与人民的秩序。他认为，法规只是秩序的成分与手段之一，具体的秩序不是由孤立的法规加总而得的。将各种具体秩序拆解为一堆或一套规范的做法是不切实际的和可怕的。规范的改变是秩序变迁的结果，而非原因。③

法治思维的养成方式，首先要遵守程序形式，其次要讲究实质正义，再次要培育良好的法治秩序。这三者的次序似乎不可颠倒，因为这是一个由易到难、由低到高、由简单到复杂的不可逆的递进阶梯。

四 "闯黄灯"：法治思维实践养成的反思

2013年新年伊始，国内关于"史上最严交规""闯黄灯扣6分"的

---

① 怀特海：《观念的冒险》，贵州人民出版社2000年版，第344页。
② 怀特海：《思维方式》，商务印书馆2010年版，第82页。
③ 卡尔·施密特：《论法学思维的三种模式》，中国法制出版社2012年版，第38页。

规定的讨论持续升温。公安部交管局相关负责人表示，将认真吸纳合理化建议，加快交通信号灯设置和使用不规范问题的整改力度，并引用数据说明新交规在规范驾驶行为、减少交通违法、预防重大交通事故等方面的积极作用已经初步显现。但有专家指出，交通信号灯的法律、条例和规定应有书面文件作为执法依据。但 2011 年修订的《道路交通安全法》、2004 年通过的《道路交通安全法实施条例》以及 2012 年通过的《机动车驾驶证申领和使用规定》这 3 个涉及交通信号灯法规的文件，皆未见"黄灯禁行"的明文规定。根据"法无禁止即可为"的原则，"闯黄灯"扣 6 分、罚 200 元缺少法律依据。[①] 对这一案例的分析表明：

1. 法律规定有不确定性

《道路交通安全法》规定："机动车遇路口时应减速通过，黄灯亮时已经越过停止线的车辆可以继续通过，还未越过停止线的车辆应停车。"其中的"黄灯亮时"到底是指"黄灯亮起的整个时段"，还是指黄灯开始亮了这个时间点？

2. 不同的法律思维决定不同的法律推理

如果是指"黄灯亮起的整个时段"的话，那就不存在"闯黄灯"这种违章行为；如果是指黄灯亮了起来这个时间点，那就存在"闯黄灯"的法律依据。如果执著于形式思维的态度，既然没有权威的合法解释，这个问题也就成了"悬案"。但这里的立法意图显然不是为了限制谁的权力，而是为了规范通行的权利、维持良好的交通秩序。按照实质思维和秩序思维，这个问题几乎不成为问题：黄灯亮了起来时就应停车，已经越过停车线的车可以继续行驶。

3. 仅凭法律论证是不可靠的

从这个案例来看，法律的不确定性是一个事实。为了维护自己的某种利益，不同群体都可以为自己论证。正如图根哈特所言，论证不是认识的过程，而是行使意志的过程。这种意志性的活动不是一个认识上的推导过程，而是一个利益的均衡过程。人们在这个过程中，能够以自己的利益为利益。[②] 在这个案例中，立法者、执法者、专家、公民都能找出有说服力的

[①] http://news.163.com/13/0104/06/8KBS66S70001124J.html，2013 年 1 月 4 日。

[②] 转引自强乃社："道德规范话语论证的几个主要问题"，《伦理学研究》2011 年，第 4 期。

论据，包括法律规定、数据、逻辑、经验实证等。但谁的论证更重要呢？

4. 法律信仰是法治思维的基础

法治思维的最终基础是法律信仰，只有当人们在理性上把法律作为一种信仰、在情感上把法律接受为神圣的时候，法治思维的生存方式才能真正建立起来。"苏格拉底之死"之所以穿越时空、成为一座精神丰碑，就在于他为法而殉道的精神与日月齐光，令万世景仰。上述案例中，如果大家都对法律有这种情感与信仰，都把制定、遵守法律还原为人类对有尊严地生活的追求，都能做到各司其职、各负其责，那么新交规也就有其应有的尊严了。

五 结论：中国式的法治思维

昂格尔在《现代社会中的法律》中认为，中国没有法治思维，所以中国不会实现法治。笔者则主张，应当自由地、如其所是地考查法治思维这个概念在日常用语中、在文本中和在社会中的涵义。对其下定义并非一种稳妥的方法，因为一个概念总是在不断地变化中，而下定义只是在静态地观察。用其属概念"思维"来界定"法治思维"亦颇不易。法治思维应当是一种体系思维，但又不能简单地从体系开始，因为它源于一些预设，是从我们所处的有限的现实经验出发的。而这种体系对于讨论、运用、批判我们经验中的思想是很有必要的。

借用怀特海的术语来说，法治思维一开始就不能排除自身之外的观念，而应从"收集"（assemblage）开始，通过科学具体化中所获得的方法而进行一般性批判。文明人应该以更为一般的理解来考察世界。怀特海在《思维方式》开篇就说，对于某个适当的时代来说，我们经验中的要素只要保持着所需的重要性，它们相对于其可变性来说是"清楚明白的"，而必然性则是不变的。正是由于这个原因，它在其思想背景中仍然是模糊不清的。由此，就要在语言的预设而非其表述中寻求哲学真理。就法治思维而言，在人类文明全球化的进程中，这种思维必然在不同的传统中具有一般的共同特征，但同时又具有各自的特色。因此，不能把西方法治思维的模式当作中国法治思维的标准。

詹克斯建设性后现代建筑理论中的生态美学意蕴[①]

李 玲/文

查尔斯·詹克斯（Charles Alexander Jencks，1939 —）作为后现代主义建筑理论创始人之一，擅长理论创作与实践应用，推崇小约翰·柯布、大卫·格里芬等人为代表的建设性后现代主义，吸纳并超越现代建筑和解构性后现代建筑美学理论，强调建设性与创新，其建筑理论中渗透着建设性后现代所倡导的生态、有机、过程、多元理念，追求自然美和以人为本的建筑意义，目标是建立以生态文明为中心的建筑美学理论。

詹克斯在1986年出版的《后现代建筑语言》一书中明确宣布："现代建筑已经于1972年7月15日下午在密苏里州圣·路易斯城死去。"从此，他便成为众人瞩目的焦点。在他的理论中，人们在感受现代主义烟消云散的同时，"后现代主义建筑"的理念也渐入视野。在詹克斯的诸多著作中，中心思想是用符号学方法将意识形态因素引入建筑设计，突出了后现代主义艺术中不可避免的政治倾向、建筑的"双重编码"功能及建筑的论辩和复杂性。詹克斯的建筑观考虑到了社会意识和集体的参与，强调以社会生态为手段以及人与自然互惠互利的社会结构的重要性，凸显了一种自然生态的建筑审美观。他注重对建筑涉及到的美学和观念性的语言进行双重编码，让普通人参与建筑的交流过程，突出多样性，建立了自上而下的参与性系统。同时，注重建筑对人公共意识的缓慢培养，将建筑的意义传达与形式之间的关系放到语用学的语境中进行考察，使可供建筑使用

[①] 本文为中央马克思主义理论研究和建设工程重大项目"弘扬中华传统文化与现代化研究"（2015YZD17）及国家社科基金项目"詹克斯建设性后现代建筑美学思想及其现实应用研究"（16BZX120）的阶段性成果之一。

的语言范围得以扩大,达到建筑美感要素与伦理要素的二元求证。他还强调建筑应接近自然、亲近自然,要求建筑模仿自然事物的形态,使建筑源于自然和文化,最终使建筑的诉求对象转向宇宙发生论。

在现代建筑的水泥丛林带来的无奈后果下,在"以人为本、公平共享"的可持续发展的城镇化成为当今中国发展的主题之一时,探索与挖掘詹克斯的生态审美元素具有重要意义。建筑的形体空间环境,赋予了城市特定的意义和生活氛围。但是,当代中国城市化产生的"客体城市"(city of objects)(安琪·施托克曼,2013),即城市被与周围环境不协调的甚至是对立的、夸张的建筑物体所主宰,是一种"非生态审美观"的体现(主客二分的传统审美)。本文在系统研究詹克斯后现代建筑理论的基础上,结合国内外生态美学的研究成果,将詹克斯后现代建筑界定为"生态的建筑美学"(主客交融的审美),其核心问题是"如何看待詹克斯在生态意识引领下进行建筑审美活动,引发生态建筑实现的理论机制和现实应用机制",同时在借鉴美国环境美学家阿诺德·伯林特"交融美学"(aesthetics of engagement)的基础上,倡导主体与建筑环境之间的连续性与和谐交融,从而改变客体性建筑对生存环境的审美掠夺。

詹克思的后现代建筑理论具有里程碑式的革命意义,他的现代科技语言给人以耳目一新的感受,引导人们重新审视人和建筑、建筑和自然、建筑和宇宙的关系,在把人们的目光聚焦到生态审美观的同时,大大拓展了人们对建设性后现代建筑美学的理解和认识。

一 "混沌"形象模仿中的自然生态审美

混沌(Chaos)原指天地未开辟以前宇宙浑然一体、模糊一团的状态,后常用来形容思想模糊不清。在希腊神话中,混沌是孕育世界的神明。赫西俄德认为:"万物之先有浑沌,然后才产生了宽胸的大地。"

《圣经》试图阐明,在非终极的意义上,上帝与原始混沌共同存在。体系化的神学宇宙论认为,上帝在创造世界的过程中,从混乱(disorder)中带来了秩序(order)。浑沌是无形、无序、空虚,它相对的是有形、秩序、充实。关于混沌和秩序的关系,伊恩·斯图尔特表述如下:"混沌让位于秩序,秩序又产生新形式的混沌。"混沌是由定律支配的无定律状态。

黑格尔也指出，世界历史的进程由心灵"正、反、合"的原则支配。在秩序与混沌的重复、交替和超越中，产生了随机性与确定性。探索复杂现象中无序中的有序和有序中的无序，成了新兴混沌学的主要任务。在混沌理论中，世界是以一种混沌和有序深度结合的方式呈现的，具有非线性、复杂性的特点。而在整个宇宙中，非线性、随机性是绝大多数系统的特点。系统本身就是一个矛盾体，是不可预测性和可预测性的结合体。混沌学是研究非线性和系统整体性的科学，它打破了各门学科的界限，已成为多学科的横断科学，深入到了建筑学、美学、医学、经济学等各个领域。

查尔斯·詹克斯在1995年出版的《跳跃的宇宙建筑学》(The Architecture of Jumping Universe) 中提出了当代建筑深入发展的新概念，试图从自然规律、科学发展、时代特征等角度界定和理解建筑的意义，在建筑形态上寻找"混沌"。他认为，建筑在其形成与发展的过程中超出了常规的三维系统，是一个开放系统和受多元因素决定的非线性系统。在混沌、有序的宇宙中，建筑强调的是思维的时空连续性，是动态物质环境下的系统性，同时也寻找建筑和宇宙之间的协同。关于建筑的本源，詹克斯写道："如果说建筑必须源于自然和文化的话，它还应该拥有一个更大的源泉，即作为整体的宇宙。"[①]这表明，建筑应具有宇宙向度，其形而上的特性使建筑的诉求对象转向了宇宙发生论，其核心是进化与跃迁。在这一理论中，詹克斯力图借助当代科学的最新概念来解释建筑发展的本源及其复杂现象，构建"建筑新范式"。他对建筑的特质描述如下："通过波动的、流动的或结晶体的形式以及计算的模糊性表现了发生过程，其参照对象非常广泛。建筑的下一个挑战是如何创造真正能够运动的局部，使居住者或参观者与建筑建立共生关系，积极反映宇宙发生的过程。"[②]建筑的形式及计算的模糊性即混沌，最明显的表征是空间以及外形的模糊与不确定。混沌状态突破了建筑的边界，导致了模糊化。建筑的各个部分彼此相关，同时建筑的各个部分之间、建筑与建筑之间、建筑与周围环境之间等各元素又存在着一系列相互渗透、贯通的过渡状态和环节，呈现出多元融合和并

---

① Charles Jencks, The Architecture of the Jumping Universe. Lanham: National Book Network, Inc, 1996.

② Charles Jencks, The Architecture of the Jumping Universe. Lanham: National Book Network, Inc, 1996.

存的形态。这种状态既符合建筑本身的客观存在，又顺应了自然规律。既然作为宇宙成员的人类必然要介入和干预自然，那么最重要的就是人类如何才能合理地、融洽地介入和干预自然，在表达人类意愿的同时充分地尊重和适应自然，从而达到两者相辅相成、相得益彰的共生。正是基于这一理念，詹克斯提出了后现代建筑理论的生态美学理论。这就是把"混沌"用于建筑学的意义之所在。

过程哲学认为，宇宙的基本单位是有机体，即"复杂并且相互依赖的经验点滴"。①在混沌状态下，建筑与自然构成了一种自然生态环境，它乃是"存在于人类社会周围的对人类的生存和发展产生直接或间接影响的各种天然形成的物质和能量的总体，是自然界中的生物群体和一定空间环境共同组成的具有一定结构和功能的综合体"。②人与自然融合的要素之一就是自然生态，这一系统几乎没有受到人为的干扰，是依靠自然的调节能力来维持的。自然生态依靠自然规律运行，不以人的意志为转移。但是，在人化自然的条件下，随着时代的发展和人类需求的扩大，自然完全不受人类干扰已经不现实了。既然人类和自然生态有着不可分割的联系，那就必须了解和适应自然生态环境自身环环相扣、稳态运行的规律，在研究和尊重自然规律的前提下合理地介入自然。自然生态的本质并不存在好坏之分，它们呈中性地存在于地球表面。相对而言，人类是后来者。人对自然最基本的介入和干预之一就是建筑，建筑应充分体现混沌理论的意义，实现人与自然的和谐共生。这种和谐共生，是自然生态审美的一个基本特点。

二 "跃迁"架式建构中的历史生态审美

跃迁（jumping）是用来描述微观粒子量子状态变化方式的一个术语。粒子在能量级间跃迁时会吸收或释放出能量，这种跃迁是一种非线性的方式。在能量跃迁过程中，某个粒子发生跃迁的时间是无法预测的，有的可

---

① 怀特海：《过程与实在》，贵州人民出版社2006年版，第27页。
② 姜荣国："论自然生态环境与人工社会环境协调发展的方式"，《石油化工高等学校学报》1994年，第4期。

能会早一些，有的可能会晚一些，因此其寿命是不同的。但对大多数粒子来说，其平均寿命是确定的，甚至是可以测定和计算出来的。跃迁的过程有的是从高能态到低能态，有的是从低能态到高能态。只有当粒子以受热、碰撞或辐射等方式获得足够的激发能量时，才会发生跃迁。跃迁之后，会有自发回到稳定状态的趋势。跃迁现常被用来描述自然界及人类社会中发生变化的一种自然规律。这是一种对新生事物发生、发展的认识过程，认识与掌握这种自然规律有助于对事物发展趋势的认识。

人类在探索宇宙奥秘的过程中不断地修正着自己对宇宙的认识。《易经》说："有天地，然后万物生焉。盈天地之间者唯万物。"八卦象征的就是各种自然现象，就是在推测自然和社会的变化，寻找地球、宇宙的规律。"天人合一""法地则天"等观念不断地影响着中国古代社会心理，也推动了人们对建筑内涵的认识。建筑从最初遮风避雨的窝棚窑洞发展为人类的生息场所，再到把建筑定义为"人的生活以及时间中的经验的空间表现"，使建筑成了一种时空概念。建筑的布局是以适用物质功能和心理经验二者的时间因素为基础的，以时间作为组织空间的主要因素，强调无形的时间在构成有机物的连续性的过程中的主要意义。在詹克斯的后现代建筑理论中，建筑超出了常规的三维系统概念，演变成了一个开放系统和由多元素决定的非线性系统。人们在混沌、有序的宇宙中，寻找建筑与自然、建筑与宇宙的同一性和共生性。

詹克斯用"跃迁"来描述建筑演变中的非线性变化。他在《跃迁的宇宙的建筑学》一书中试图用复杂科学来解释西方纷杂繁复的建筑风格，并预测未来的建筑风格。这里的复杂科学是指现代数学和物理学中的一些理论，包括混沌理论、分维几何、突变理论等。詹克斯把建筑纳入复杂科学理论的框架中，同时也把生态科学和结构技术纳入了复杂科学的行列。他从宇宙进程的宏观角度探讨建筑风格的更迭变化，提出了"宇源建筑学"理论。这一理论包括以下基本准则：①建筑应尽可能使用自然语汇，使建筑更加贴近自然，通过使建筑模仿自然力求达到建筑与自然的协调。②建筑应通过自组织、衍生、跃迁来反映宇宙本源力量的本质。③建筑具有层次性、多价性、复杂性、混沌性等特点。④应突出建筑的多样性和变异性，以保持最大程度的差异性，建立自上而下的可参与性系统。⑤建筑多样性的实现途径包括拼贴、激进的折衷和叠置等。⑥建筑应承担生态义务和政治的多元化,并遵从时间前行的程序。⑦建筑应借助双重编码(美学和宇宙观)来实现多层义务。⑧建筑的最终使命是发现宇宙规律,其途径是借助深层科学(复杂科学)。

詹克斯的"跃迁的宇宙建筑学"是一种典型的建筑新范式,它强调建筑的时空意义,从历史生态的维度来诠释建筑的发展变化,强调了建筑与自然的连续性。这一理论以后现代科学为基础,把跃迁、衍生、自组织等复杂科学的前沿概念和生态意识、可持续发展等目标融合于建筑,是未来建筑学发展的一个方向。实际上,詹克斯的后现代建筑理论是在历史生态发展和规律的基础上来探索现代建筑规律的,它给现代建筑学融入了更多的自然主义观念。同时,他还提到了绿色建筑,既倡导积极地回归历史和自然,又融入了现代复杂科学,把历史和现实、人和环境、科学和艺术融合成了建筑生态元素,把建筑视野拓展到了绿色、高科技、变异性、多样性、共生性、复杂性、混沌性,以其生态使命等美学概念和宇宙观把生态科学、历史发展和结构技术纳入建筑学,以期发现人与自然的规律、生态与建筑的规律甚至宇宙的规律。

詹克斯的宇宙建筑学理论是在跃迁架式建构中发展而成的,它在强调建筑源于宇宙的同时突出了建筑的时间性。一般来说,建筑的时间性主要体现在如下三个方面:一是建筑在客观世界中是随时间的变化而不断变化的;二是主观世界对建筑的认识过程是需要时间的;三是时间是主观世界的内在体验,由于主观世界的差别,导致建筑的时间体验性具有不同的分形维度,即复杂形体占有空间的有效性。詹克斯对宇宙中建筑跃迁规律的认识,使人们在相对固有的建筑思维中有了一个跃迁。在这个意义上讲,他的"跃迁中的宇宙建筑学"具有革命性的创造。

三 "突变"动态表现中的社会生态审美

1972年法国数学家勒内·托姆(René Thom, 1923 – 2002)的《结构稳定性和形态发生学》一书的问世,标志着突变理论的诞生。在法文中,突变的原意是灾变,它强调的是变化过程突然的间断或转换,即某种自然现象或技术过程在发展中从一种状态跳跃式地变化到另一种状态,或经过一段时间缓慢地连续变化后在某种外界条件下产生一种不连续的变化。在自然界和人类社会中,存在着大量的突变现象,如岩石破裂、桥梁坍塌、海啸、地震、生物变异、细胞分裂、人的休克、战争、经济危机、天气骤变,等等。托姆将系统内部的这种整体性变化定义为突变。

在社会现实中,大部分突变是有害的甚至是致命的。比如,城市、社区等作为一个有机体,其局部建设或发展会对整体肌体构成不同程度的影响,当城市发生突变时,不可避免地会破坏原有平衡,使整个肌体严重失衡。因此,如何把握有机体在动态发展过程中寻找新的平衡,必须研究从一种稳定组态跃迁到另一种稳定组态的现象和规律。无论在自然界还是人类社会中,运动是永恒的,但这种永恒有稳定态和非稳定态的区别。在各种微小或强大的必然和偶然因素作用下,事物依然保持原有状态的,我们称之为稳定态;事物迅速离开原有状态的,我们称之为非稳定态。这两种状态是相互交错的。研究表明,非线性系统从某种平衡态(即稳定态)到另一种平衡态的转化往往是以突变形式发生的。这就是说,在某一种平衡态和另一种平衡态之间,没有任何可能的中间稳定状态。

詹克斯的宇源建筑学借用了大量现代复杂科学的语汇,其核心概念是突变、跃迁、混沌、自组织、自相似性等。在一个激变的社会中,人们对复杂科学不再陌生,复杂科学中的语汇作为前沿科学的符号激发并影响着人们的思维,使建筑不仅具有空间意识,而且成为人们认识世界的一个工具。詹克斯在模拟自然事物、并将其自相似结构转变为建筑形态的自相似性之后认为,当代的有机建筑表现出来的就是自相似性,其共同特征是具有复杂的外观和仿生形式。对于那些与非线性和突变概念相对应的建筑语言,他的处理方法是一样的。他认为,真正具有创造性的建筑设计不能消灭差异。因此,既然承认建筑历史的发展是混沌的和非线性的,那么在社会发生重大变革时,大型城市中出现各种风格悬殊、类型各异的建筑完全可以被认为是突变的表现。

在设计中,詹克斯用波形曲线和突然褶皱仿效复杂科学理论中的突变,跳出了形象思维所习惯了的建筑形式,彰显了突破性的潜在意义。他认为,宇宙中的有机体大部分是不可预见的,具有自我组织、自我创造性的,并且像蝴蝶一样能够自我蜕变。各个有机体组成了一个有活力的、不确定的,而非静止的、永恒的景观。比如,小山和水面组成了一个并置的、突发的、视角和主题差异的景观。在他看来,最接近自然的设计语言是由弯曲、叠合和无界构成的，同时景观的波动和叠合也契合了中国古代堪舆、风水学中的"藏风聚气"说。突变体现了能量的间歇性，并在很大程度上符合辩证唯物主义观点。

从詹克斯确定后现代建筑语言的基本法则不难看出，他重视的是建筑造型所表达的意义。因此，他把一些生态建筑、绿色建筑的实验作品也纳入宇源建筑学，其基本特征是具有复杂的外观和表现形式，这在一定程度上导致了无序。突变打破了原有秩序，造成了混乱。为了解决这一问题，詹克斯从以下三个方面给出了解决方案。一是利用时间，时间的延续表达了新旧建筑的过渡和对比，使无序走向有序。"复杂的整体表现出像一个历史久远的村落那样的丰富性，各种品质和房屋类型共存，没有任何明显的压制。"[1]时间在消除混乱中能扮演关键角色，将原本不协调的事物拢到一起，变成新的协调。要达到这一点，就要引进时间要素，通过多元化的语言建立乡土主义，实现秩序基础上的混沌。二是将现有城市的结构与格局视作"底"，在这个"底"上添加新的层次，形成相对和谐的"图地"关系，以凸显环境更新。三是关注边缘位置，他认为，表面的混乱可以依靠内在的组织深度在边缘位置达到平衡，这个边缘位置最有创造活力，因为"具有自我、个性、自组织性的系统只存在于偶然性与必然性的缝隙——混沌的边缘"。[2]

詹克斯用"蝴蝶锐变"来阐释宇宙中建筑的突变，以"蝴蝶效应"类比建筑突变后带来的混乱。按照辩证法的观点，量变是质变的准备，量变必然引起质变。在数学模型建构理论中，质变的表现形式就是突变。"蝴蝶效应"改变了人们对社会的这样一种传统认识，即社会可以在一个稳定的环境中按照一种相对稳定的模式有序地发展。由于对初始条件的高度敏感性，任何一种细微的变化都可能引起社会的巨大震动。建筑不仅仅具有空间意义，而且是一个关系场，是人与自然接触的载体，生态学运动就是这个载体的轨迹。这实际上是詹克斯后现代建筑理论的一种隐喻，它揭示的是人类与自然的动态连续性。

---

[1] Charles Jencks, The Architecture of the Jumping Universe. Lanham: National Book Network, Inc, 1996, P128.

[2] Charles Jencks, The Architecture of the Jumping Universe. Lanham: National Book Network, Inc, 1996, P132.

人类社会在不断地发展，人们认识世界的视野在不断地拓展，人们的世界观和价值观也在不断地发生变化。同样，研究世界的各门学科也在不断地跨越、融合，生态学研究的边界也逐渐突破了自然科学的范畴，而具有人文社会科学的性质。它强调生态系统的有机性、多样性，并逐渐成为系统探究有机体、自然环境以及人类和谐共处的综合性学科，追求人、自然、社会更广阔的生态和谐。当生态学有了某种伦理价值和善的内涵时，尤其是当它开始研究人和自然相互作用问题的时候，它就具备了社会生态的内涵。其实，现代社会的很多生态问题都有深层次的社会问题。不解决社会问题，就很难解决生态问题。

现代社会是一个由人的因素、技术因素、环境因素和发展因素共同构成的多向、共时和互动的复杂系统，在每个细节和每个环节中均可能产生不同程度的"蝴蝶效应"。詹克斯利用"混沌的边缘"理论来阐释建筑的活力，依靠系统的组织深度、时间线和"图地"关系，在边缘位置使每个细节达到了某种平衡稳定状态。他的建筑突变理论蕴含着丰富的社会生态审美意识，凸显了建筑设计思维对社会生态的影响。在当今这个复杂且充满突变的时代，社会正被一些看似细小和次要的事件所左右。社会生态需要构建多元共生性的生存合力，形成无序和有序相协调的支持系统，以促进人类文明的发展。

詹克斯的理论勇气和学术洞见将他推到了建筑科学前沿的风口浪尖，备受关注且有着一定的争议。但毫无疑问，他在建筑理论中大胆尝试使用"混沌""跃迁""突变"等语汇，谱写了一种令人耳目一新的后现代建筑语言。"建筑首先是一种语言，而不是一种工具。"[1]他运用隐喻手法，借助自然规律，通过复杂科学，强调了建筑在宇宙中的系统性，并兼顾到社会系统的先在约束性和个人的相对创造性，在人与自然和谐共生的基础上，探求了人与社会在宇宙中的和谐关系，蕴含了丰富的生态审美元素。在他的理论中，"混沌"赋予了建筑一种富有张力的美，这种自然生态审美方式摒弃了那种基于人与世界对立、主客二分的传统审美模式，摒弃了现代建筑的单一、乏味，强调伦理意识的重要性，尊重生物多样性和生态平衡，借助自然科学知识特别是生态学知识引发人们的好奇心和联想，进

---

[1] Charles Jencks, The Architectural Sign, op. cit., P76.

而激发人们的想象和情感,①使建筑和树木、水、石等元素作为一种内嵌的生活空间要素织入都市肌理,使建筑元素和景观设计构成城市生态文化,实现了人与自然之间的和谐共生,保护了自然生态、历史生态和社会生态,是一种具有建设性后现代整体和谐美学意蕴的建筑理论,具有重要的理论和实践意义。

---

① 程相占:《论生态审美的四个要点》,《天津社会科学》2013 年第 5 期,第 123 页。
本文为中央马克思主义理论研究和建设工程重大项目"弘扬中华传统文化与现代化研究"(2015YZD17)及国家社科基金项目"詹克斯建设性后现代建筑美学思想及其现实应用研究"(16BZX120)的阶段性成果之一。

建设性后现代主义的定位和未来
——访大卫·格里芬博士
强乃社　樊美筠/文

这是一篇比较独特的联合采访。2012年夏，大卫·格里芬博士应前山东大学校长曾繁仁教授之邀前往济南参加"建设性后现代思想与生态美学"国际学术研讨会。会议期间，《哲学动态》编辑部强乃社编审采访了格里芬，这篇采访的主要内容是根据当时的采访录音整理的。其后，强编辑又追问了若干问题。但由于格里芬行程安排紧张，时间不够，搁置了回答。这一耽搁竟然过了很多年的时间。现在来看当时的采访，觉得有很多问题需要追问，包括目前和建设性后现代主义有关的重大理论和现实问题。2018年5月，美国过程研究中心中国部主任樊美筠博士前往圣塔芭芭拉探望格里芬，强编辑委托樊美筠帮助完成了这一采访。于是，就有了这篇联合采访。这里，谨向抱病接受采访的格里芬表示诚挚的谢意和崇高的敬意。

问：感谢您接受我的采访。您在中国学界很有名气，我很荣幸。我来自《哲学动态》，这是中国哲学界一本重要的杂志，我的问题主要集中在哲学方面。中国有很多学者希望理解什么是建设性后现代主义。我看到一些解释，有人对这种理论作出界定，说它是一种新的哲学，是一种思辨哲学、一种宇宙论、一种形而上学。到底如何理解呢？这是一个大问题。

答：它都是。在最宽泛的意义上，它是形而上学。形而上学的一部分就是宇宙论。在宇宙论中，我们试图理解这个特殊的宇宙，即所谓的cosmos。形而上学就是要理解一种真实的或者可能的世界。我们的宇宙已经有50亿年历史了。当这个宇宙50亿年以前开始时，世界的构成是非常简单的，有非常小的颗粒，后来构成了原子，形成了分子，这花了很长时间。微小的分子，后来还进一步形成了电子，形成了细胞，还有小的单位比如 DNA。这样进一步出现了单细胞的生物，后来有了更高级的细胞，再后来有了植物和动物。后来进一步发展到更高级的人类，这个过程花了近 50 亿年的时间。宇宙越来越复杂，然后走向衰落。也许再过 50 亿年，这个宇宙最后可能不再存在，回到混沌状态。这曾经是柏拉图说的宇宙，一个从混沌中形成的有秩序的宇宙，这也是怀特海的观点。除了传统基督教的宇宙论，牛顿接受的是一种机械论的观点，他认为世界、人和万物是上帝创造的。宇宙论就是研究这个特殊的宇宙的，这是宇宙的新纪元。牛顿没有区分形而上学和宇宙论的区别，对他来说，它们是一样的。上帝造就了宇宙，决定了宇宙，早就是如此了。

在形而上学中，怀特海试图理解，在我们这个宇宙中，对我们来说真实的东西在其他宇宙中也是真实的。对他来说，宇宙是由动在（actuality）构成的，是由许多缘现（occasion）和动在的经验构成的。笛卡尔和牛顿一样是坚持二元论观点的，认为在死的物质和有经验的存在之间有一个鸿沟。这里，我们必须说到莱布尼茨。笛卡尔和牛顿在一定程度上都同意莱布尼茨，认为我们的世界是由单子构成的。怀特海也是如此，但他强调现实的动在是有经验的，认为这不是上帝创造的。他在形而上学的研究中没有坚持二元论，而是认为在世界上，在一个基本的水平上，宇宙的基本单位是拥有经验的动在，而不是别的。怀特海在《过程与实在》的第四部分谈到了形而上学。无论这个宇宙是多少亿年，都是如此。这样，我们就能区分形而上学和宇宙论的差别了。

就像我前面说的，建设性后现代哲学是思辨哲学，确实如此。怀特海认为，你可以有科学证据，但我们必须有思辨，因为有些问题是不能用科学方法回答的。可能有另外的宇宙，形而上学和宇宙学都无法对之进行探索。这时，思辨就成为重要的途径和方法。在这个水平上可以用思辨的方法进行探索，就像柏拉图说的，哲学家对最可能的事物之最可能的原因给出最有可能的解释。在英语中，一般将柏拉图的《理想国》中的一些论述翻译为可能性的故事。

问：在中国语境中，我们理解的思辨往往是将事物或世界放到一个概念系统中进行解释。有些学者重视一个可能的世界，但一般很少用思辨这个概念。这是将世界放到概念中，或者将世界概念化。您所说的思辨对我们的理解很重要，我觉得你的思辨其实和我们一般理解的思辨有很大区别。

答：按照怀特海，思辨是有根据的，不是胡思乱想，具有普遍适用、首尾一致的特征。普遍适用是指思辨能够解释世间的一切事物。比如，我们以旧唯物主义哲学为例来说明。旧唯物主义能够解释物理世界，但是如何解释人类呢？世界是物质的，但是非物质的人类精神就很难解释，这不符合普遍适用的原则。再举一个例子，过程哲学作为一种世界观，它如果认为过程是时间性的，而你说也是空间的呀。这个时候，时间性就是一个没有普适性的解释。所以怀特海提出，实在、过程既是时间性的也是空间性的，就是时空性的事件。这和笛卡尔形成了对立，他认为低于人类的动物只有时间，没有空间。

思辨的第二条标准就是首尾一致。比如，在笛卡尔那里，纯粹的物理存在和人类存在是不同的。它们和精神性的存在是如何契合的呢？那些只有空间的纯粹的物理性存在是如何与有时间的精神性存在联系的呢？这就是著名的身心二分问题。笛卡尔有两个回答：第一，我不知道，这是神秘的。这不能保持他的理论自洽。第二，这是上帝干的，上帝是万能的。在他的时代，神的势力非常强大，神可以做任何事情。这样，上帝就造就了身心的二分。但这里还有一个问题，如果上帝是全知全能的，那么如何解释恶的存在？上帝支持恶吗？这里，他的理论就不能自洽了。思辨就是对可能世界的探讨，是对可能世界的可能解释，其中需要保持理论自身的自洽和普适。

问：您最近十几年用了大量时间和精力来研究"9·11事件"和生态问题，这是为什么呢？

答：这两者是联系的。在1990年代以前的"冷战"时期，军事工业有很多发展。世界上到处是美国士兵，几乎全球都有，各个国家都有，数以十亿计的美元用到了军事工业方面。美国造了很多飞机、坦克，将很多武器放到太空。这非常花钱，借口是防范共产主义，他们要应对苏联和中国。后来，尼克松时期，乒乓外交改变了中美关系。中美虽然不是朋友，但至少不是死敌。美国还有苏联，还有庞大的军费，有CIA和军队来对付苏联。但是，戈尔巴乔夫结束了"冷战"。这个时候美国没有敌人了，需要制造敌人。那个时候，和平人士和环保人士都很高兴，以为可以有很多钱去解决生态危机问题了，这些钱可以不用于军事，而用于解决生态危机了。人们设想，美国的军事可以缩减四分之一。很多官员、军官和资本家都认为，我们不需要核武器了。一些军工企业和相关人员着急了，因为没有钱建造飞机、坦克、生化武器了。这个时候，有人就制造了"9·11事件"。新的敌人来了，穆斯林敌人来了。19个穆斯林驾机袭击美国几个地方。这个故事大部分美国人和世界各地的人们相信了。我写了一本书《新珍珠港》，来解释这是非常不可能的事情。我要求布什政府不要再花钱防止恐怖主义了，而应把钱用到解决生态危机上。我有充分的理由证明"9·11事件"是错误的，我们应该解决生态危机。我的《新珍珠港》出版后，政府就出版了一个"9·11事件"处理报告，企图遮掩我的观点。但我又写了一本《任务和掩盖》，来揭露政府的那个报告的虚假性。

问：这本书还没有出版汉译本吗？

答：没有。要是有人愿意出这本书，这是有意思的，你有兴趣翻译吗？

问：那是我的荣耀。

答：但是，在美国国内有人支持政府的报告，支持这种谎言。这些人都想反击我的观点，反击我对"9·11事件"真相的揭露。我要写一本书名字叫《对反击的反击》。这个过程中出版了很多书，大概有十来本了。我们必须揭穿谎言，揭示真相。我这样努力的另一个原因是，希望能够将那些钱拿回来用到解决生态危机上。

问：特朗普总统上台前就否定气候变化，声称"气候变化是中国人编的骗局"。上台后，又退出《巴黎协定》。作为世界著名建设性后现代思想家，您如何看待此事？

答：这当然是一件令世界上所有热爱大自然的环保人士失望的事。早在20世纪初，有一位美国作者就曾预言：美国将有一位白痴当选总统。今天看来一切都应验了。不过，他的权力也没有人们想象的那么大。许多美国民众包括许多地方的州长、市长，如加州州长、纽约市市长等照样我行我素，在各自的地方大力推动环保事业。我的老师柯布博士已成功地让洛杉矶大多数城市设立了"可持续发展官员"的职位。在我看来，特朗普总统的所作所为至少有一点好处，就是让人们丢掉了幻想。要建设生态文明还得靠我们自己。

问：您自己和夫人在圣芭芭拉动手建造的那座没有空调和电暖气，完全通过建筑技巧来实现冬暖夏凉效果的"生态屋"是否有率先垂范的意思？

答：总得有人先做点什么，我和我夫人安妮都知道人类现在面临的问题是什么，所以我们愿意从自己做起。

问：您的老师柯布博士提出"生态文明的希望在中国"，这一观点在中美两国都引起不少争议，有人甚至认为他在忽悠中国，遏制中国的发展。您怎么看柯布博士的这一观点？

答：在建设生态文明问题上，中国当然比美国更有希望。美国政府已经成为大财团的傀儡，你能指望这样的政府带领人民走向生态文明吗？

问：最后一个问题，过程哲学、建设性后现代主义研究的未来在哪里？比如，目前的研究遇到哪些困难，你的团队如何解决，有哪些工作要做？

答：我只能回答一个问题。关于过程哲学、建设性后现代主义的未来，早在1998年第三届国际怀特海大会上我就曾提出"21世纪是怀特海的世纪"。坦率地说，那个时候我觉得是梦想，但现在觉得似乎是一个现实。2015年世界各地有3000多人（包括200位来自中国的代表）云集克莱蒙，参加第十届国际怀特海大会暨第九届生态文明国际论坛，这在20年前是不可想象的。此外，近年来欧洲的怀特海热，特别是中国学者对过程哲学和建设性后现代主义在生态、教育、科学、经济、农业、法学等领域的全方位探索，都令我备受鼓舞。如果说牛顿奠定了近代哲学的基础，那我认为怀特海现在可以替代牛顿。

这方面中国有着得天独厚的条件，因为中国是创造并遵循《易经》的民族。变化的观念、有机联系的思想，可以说是中国文化的DNA。因此，中国人接受过程哲学和建设性后现代主义没有思想上的障碍。如果通过规避西方现代性的弊端，中国引领世界走向生态文明，那么21世纪注定是中国的世纪。按照我的理解，也就是怀特海的世纪。因为怀特海本人清清楚楚地说过，他的过程哲学（又称有机哲学）更贴近中国传统哲学。当然，无论是中国的世纪还是怀特海的世纪，我们离那个目标还有遥远的路要走。但无论如何，我们的方向是对的，我们走在正确的道路上。

融合式教育现代化

——新时代中国特色社会主义教育现代化的新趋势

喻聪舟 温恒福/文

习近平总书记在党的十九大报告中对我国社会主义现代化建设作出了整体规划：到2035年，基本实现社会主义现代化；到21世纪中叶，把我国建成富强民主文明和谐美丽的社会主义现代化强国。他指出，"经过长期努力，中国特色社会主义进入了新时代，这是我国发展新的历史方位。"①面对新的发展历史方位、新的社会主要矛盾，新时代中国特色社会主义教育现代化既要适应基本实现社会主义现代化的需要，还要兼顾支撑和引领建设社会主义现代化强国。何传启认为，实现现代化有三条道路，即经典现代化、后现代化与第二次现代化。②它对应三种现代化理论，即经典现代化理论、后现代理论与新现代化理论，这是理解现代化的三个重要角度。但三者中的任何一个都不足以涵盖基本实现现代化和支撑与引领社会主义现代化强国建设的双重目标，因此不应简单地在经典现代化、后现代、新现代化三种理论截然划分的基础上去理解新时代的教育现代化，而应在不完全摒弃经典现代化、后现代、新现代化理论的宝贵资源基础上，寻求具有中国特色、中国气派、符合中国国情、解决中国实际问题的中国式教育现代化。因此，新时代中国特色社会主义教育现代化应当是立足当代中国国情、在新时代中国特色社会主义现代化目标指引下有机融合经典现代化、后现代、新现代化理论精髓的融合式教育现代化。

---

① 习近平："决胜全面建成小康社会，夺取新时代中国特色社会主义伟大胜利"，人民出版社2003年版，第10页。

② 何传启、东方复兴：《现代化的三条道路》，商务印书馆2003年版，第108页。

探究融合式教育现代化发展的可能，首先应当澄明如何分别从经典现代化、后现代与新现代化的角度去理解教育现代化。缺乏对这一问题的澄清，致使讨论教育现代化时存在两个方面的问题：一方面是经典现代化、后现代、新现代化三种理论的边界模糊，如有的学者认为碎片化、虚无化、功利化问题是现代性的困境，有的学者则将之视为后现代的弊端；另一方面表现为态度上的矛盾，有的学者提倡现代化，有的学者反思现代性，有的学者提倡新现代化，有的学者推崇后现代，有的学者批判后现代。这些问题的讨论非常热烈，但又容易使人感到迷茫。因此，"用什么样的理论框架来把握教育现代化的问题，成了今日不可回避的主题。"[1]

一　实现经典现代化的诉求仍是教育现代化的基本任务

经典现代化可以从社会形态与精神两个方面去理解。吉登斯认为，从社会形态理解现代化是对"现代性作出一种制度性的分析"，[2]主要表现为工业化的生产方式、市场化的经济制度、民主化法治化的政治制度。因此，从社会形态角度理解现代化，就是以工业化、市场化、民主化、法治化的特点去理解教育现代化，具体表现为教育的"普及化、科学化、民主化、法治化、人本化、平等化、效率化"。按照褚宏启教授的看法，现代性的"本质是'现代精神'"，[3]从精神角度去看现代化问题可以称为现代性问题，以区别于制度角度的理解。"理性精神的凸显成为现代社会区别于前现代社会的基本标志，……只有充分显现理性能力，人才能有效地认识、改造自然与社会，从而使人类社会的不断发展成为可能。同样，现代民主政治的兴起是以公民具有对于自身作为独立政治主体的理性自觉为前提的。"[4]理性精神是现代性的核心，更是科学、民主等现代化制度得以充分展开的精神基础。因此，从精神角度理解教育现代化，其核心是发展教育的理性精神。从经典现代化角度理解教育现代化，就是注重以理性精

---

[1] 卜玉华："关于'教育现代化理论'从答案到问题的探析"，《华东师范大学学报（教育科学版）》，1999 年，第 2 期。
[2] 安东尼·吉登斯：《现代性的后果》，译林出版社 2011 年版，第 1 页。
[3] 褚宏启：《教育现代化的路径——现代教育导论》，教育科学出版社 2000 年版，第 38 页。
[4] 李翔海："中国文化现代化历程的哲学省思"，《中国社会科学》2002 年，第 6 期。

神为核心的教育的"普及化、科学化、民主化、法治化、人本化、平等化、效率化"。在"人民日益增长的美好生活需要和不平衡不充分的发展之间的矛盾"成为我国社会主要矛盾的新时代,教育"普及化、科学化、民主化、法治化、人本化、平等化、效率化"是解决教育发展不平衡不充分的有效方式,应当是现阶段我国教育现代化的基本任务。我国的教育现代化是晚发外生型的现代化,我国教育先天缺乏经典教育现代化所强调的以理性精神为核心的"普及化、科学化、民主化、法治化、人本化、平等化、效率化"等因素。近代中国由于外敌入侵的国仇家难,导致"救亡压倒启蒙""救亡的局势、国家的利益、人民的饥饿痛苦,压倒了一切",①成为近代教育最迫切的任务,中国教育经典现代化没有得到充分发展。当代中国的教育仍有很多方面远未达到后现代思想所批判的现代性过盛,正如哈贝马斯所言,经典现代化的追求是"一项未完成的设计"。②石中英指出,"'理性'作为教育的目的或教学目标,在我国以往与目前的教育目的或教学目标的表述中都是没有明确的,在日常的教育或教学生活中,广大的教师们也很少明确地将保护、训练和发展学生的理性作为自己所追求的目标。"③教育对作为现代性精神核心的理性精神的重视,仍有待进一步加强。因此,以理性为核心的经典现代化的诉求不仅仍是我国当代教育发展的关键议题,更是我国当前教育发展最迫切的问题。后现代也好、新现代化也罢,必须以教育"普及化、科学化、民主化、法治化、人本化、平等化、效率化"的发展为基础,离开这些最基本的诉求去推进教育现代化的视角,"无异于缘木求鱼、盲人瞎马"。④与此同时,我们也应该清醒地认识到,经典现代化理论产生的时代背景可以上溯至16世纪到17世纪,其部分观点已经与当前时代脱节,一些工业式的隐喻与教育观念的嫁接在教育实践中衍生了不少问题。比如,教育中"无人身的理性"、唯科学主义、人才培养的同质化、教育评价的唯数字化、教学方式的灌输化,等等。经典现代化理论不能完全涵盖新时代的时代诉求,亦

---

① 李泽厚:《中国现代思想史论》,生活·读书·新知三联书店2008年版,第29页。
② 哈贝马斯:《现代性的哲学话语》,译林出版社2011年版,第1页。
③ 石中英:《教育哲学》,北京师范大学出版社2007年版,第173页。
④ 褚宏启:"教育现代化的本质与评价:我们需要什么样的教育现代化",《教育研究》2013年,第1期。

步亦趋地推崇经典现代化模式会使中国教育发展错失弯道超车的可能。在认识到经典现代化任务重要性的基础上，我们应清醒地认识到，当代中国的现代化决不是陈旧的西方现代工业化的翻版，更不能无视现代性存在的问题，封闭批判现代性的可能。

二 后现代理论对教育现代性过盛的危机提出了警示

后现代"与其说是一个时代，不如说是一种态度，一种反现代的态度"。[①]这种态度以敏锐的视角、批判的思维重新考察和审视教育中现代性过盛的问题。按照对待现代性的不同态度，我们可以将后现代分为解构性后现代和建设性后现代两类，前者破而不立，注重对现代性存在问题的批判；后者以更加辩证、温和的态度对待现代性问题，在批判现代性的基础上更加重视提出建设性的改进措施。从这两种不同类别的后现代思想考虑教育现代化问题，具有重要的理论和实践意义。

现代精神的核心是理性精神。解构性后现代思想家对现代性的批判，主要表现为对理性精神的批判。对理性精神的不同态度，是区分现代性与后现代性的重要理论边界。解构性后现代思想家反对理性的独断与盲目乐观，否认依托绝对的理性能够解决世间所有的问题、实现人类无限的进步。首先，后现代思想家批判作为绝对客观性的理性，认为理性并非世间万物唯一的解答方式。真理不是观念对实在的绝对符合，"世界中没有最高的普遍的本质，只有合理的家族类似。"[②]任何理论都是带着合理前见对世界的解释，"如果我们想正确地对待人类有限的历史的存在方式，那么我们就必须为前见概念根本恢复名誉，并承认有合理的前见存在"。[③]其次，后现代思想家对理性的批判表现为对普遍性宏大体系的拒斥。利奥塔提出，后现代以"不相信元叙事"[④]为标志。"元叙事"是指"具有合法

---

① 王治河：《后现代哲学思潮（增补本）》，北京大学出版社 2006 年版，第 6 页。
② 石中英："本质主义、反本质主义与中国教育学研究"，《教育研究》2004 年，第 1 期。
③ 伽达默尔：《真理与方法（上册）》，上海译文出版社 1992 年版，第 6 页。
④ 利奥塔：《后现代的状况——关于知识的报告》，生活·读书·新知三联书店 1997 年版，第 2 页。

化功能的叙事"。①后现代思想家拒斥为知识合法地位提供保证的任何类型的宏大叙事,以"开放体系""局部决定论""反方法论"等"后现代知识法则"取而代之,②并旗帜鲜明地号召向整体性开战。福柯倡导在监狱、精神病史的研究中以知识考古学的方法代替对普遍规律(如"人性""真""善""美"等宏大概念)的寻求,认真地对待差别,"确定它们怎样分配,怎么样相互包容,相互隶属,……简言之,就是要描述这些差别,并在它们之间建立它们的差别的系统"。③解构性后现代思想家摒弃了对理性基础上的普遍性、系统性的宏大理论体系的探究,转向了对差异、细节、断裂的关注。他们试图通过对教育中理性过盛的批判,实现教育学研究的"反基础""反本质""拒斥宏大叙事",反思教育现代化概念背后的价值预设与"权力",迫使教育现代化实现自身理解上的澄明,消解教育现代化不证自明的正确地位,以实现教育现代化的"去中心化"。但是,正如伊格尔顿所言,"后现代主义处于问题的最后部分,而不是解决办法的最后部分。"④解构性后现代的观点批判性有余,建设性不足。"祛除中心""消解本质""解构标准""反对基础",会使教育理论在建构过程中面临"无标准的选择""无本质的意义""无中心的体系"等一系列"存在主义的焦虑",并不能为教育现代化的发展提供有效指导路径。

建设性后现代思想是一种以怀特海过程哲学为基础、与解构性后现代思想相对应的后现代思潮。和解构性后现代注重批判、"破而不立"不同,"建设性后现代主义的胆子大得多,也更富有建设性,它积极寻求重建人与世界、人与人的关系,积极寻求重建一个美好的新世界"。⑤首先,建设性后现代思想家反对对现代性采取"孩子与脏水一起泼掉"的态度,强调在反思现代性的同时"保持现代分析工具的锐利,适当发挥其作用",⑥在有保留地继承现代性有益因素的基础上克服现代性过盛的消极影

---

① 利奥塔:《后现代性与公正游戏——利奥塔访谈、书信录》,上海人民出版社1997年版,第169页。
② 利奥塔:《后现代的状况——关于知识的报告》,生活·读书·新知三联书店1997年版,第130页。
③ 福柯:《知识考古学》,生活·读书·新知三联书店1998年版,第220页。
④ 伊格尔顿:《后现代主义的幻象》,商务印书馆2000年版,第192页。
⑤ 格里芬:《后现代科学——科学魅力的再现》,中央编译出版社1995年版,第2页。
⑥ 同上书,第123页。

响。按照大卫·格里芬的看法,"中国可以通过了解西方所做的错事,避免现代化带来的破坏性影响。这样做的话,中国实际上是'后现代化了'。"①其次,建设性后现代思想家"致力于建构一种内在一致的、合乎逻辑的且具有必然性的一般观念体系",②在保持对他者开放的前提下,不拒斥以本体论、系统化的方式建构教育学的宏大体系。怀特海指出,"如果不能经常目睹伟大崇高,道德教育便无从谈起。"③和解构性后现代思想家"拒斥宏大叙事"并消解人生意义的崇高性不同,建设性后现代思想家提倡消除教育现代性中的"二元对立、简单化、工业化、机械化、工具理性泛滥、线性思考、急功近利、分数GDP崇拜、把人当物品一样加工塑造的现代工业化教育思维",④目的是建立一种以"机体存在论、过程本体论、创造本性论、整体效能论、积极中庸论、有机整合改革论与和谐共生论"为特征的建设性后现代教育体系。⑤他们不像解构性后现代那样彻底否定现代性的价值,而是在对现代性问题有着敏锐洞察的同时,倡导以积极的中庸式的思维来寻求现代性与后现代性之间的第三条道路,从而为教育现代化发展提供有益借鉴。但是,由于建设性后现代理论本身也在不断生成发展中,这种理论目前还主要是有影响力的思潮,并未成为一种有着广泛参与的社会形态。因此,它更适合作为当代中国教育现代化的一种理念和方法资源,而非现实形态和现阶段的基本的任务。

三 新现代化理论反映了新时代教育现代化发展的新趋势

新现代化理论是对经典现代化的继承发展,是从当代社会发展新现象、新特征的角度去理解现代化,为教育现代化的发展提供新的方向。它与后现代思潮都是对经典现代化的超越,但两者的区别在于新现代化理论

---

① 格里芬:《后现代科学——科学魅力的再现》,中央编译出版社1995年版,第13页。
② 怀特海:《过程与实在——宇宙论研究(修订版)》,中国人民大学出版社2013年版,第3页。
③ 怀特海:《教育的目的》,生活·读书·新知三联书店2002年版,第100页。
④ 温恒福:"推进教育转型升级的建设性后现代观点",《当代教育科学》2015年,第4期。
⑤ 温恒福:"建设性后现代教育论",《教育研究》2012年,第10期。

建立在信息化、全球化业已出现的社会事实基础上,从生产力、生产关系的角度对经典现代化的发展与超越;后现代思潮主要是批判现代性的思潮,更多地表现为从理念、观念层面上对现代性的反思,并没有明确对应的社会形态。丹尼尔·贝尔的"后工业社会"、贝克的"风险社会"、吉登斯等人的"自反性现代化"、詹姆逊的"晚期资本主义"、鲍德里亚的"消费社会"、何传启的"第二次现代化"都可被视为新现代化理论的代表。总体而言,新现代化理论以"知识化为根本动力、信息化为典型特征、绿色化为基本要求,全球化为普遍现象",[①]知识化、信息化、生态化、全球化是新现代化的主要趋势。党的十九大报告提出实现生态环境根本好转、建设美丽中国,倡议"一带一路",加强互联网内容建设、建立网络综合治理体系表明,新现代化趋势在一定程度上反映了新时代中国特色社会主义社会的新国情。思考新时代教育现代化问题应考虑新现代化理论的要求,以知识化、信息化、生态化、全球化等新兴社会趋势的特点丰富对教育现代化的理解,为应对知识社会、信息社会、生态社会、全球化的进一步发展做好准备。我们要更加重视创新、开放、信息流通、共享共赢、和谐共生、终身学习等教育理念,更好地适应新时代的要求。

从新现代化角度考虑我国教育现代化问题反映了现代化的新精神、新要求,是对经典教育现代化理解的推进与丰富,但新现代化的目标并不能成为当代我国教育现代化的全部任务。首先,实现新现代化的目标需要以实现经典现代化的目标为基础,离开了经典现代化基本任务的完成,新现代化理想的实现就如同空中楼阁。不做好教育的推广与普及,知识社会、终身学习就缺乏现实条件;不通过专业化、科学化的教育来推动科学技术与生产力的发展,就难以从根本上解决当代生态问题,教育信息化更是无从谈起;不通过平等化、效率化的教育来实现国富民强,教育在参与全球化的进程中只能处于亦步亦趋、随波逐流的依附地位。其次,无论信息化、生态化、全球化还是知识化都是从某一个角度去解读新时代社会发展的新特点,不足以涵盖现代化的全部要求,更不能完全等同于教育现代化。随着社会的发展,除了信息化、生态化、知识化、全球化以外,还会产生其他新的发展趋势。对教育现代化的追求永远在路上,不能有任何喘

---

① 何传启:《现代化科学:国家发达的科学原理》,科学出版社2010年版。

口气、歇歇脚的念头。应当以生成性、开放性的态度来理解教育现代化，对新的社会发展趋势保留开放的空间。

四 振兴教育需要探索符合新时代发展需要的融合式教育现代化

新时代中国特色社会主义教育现代化，应当是兼具时代先进性与实效性的融合式教育现代化。其核心内涵是在习近平新时代中国特色社会主义思想指导下，立足我国新时代实际国情与优秀教育传统，集西方经典现代化宝贵经验、后现代教育中的先进成分与新现代化理论于一体的融合式教育现代化。

首先，现阶段融合式教育现代化以解决教育发展的不均衡、不充分、基本实现社会主义教育现代化为基本任务，其核心是重建教育发展的理性精神以及培养、发展教育中的人的理性精神。我们既要以批判性、反思性、逻辑性理性精神审思教育的发展，使教育发展的"一切都必须在理性的法庭前面为自己的存在做辩护或者放弃存在的权利"，[1]理性地反思我国教育在普及化、科学化、民主化、法治化、人本化、平等化、效率化等方面存在的不足，又要在理性精神基础上继续推进教育这些方面的建设。最重要的是培养、发展教育中的人的理性，帮助他们告别"不经别人的引导，就对运用自己理智无能为力"的"不成熟状态"，[2]培养人积极主动地运用自己的理性去学习思考和理性地生活。

其次，融合式教育现代化应当辩证地吸收后现代思想对现代性弊端的批判，特别是建设性后现代思想对教育现代性的批判，反思我国当前教育中理性过盛的倾向，反对教育中无边界的工具理性、唯科学化、消解崇高、漠视情感价值等倾向，以及教育教学娱乐化、庸俗化、功利化、虚无化的趋势，警惕课程、教学、教育管理中理性过盛的现象，并努力阻止这些伪现代化现象的出现。要借鉴建设性后现代思想所提倡的不走极端、动态平衡、积极中庸、面向他者、多元共融、包容共生、推崇历险与创新的

---

[1] 《马克思恩格斯选集》第 3 卷，人民出版社 1973 年版，第 56 页。
[2] 康德：《历史理性批判文集》，商务印书馆 1991 年版，第 22 页。

思维，合理安置理性的位序、划定理性的边界，提倡审慎、谦逊的理性，处理好理性与感官、情感、信仰之间的关系。在发展学生理性的同时，谨记"在教学中，你一旦忘记了你的学生有躯体，那么你将遭到失败"，①"在树立现代个体人格的前提下，不是以理压情，也不是一味纵情破理，而是使理融化在情感中"，②实现情理相融。要在理性基础上帮助学生确立符合社会主义核心价值观的崇高信仰，引导青少年在为中国梦奋斗的征程中修炼自己的人格，提升人生的境界。警醒教育现代性的负面效应，可以使我们避免重蹈西方教育现代化走过的弯路。

最后，融合式教育现代化要适应新现代化的发展趋势与要求。新时代中国特色社会主义教育现代化，不应只是模仿西方发达国家的教育，而应把握知识化、信息化、生态化、全球化带来的机遇，积极主动地应对建设社会主义现代化强国面临的挑战，成为推动民族复兴、人民满意的教育。从精神角度看，新现代化的核心精神仍然是理性精神，但其主导思维应该由线性思维拓展为多元思维、共享思维和立体思维，倡导以新思维来丰富人的理性。尤其是在知识化、信息化时代，我们面临的挑战是，"如何教会学习者理解他们每天面临的纷繁复杂的信息，鉴别可靠的来源，评估信息内容的可靠性和有效性"，③以及如何教会学习者自觉地传递具有正能量的信息、抵制道听途说的负面信息。这需要进一步发展学生的理性，尤其是培养学生"互联网+"时代的信息理性。从社会形态角度看，新现代化代表了新兴科技推动的新的社会发展趋势，这种趋势既发展了实现现代化的手段，也丰富了现代化的目的。融合式教育现代化应利用好新现代化带来的新理念、新思想、新平台、新技术来促进教育变革，有效培养适应知识化、信息化、生态化、全球化等新现代化趋势的社会主义建设者和接班人，并超越西方经典现代化的水平，推动中国教育现代化向更高水平迈进，从而引领和支撑建设社会主义现代化强国。

---

① 怀特海：《教育的目的》，生活·读书·新知三联书店2002年版，第72页。
② 李泽厚：《中国现代思想史论》，生活·读书·新知三联书店2008年版，第46页。
③ 联合国教科文组织：《反思教育：向"全球共同利益"的理念转变？》，教育科学出版社2017年版，第33页。

从过程视角看公平教育的意义

黄　毅/文

最近我看了一个 TED 演讲，深受启发。演讲者是美国著名心理学家卡罗尔·德韦克（Karol Derwick）。这位斯坦福大学教授十分好奇为什么有的孩子总是做事很顺利、能成功，另一些孩子则常常受挫而无助。她经过 40 年的实证研究后发现，总是失败的孩子不懂得享受学习的过程，而只盯住眼前的成败。德韦克教授在最初的实验中看到，那些总是失败受挫的孩子有一种固定思维（fixed mindset），他们遇到困难时给自己的心里暗示是："我的记性不好""我就是比别人慢""我觉得自己越来越差劲。"而成功的孩子在遇到困难和挫折时却常常表现得很兴奋，他们脑子里飞转的念头是："我差一点就弄出来了，这个失败肯定会让我有所收获！"这类孩子认为，失败是对自己的某种启示，因而继续徜徉在探索之中。事实上，他们非常享受学习的过程，甚至这种关注过程的成长型思维模式一直在指导他们快乐地面对工作、学习和日常生活中遇到的挫折及困难。

循着这个发现，德韦克教授试着对一个印第安人学校的学生采用不一样的思维教育模式。短短一年半后，奇迹发生了：该校学生的成绩从全区垫底跃至名列前茅。这种转变仅仅由于德韦克教授团队采用了关注过程的鼓励方式。当孩子们受挫时，老师的反应不再是"no"（没有达标、不好，甚至某些惩罚性的负面反应），而采用"not yet"（尚未达标）。一字之差，给学生传递的信息是：你已经在学习的轨道上，一切都很正常，只是还没有达到终点而已。这一反应帮助孩子们建立的思维模式是：学习是随着时间变化而变化的，眼前的挫折和失败不过是学习曲线中经历的正常过程而已。由此，教育者们不再对孩子们的学习结果直接进行评价和奖惩，不再用"你很聪明""你智商很高"这样的表扬，而是认可孩子们在学习过程中的努力，和孩子们一起分析描述他们在整个事件过程中收获快乐的细节、面对困难时的坚毅。当孩子成功时，也不再夸奖他们的成绩，而是肯定他们做事的策略和创意。久而久之，孩子们在学习中就建立了愿意体验过程、不畏困难的思维模式。

故事到这里说完了，但在演讲的最后，德韦克教授神采飞扬地说："当我们为孩子建立了成长型过程思维模式的时候，我们发现，教育平等实现了。"这句话让人深入思考：过程思维和教育平等有必然的联系吗？

德韦克教授所说的教育平等是指在实施成长型思维模式的训练之后，无论出于什么样的家庭背景、处于什么样的生存环境的学生都表现出了较好的发展潜力。起码，他们可以在长大后积极正面地面对自己的人生。在这个意义上说，只要教育者采用正确的教育方式就会发掘出孩子们与生俱来的能力和潜力。这就是说，无论是在发达地区或是落后地区，孩子们都能得到良好的教育，实现受教育的平等。

当我们作出这一结论时，可能有人会问："落后地区会有这样的教育者吗？经济水平决定意识形态。只有先发展经济，才能吸引更多的优秀教师到落后地区去，才能谈得上公平教育！"这样一来，教育的本质和重心就被转移到了经济问题上。从经济学角度看，教育本身就是准公共物品。教育需要大量财政支持，经济增长与教育完善在社会发展的一定阶段上的确存在正相关关系。但是，现实情况似乎复杂得多，我们的教育在实现了经济快速增长的同时仍饱受诟病。

从德韦克教授的研究中我们发现，那些被"固定思维模式"困住的学生和家长，正是那些在传统社会向现代化转型过程中并在工业化、城市化、经济增长压力中苦苦挣扎的芸芸众生。即使他们能走出困境，也很容易走向"精致利己主义"的发展轨道——外表成功、内心焦虑，或者由于竞争而处于紧张的人际关系之中。这就是说，经济增长虽然提高了人们接受教育的年限和水平，但这并不代表教育数量的增长和提升人格、培养"幸福的人"有直接的关系。由此可见，当前的教育更注重的是帮助人们适应快速发展的工业化、城市化对劳动力或人力资本的要求，帮助人们在全球化竞争中立足，得到一份好的收入，从而不被碾压、不被抛弃。这种意义上的教育公平实际上是指，是否人人都有机会得到现有有限的教育资源的供给？现实情况是，一方面，有大量希望涌入城市、接受现代化教育的一般需求；另一方面，城市优质教育资源供给是很有限的——教育还是进入了经济学意义上由"供求机制、竞争机制、价格机制"左右的市场机制中。尽管政府拿出大量财政投入公平教育，但仍掩盖不了教育中浓烈的竞争与资本的味道。

怀特海指出："教育的全部目的就是使人具有活跃的智慧。"[1]这意味着，从人的角度看，成功的教育是使受教育者的天性得以正常发展，使之能够最终成为他自己，可以在生活中创造和体验美。这样的教育不可能用知识的多少来度量，不可能以统一的标尺来评价，更不可能来源于物质主义。良好的教育应该成为人们幸福的源泉，成为引领社会文明进步的灯塔。真正公平的教育能够让受教育者走上自我发展之路，在受教育的过程中逐渐成为独立、自由和有创造力的人。在这个意义上，德韦克教授的研究表明，公平教育和现在大多数人所理解的公平教育不太一样，它和经济的关系并不太大。公平教育要求家长、教育者乃至整个社会放弃那种为了追求更高分数、更多数量、更高经济效益的教育，放弃那种教育为经济增长服务的思维，放弃那种工业化竞争性的现代工厂教育模式。因为这种教育将人困在了经济增长、稀缺和匮乏的思想牢笼之中，它暗含的社会语境是：工作是不好找的，良好的教育和美好的生活要靠竞争来拼抢（事实上，现在很多年轻人读完博士后并没有理想的收入、健全的心智和幸福的生活），它制造的氛围是紧张焦虑的，它培养了大量以经济回报为首要目标的教育工作者，也培养了大量急功近利的家长。在德韦克教授的研究中，正是那种现代工厂教育模式偏离了教育的本质和目的，使教育工作者和家长把孩子引向了"固定思维模式"。那些具有"固定思维模式"的失败者，不仅是那些频繁地在考试和学习中受挫的学生，还包括那些在生活中无法面对困难、因失败饱受精神折磨、没有目标和方向、生活被动的人。即使那些看似成功的学霸一路所向披靡，但最终也可能因为生活中的种种事件而溃败。

对于中国这样一个从传统快速走向现代化的国家而言，教师和家长的"固定思维模式"主要来自两个方面：第一，中国传统文化中的某些封闭固化思维使得社会的教育模式仍停留在某种狭窄的格局中：喜欢评判并为

---

[1] 怀特海：《教育的目的》，生活·读书·新知三联书店2002年版，第66页。

自己和他人设限。比如，中国家长喜欢给孩子贴上"你真笨""你太慢了""你不听话""这样下去一定会失败"等各种标签。当孩子遭遇挫折的时候，他立刻会在脑海中想到这些否定性评判，在行动上形成相应的自我限定。第二，在快速城市化、现代化、工业化的社会进程中，一些教师和家长经历了从计划经济向市场经济的转变，社会结构的急剧变化倒逼和催生了社会集体焦虑。人们普遍关心结果、关注速度，以"多、快、好、省"为行为目标，以竞争和攀比为前进动力。在这种社会氛围中，孩子们的价值观也被套上了"金钱、名望、弱肉强食"等词语限定。由此形成的教育模式当然是简单粗放的——物质奖励、表扬、批评、评比，等等，只看结果，不看过程，只要你到了终点就行，无论你用什么手段！难怪很多雇主抱怨说："为什么公司里的新职员很少有远大理想，如果不给奖励，他们一天都过不下去！"

是的，我们的教育培养了大量关注结果、关注得失、迷恋刷"A"的学生，培养了大量追求物质、名望、追寻聚光灯的人，把他们送上了追捧明星、希望成名成家的朝圣之路。这些以外在成败为动力的学生很容易生活于物质世界，其精神世界被局限住了。他们似乎受到了良好的教育，但当他们在更大的世界遨游时，往往会受到其早期教育中的那种"固定思维模式"的限定。当我们走得太快时，真应该停下来，从人出发，好好思考一下教育的本质和目的究竟是什么。怀特海认为：教育是一种艺术，是一种文化，是一种思想活动，它要培养的是人的"审美的能力"，"是对美和高尚情感的接受"。[①]这表明，人唯有通过审美才能在内心建立起高尚的、超越功利的维度，从而使人能够自由自在地享受生活，成为一个自由和幸福的人，并唤起人内心的自我意识，使人成为"感天通地"的"有感觉的人"。樊美筠教授指出，所有秩序都是美学秩序，审美秩序既是生命的过程，也是生命的目标。[②]

然而，审美的培养需要教师和家长静下心来，需要我们俯下身来，微笑地倾听和关注孩子在成长过程中的欢乐与难题，需要有一个宽松的社会

[①] 怀特海：《教育的目的》，生活·读书·新知三联书店2002年版，第22、1页。
[②] 樊美筠：《怀特海有机美学初探》，《中国过程研究》第四辑，中国社会科学出版社2016年版。

环境，为每一个人提供自我发展的环境。因而，关注过程的教育一定是优雅的，是细致用心的。德韦克教授的"成长型思维模式"实验，耐心地为我们解释了为什么不要简单地表扬孩子。她发现，对孩子天赋和才智的表扬是"结果导向型"的。那些得到表扬（比如"你很有天分""你很聪明"）的孩子更倾向于选择简单的测试来保持聪明，而当他们遇到更难的测试失败时就会非常沮丧。他们在"聪明"这个结果性评价的标签下会拒绝接受挑战、承担风险，因为他们担心自己搞砸了，看起来"很不聪明""很笨"。如果我们关注的是过程而不是结果，就会对孩子在过程中的投入、专注、坚持和进步给予肯定和鼓励，赞赏他们在积极行动中的策略和努力。这样，被鼓励的孩子在遭遇挫折和困难的时候就会更有韧性，更能够品尝到克服困难后的喜悦。所以，成长是一种自我超越。这就是说，只有当我们在过程中一次次克服困难的时候，才能实现个体的自我发展并品味到过程之美。让我们更加关注过程，为实现新的教育公平而不懈努力。

机体哲学视域下的生物学
教科书价值取向研究

周丽威　杨　丽/文

近年来，关于生物学教科书价值取向的研究一直缺场，大部分教师和研究者依然停留在从认识论层面述说生物学科的价值，很少从本体论角度或跳出具体知识，对生物学科所依据、承载或意欲表达的价值进行勘探。这既不利于生物学教科书的编写，也不利于充分发挥生物学教科书的连锁效应，使学生认识到整个生命和社会的价值。因此，有必要对这一缺憾进行弥补，对中学阶段生物学教科书的价值取向进行事实之思和价值之辨。怀特海创建的机体哲学和生物学有着很强的亲缘性，两者在学理基础上有相似的进路，在价值论上均秉持泛经验论，承认宇宙及生命的前定和谐，珍视每一现实实有（点滴的经验）的自由价值。从机体哲学的视角审视生物学教科书的价值取向具有较强的学科依据，理由如下：①怀特海把数学、物理学、生物学知识升华为哲学并指导生物学科，这是一个否定之否定的过程；②运用机体哲学影响生物学教科书价值取向，更贴近生物学本学科的核心素养；③机体哲学倡导的有机包容、重视边缘和弱小、生态平衡等价值追求，符合崇尚二元调和的世情，符合热爱和谐的国情，符合促发教科书多元价值的学情。

一　整体宇宙观视域下的生物圈命运共同体

（一）机体哲学与生物学在宇宙观上的追求

世界观又称宇宙观，是人们对于整个世界以及人和世界之间关系的根本观点、总的看法。①机体哲学与生物学都呈现或蕴含着人们对于宇宙以及世界的看法,具体包括以下几个方面:第一,从宇宙的发生方面讲,前者主要从哲学思辨角度为人们建构了一种从现实实有到结合体、社群及整个宇宙的宇宙论;后者主要从经验归纳角度向人们展示了从无机到有机、从生物小分子到大分子、从单细胞到多细胞再到整个生命世界的宇宙观。第二,从宇宙的目的论方面讲,前者改造了笛卡尔式的传统主体性哲学的目的论,并以相对论为基础,以能量间的摄受代替传统的主客体目的论,通过在主客体间增加主体性形式来说明目的论;后者关于宇宙目的论的探讨也比较深入,如生物哲学家迈尔对相关议题进行了较全面的梳理,认为自亚里士多德以来这些问题就一直争论不休。康德根据目的论来解释生物学现象,目的论也是达尔文的某些主要对手所采用的主要论点。关于进化演变自行发生的一些主要学说,如直生论、循规发生说、芒状发生说、阿米加原理等,都以目的论世界观为基础。②第三,从宇宙的终极追求方面讲,前者认为机械论世界观把存在看作只受外部秩序规范的"自我持存"的事物,从而撇开了事物之间广泛的、有机的联系。③怀特海提出了一种创造的、联系的宇宙观,认为宇宙是一个发展变化、相互联系的有机体。正如恩格斯所说:"在自然界中没有孤立发生的东西。每个东西都作用于另一个东西,反过来也是这样。"④后者的宇宙观更不必多言,其前提就去除了机械论的思维,正如张作人指出的那样,秩序不是从孤立现象的决定论以及因果原则勉强地产生的。⑤通过对机体哲学和生物学宇宙论的比较,我们发现,两者的宇宙观都排斥偶然目的论,都强调机体或生命向整体完满的进展,整体性是两者宇宙论的关键词。

(二) 生物学教科书编写的整体性维度

鉴于以上关于机体哲学与生物学宇宙论比较的认识,我们认为,生物学教科书编写的价值取向应注重整体性思考,具体包括:首先,在价值取

---

① 廖盖隆等:《马克思主义百科要览》上卷,人民日报出版社1993年版,第203页。
② 迈尔:《生物学哲学》,辽宁教育出版社1992年版,第3页。
③ 安桂清:《整体课程研究》,华东师范大学出版社2004年版,第48页。
④ 恩格斯:《自然辩证法》,人民出版社1984年版,第125页。
⑤ 张作人:《生物哲学》,华东师范大学出版社1986年版,第3页。

向上追求生物圈命运共同体。生物学有着庞大的学科体系,在浓缩、精炼为生物学教科书的过程中,知识的选择与取舍必然具有一定的价值倾向。生物学教科书的价值取向是生物学教学的出发点和归宿。教科书的内容选择和编排设计应着眼社会需要、个体需要和生物学科的内在逻辑及综合,强调人与自然、社会的整体和谐,把握生物发展节律,创造人类共同福祉。生物学与人类生活紧密相关,学习生物学的目的不只是利用和改造自然,而且包括生物圈命运共同体的协同发展,应树立地球是我们共有家园的和谐理念。其次,注重生物学教科书系统性与开放性的融合。教科书的系统性是学者关注和强调的要点,它包括宏观和微观两个层面。微观层面是指我们常识理解的生物学教科书的系统性,包括一本或全套教材知识的完整性、衔接性;宏观层面是指要把生物学教科书放到更大的系统中去考量,既要有纵向的历史考量,也要有横向的比较借鉴,还要结合当前的现实情境以及对未来的预期进行深度融合。这里的每一个问题都需要细致解读,而且重要的是要把教科书放到它的位置中去考量和认识,因为任何事物发挥作用的效力都与其位置或重要性密切相关。教科书作用施行的关键是教师,不同教师对教科书的不同理解会导致不同的教学方式及效果。教科书既是一个系统,也是其他系统的子系统。要发挥生物学教科书的教育价值,就需要从整体上考量,重视系统性,兼顾开放性、生成性,以打破学科间的独立性,保持理论体系的开放性,做到"承认和妥善安置其他知识体系,而不是将其贬至劣势地位"。[1]再次,注重逻辑理解与审美理解的融合。生物学是研究一切生物共有特征和现象的学科,其研究对象特殊、复杂。复杂系统必须被原封不动地作为一个整体来研究。这就维护了所有至关重要的连接,并保证了我们可以观察到的系统层次的特征。[2]一段时间以来,我们过于强调逻辑理性,过分关注知识的体系性、完整性,忽视了美、道德等审美理解。生物学发展史告诉我们,任何事物的发展都要经历事实与情感的经验,在教科书的设计上必须强调逻辑理解与审美理解的有机融合,谋求理性与情感的和谐。

---

[1] 联合国教科文组织:《反思教育:向"全球共同利益"转变?》,教育科学出版社2015年版,第30页。

[2] 丹尼·斯舍伍德:《系统思考》,机械工业出版社2014年版,第6页。

二 关系思维下共享的生态观

（一）机体哲学与生物学在生态观上的担当

生态观是一种反映自然、社会、人和谐发展的价值观，是现代社会人类文明的重要标志，也是生物学科教育价值的重要体现。机体哲学和生物学在生态方面有着默契的共识，两者均强调人类发展中保持生态平衡与整体性的道德意识。第一，在人与自然的关系方面，承认自然的内在价值。在机体哲学看来，自然界中的一切都有自己的价值，因为它们都参与了宇宙的创造。万物都处于运动中，处于一定的关系中，整个宇宙就是万物交织成的一个整体。人只是自然的一部分，不能凌驾于自然之上。以这一观点为基础的道德观，在当今世界被称为解决生态危机的理论指导。[①]在此，人类中心主义被彻底瓦解了。生物学则从生态系统的维度，将无机的自然界和生命世界视为一个不可分割的整体。这也与生物学常识性的原理相通。一个生态系统的物种构成越多样，其自动调节能力就越强；反之，一个物种单纯的生态系统，其维持生态平衡的能力就弱。[②]可见，两者都对机械唯物论视野下只承认自然的工具价值并对自然无度开发的现状持否定态度。第二，在人与社会的关系方面，强调关系思维。一个机体就是一种关联。相关性和过程性是从上到下、自下而上、无所不在的特性。[③]机体哲学认为，我们的一切选择和行动对于我们周围的世界来说都是重要的。因为世界是由众多相关过程构成的一个网络，我们是其中的必要组成部分。在怀特海哲学中，一切存在都是关系的存在。事物之间彼此联系，物种成员之间相互依存，世界无一物可独立存在，永远有赖于他者，永远在与他者的互感、互动、互入中实现自己的主体目标，向着和谐与完善行进。因此，大自然中没有粗鲁的个人主义，真正的现实是完全彻底的患难与共。既然如此，我们必须责无旁贷地关心一切广义的他者。基于以上分析，机体哲学和生物学均强调生物圈命运共同体中的责任担当，对环境、

[①] 大卫·R. 格里芬：《怀特海的另类后现代哲学》，北京大学出版社2013年版，第3页。
[②] 余自强："关于生物学课程科学哲学问题的讨论"，《生物学通报》2005年，第40期。
[③] 罗伯特·梅斯勒：《过程—关系哲学》，贵州人民出版社2009年版，第10页。

社会的适应与改造应该并行和适当,尊重他者,尊重差异,其核心是宽容、理解、友善、共生。生物学课程应该使学生更加明确地认识到自然不是人们统治、占有、掠夺的对象,而是人们应该照料的花园。只有使人类与自然的各种正当利益处于一种动态平衡中,才能实现可持续的和谐发展。实现这一切,就必须在社会生活的各个方面采用绿色可持续的生产方式。

(二) 生物学教科书编写的生态性维度

关系思维下的生态视野,也给生物学教科书编写提供了一些启示。生物学教科书编写的生态性维度主要包括:首先,开放视野,整体考量,渗透可持续发展理念。生态学是生物学的重要分支之一,也是中学生物学教科书的重要内容。必须在生物学教科书中渗透绿色、可持续发展理念,在教科书编写过程中拓宽视野,即在内容选择过程中综合考量自然科学和人文科学、生物学科与其他自然科学学科、生物学自身的发展脉络等关系,将教科书发展历史、时代需求和教科书的价值追求融合进教科书的整体设计之中,使生物学教科书不只是传递知识的工具,更成为有血有肉、生动鲜活的事实材料和学习材料。其次,强化细节,凸显绿色。教科书的呈现方式是体现教科书编写质量的重要参照。强化细节就是在内容的选择和设计上注重生态意识的渗透和养成。细节决定成败。教科书教育功能也需要细节的积累。在实验的设计、材料的选择、排版设计等方面,均应体现出生态意识的培养。例如,在设计校园植物调查活动后,要求学生将翻动的石头复原,尽量采摘掉落的树叶等提示来凸显可持续的生态观念。通过活动的选择与设计,渗透环境美学、生物保护等相关思想。再次,增加体验自然机会,培养自然敬畏感。怀特海说:"教育的主题就是五彩缤纷的生活。"[1]脱离生活的教育是无法想象的。增加教科书可读性、趣味性的重要途径就是回归生活,这就既要在内容的选择和设计上添加生活因素,又要让学生在实践生活中养成生物科学素养;既要将区域资源、家庭资源、学校资源融为一体、形成合力,又要将生物学课程与现实生活紧密联系,设计开放性的项目或活动来增加学生亲身体验的机会,养成对自然的敬

---

[1] 怀特海:《教育的目的》,生活·读书·新知三联书店 2014 年版,第 11 页。

畏感。

三 新颖性维度下的有机生活观

（一）机体哲学与生物学在生活观上的创新

生活观是对人类物质生活和精神生活各个方面的基本看法和评价。它受生活方式的制约，又指导生活方式。生物进化论主要强调生物对环境的适应与自然选择作用，这在一定意义上推演了人类竞争机制的诞生与发展。机体哲学在此基础上进行了延展，认为进化论不仅具有被动适应环境的一面，而且具有主动改造环境的一面。"生命是对生动的直接性的掌握"，[1]这意味着创新。生命体在被动地适应环境的同时，也要改造和创造环境，使环境适应生物的生存。但要改造环境，靠单一的机体是无能为力的。只有机体之间的紧密联系、同舟共济，才能创造更好的环境。怀特海的机体概念是广泛的，它突破了常识中有机和无机的界限。在他看来，人是一个机体，细胞也是一个机体。机体哲学强调的是：第一，关注鲜活的生活世界。怀特海受其妻子韦德的影响，懂得了生存的目的在于追求道德和审美方面的至善至美；而要达到这一目的，最重要的是学会仁慈宽厚、爱和鉴赏艺术，[2]即享受和体验生活的真义。因此，机体哲学批判现代人盲目追求物质享受和过度消费背后的人类中心主义，倡导绿色简单的生活方式，并着眼星球视角而不是人类自身，强调所有生命体生存机会均等，祈盼回归质朴、简单的生活方式。第二，追求新颖性，成为创意的存在。所谓创意的存在就是寻求现实生活与理想结伴而行、情感与理性交融的生活体验。怀特海认为，生活的艺术首先是活着，其次是以一种满意的方式活着，再次是在满意程度上获得增加。[3]"活着就是去创造"，[4]创造性是有机哲学的终极性范畴。生活中的新颖性不仅渴望冒险、新奇，体验新颖性驱使下不断与他者相互作用而形成的"创意的存在"，还要保持内心的

---

[1] 怀特海：《过程与实在》，商务印书馆 2012 年版，第 163 页。
[2] 陈奎德：《怀特海》，东大图书出版公司 1994 年版，第 19 页。
[3] 怀特海：《教育与科学——理性的功能》，大象出版社 2010 年版，第 133 页。
[4] Charles Hartshorne, *Whitehead's Philosophy*, Lincoln, University of Nebraska Press, 1967, p. 132.

安静，不随波逐流，以星球命运为责，不断完善自身。

（二）生物学教科书编写的生活性维度

生物学教科书的编写还应体现生活性维度。首先，要回归生活主题。在设计生物学教科书时，如何回归生活主题是一个非常重要的论题。目前，生物学教科书体系是按照学科发展的逻辑体系所遴选的核心基础知识来编排的，更注重的是知识的掌握。这在一定程度上造成了学生虽然会解题，但并不真正理解生活中的问题。生物学回归生活主题的具体方式尽管还有待研究，但最终目标是要解决生物学与生活脱离这个问题。因为任何一个学科的知识如果脱离了生活，它在新颖性上就失去了吸引力。其次，要关注现在。现在是连接过去和将来的桥梁。长期以来，我们一直在为学生的将来做打算，但怀特海认为最应该关注的是当下。让学生在生活中形成自己的价值观和生态观的现实途径，是现在就让学生在生活中进行体验，现在就关注并养成良好的习惯，现在就引起学生的注意。这就要求生物学教科书的设计关注现在，如在选择实验材料时关注不同季节、不同地域的材料差别，设计多样性的材料供学生选择等。

四　过程思维下的智慧生成

（一）机体哲学在教育观上的智慧

教育观即人们对教育认识的总和。怀特海教育思想的要义是：第一，注重智慧生成。在怀特海看来，智力教育的主要目的是传授知识，但智力教育的另一个更重要的意义是"智慧"。[1]知识是智慧的基础，但掌握知识却不等于掌握智慧，智慧更重要的是对知识的运用。在实践中我们追求智慧时往往犯了错误，只有运用知识才能发挥知识的力量，而不是知识本身。知识的重要意义在于它的应用，在于人们对它的积极的掌握。[2]简言之，真正的智慧是平衡发展的结果。虽然知识的专业化是必要的，但绝不

---

[1] 怀特海：《教育的目的》，北京，生活·读书·新知三联书店 2014 年版，第 43 页。
[2] 同上书，第 46 页。

能成为它的奴隶。只有平衡发展的智慧,才能增加个性的深度。[①]第二,强调符合教育节奏。节奏思想是怀特海教育观的重要组成部分。怀特海认为,把握自由和纪律原则的节奏性是获得智慧教育的两个要素。智慧是掌握知识的方式,[②]是可以获得的最本质的自由。智慧体现在遇到问题时对知识的处理、选择和运用可以使我们的直觉经验更有价值。他认为,通往智慧的唯一道路是在知识面前享有自由,但自由的前提是纪律。[③]自由能给生动活跃的思维习惯提供恰当的氛围,纪律则应满足对智慧的渴望,因为智慧可以使单纯的经验具有价值。[④]在此基础上,怀特海提出了浪漫、精确、综合三重循环的教育节奏理论,这也为教科书编写提供了新的视角。

(二) 教科书编写的教育性维度

从机体哲学教育观的视角看生物学教科书编写的教育性维度,应考虑以下三个方面:首先,选题要少而精、透彻明了。教科书的首要工作是文化选择。文化是思想活动,是对美和高尚情感的接受。支离破碎的信息或知识与文化毫不相干。[⑤]选题少而精,就要在重要性和应用性上下功夫。教科书内容的选择要与学科内容、学生兴趣紧密相连,既有利于学生对生物学科核心知识的掌握,也有利于解决生活实际问题。被传授给学生的那些主要观念应该是精炼的和重要的,并使它们形成可能的结合。学生应将这些知识内化于心,并在实际生活中加以应用。过去知识的唯一用途,是装备我们以对付现在。我们追求的目标是,学生应该获取对抽象思维的通晓理解,应该认识它们如何才能应用于特殊的具体环境,应该知道如何把一般方法应用于逻辑研究,[⑥]这也为教科书编写的应用型设计提供了新的思考。其次,把握生物学科之浪漫、精确、综合的协同。怀特海的教育节奏理论强调浪漫、精确与综合的三重循环,这对生物学教科书的编写很有

---

① 陈奎德:《怀特海》,东大图书出版公司1994年版,第146页。
② 怀特海:《教育的目的》,生活·读书·新知三联书店2014年版,第43页。
③ 同上书,第44页。
④ 同上书,第46页。
⑤ 同上书,第2页。
⑥ 怀特海:《教育与科学——理性的功能》,大象出版社2010年版,第43页。

启示。小学阶段强调浪漫。在教科书设计过程中，要增强学生的体验和感受，使他们获得对生物学的整体认识和兴趣。中学阶段是精确阶段，在浪漫的同时应增加知识体系等内容。大学阶段是综合运用阶段，即怀特海所说的"站起来环顾四周"，这就需要知识的综合运用或创造性的运用。在不同阶段中，浪漫、精确和综合三者之间又有小的循环。只有把握三者的协同，才能更好地发挥教科书的教育价值。再次，拒绝呆滞思想，体现过程性。为了避免学生形成呆滞思想，教科书编写要体现过程性。一方面，要强调学生的体验和感受，加强学生的身体经验，将教科书的内容与学生的经验融合于现实世界中，既避免了呆滞思想的形成，又加强了知识的利用，更有利于智慧的形成。另一方面，要强调教科书内容的过程性。任何知识的产生和发展都是一个过程，都经历了一个心理的和社会的过程。它不仅仅是一个结论，从这个视角看，学科知识亦是鲜活的历程，更具有生命力。

怀特海艺术思想及其对我国中小学艺术教育改革的启示

温宏宇　杨兆山/文

怀特海认为，艺术是人类文明中不可缺少的重要品质之一。"艺术的存在，能使我们了解我们感觉判断为美好的东西。它提升了感觉世界。"[①]"艺术的繁荣昌盛是各民族迈向文明之路上的首要活动。"[②]"在精神生活中，忽视像艺术这样重要的因素，必定会蒙受损失。"[③]国家振兴与民族素质的提高，离不开艺术的繁荣昌盛与艺术教育的蓬勃发展。怀特海的远见卓识对于拓展我们的艺术理解、深化艺术教育改革，具有重要的指导与引领作用。

一　怀特海艺术思想的要旨

怀特海的艺术思想主要见于他的《观念的冒险》《科学与近代世界》等著作，其他著作中也有提及。其主要内容包括以下四个部分：

（一）艺术是现象对实在的有目的的适应

从柏拉图的模仿论到欧盖尼·弗尔龙的表现论，再到后来的形式论和反艺术论等，很多哲学家、艺术家都有自己关于艺术的独到理解。怀特海从过程哲学出发，提出了一种深刻、新颖、相对广义的艺术观，认为

---

① 怀特海：《教育与科学理性的功能》，大象出版社2010年版，第24页。
② 怀特海：《教育的目的》，三联书店2002年版，第72页。
③ 同上。

"艺术是现象对实在的有目的的适应。"①

为了理解怀特海的艺术观,我们从现象与实在说起。怀特海认为:"'现象与实在'之间的区分是以每一个实际事态的自我形成过程为基础的。"②每一个实际事态的自我形成过程包括三个阶段:最初阶段、中间阶段和最后阶段,关于实在与现象的含义就蕴含在这三个阶段之中。关于实在,怀特海说:"接受的最初阶段,其客观内容便是被赋予该事态的那个实在的先行世界。这便是创造性进展所始于的那个'实在'。它便是新事态的基础事实,其中有种种和谐与种种不和谐,均有待在新的创造物中去协调一致。那儿什么也没有,只有实际过去的实在作用,在行使着它那作为客观不朽性的作用。这便是实在,居于那一时刻,属于那一事态。"③这就是说,实在是实际事态生成的"先行世界",是"实际过去"的,是生成该事态的"基础事实",行使着作为"客观不朽性的作用"。

关于"实在"的对立物"现象",怀特海认为,"它居于我们的意识之中",④出现在实际事态自我形成的最后阶段。在此阶段,"物质极初始阶段的客观内容与其最后阶段(即物质和精神两极结合后)的客观内容,二者之间的区别,构成了那一事态的'现象'。换言之,'现象'即是精神极活动的结果。通过精神极的活动,该物质世界的种种性质和种种协调产生了变化。"⑤在这一论述中,所谓物质与精神两极的融合发生在实际事态自我形成的中间阶段,这一阶段"是由对新内容的获得构成的……这一新内容由肯定性摄入组成,也就是说,由概念性摄入组成"。⑥这些概念性摄入派生于实在所表现的各种性质,或者是自身与这些性质的关系。当概念性摄入的主观形式与主体对实际过去的实在的物质性摄入的主观形式相符时,这两种摄入就会发生融合并产生命题。命题与那些概念性摄入进一步融合后,又产生了其他命题。这些命题将在最后阶段用来实现当前主体的实质。怀特海举了一个简单的实例来说明现象与实在究竟是什么:

---

① 怀特海:《观念的冒险》,北京联合出版公司2014年版,第294页。
② 同上书,第230页。
③ 同上。
④ 同上书,第232页。
⑤ 同上书,第231页。
⑥ 同上书,第211页。

"在一个没有月光的夜晚，被称作银河的那一片闪着微光的天空就是当前世界的一个现象……其作用导致了该现象的那一实在，却是……一道流动的光能。"①怀特海认为，对人类来说，这种"感官知觉便是现象的极致"。②由于怀特海认为现象的另一个极端情况是命题，并且感官知觉、命题和现象都居于意识之中，因此我们可以说，大多数现象蕴含于感官知觉与命题两者之间的意识之中。实在存在于过去，是不朽的；现象则不然，它发生在当前，转瞬即逝。转瞬即逝的现象之所以能适应实在是因为，现象是连续的，现象通过连续地生成而发生变化。现象适应实在就好比人适应自然，目的是为了达成一种和谐，达成和谐的过程就是艺术创造，和谐本身就是艺术的目标。例如，达·芬奇创作《蒙娜丽莎》的过程就包括了现象适应实在的过程，那个实在的蒙娜丽莎作为他的模特在他的感官知觉中是不朽的，当他通过感官知觉对蒙娜丽莎进行摄入的同时也伴随着一些概念性的摄入，如"美的""迷人的"等等。这些概念性摄入与达·芬奇对那个实在的蒙娜丽莎的摄入相融合后，便产生了"蒙娜丽莎是美的""蒙娜丽莎的笑容是迷人的"等命题。艺术的适应就发生在这里，这些命题与摄入主体即达·芬奇本人发生了融合，进而生成现象并在意识中适应了那个实在的蒙娜丽莎，以达成一种和谐。达成和谐的那种现象将成为艺术创作的素材。如此，达·芬奇的《蒙娜丽莎》也好，梵高的《向日葵》也好，并不是艺术本身，而是艺术的作品。这就是说，艺术作品是艺术依附的对象，是艺术得以体现出来的东西。当然，按此逻辑，诗歌、电影、雕塑、交响乐等都只是艺术作品。

（二）艺术的目的是达到真实的美

艺术既然是现象对实在的有目的的适应，"这就暗示了一个目标，一个或多或少要成功达到的目标。这一目标，即艺术的目的，是双重的——也就是说它包括'真'和'美'。艺术的完善只有一个目标，即'真实的美'"。③但这无疑是艺术的理想状态，所以怀特海进一步指出，当艺术获

---

① 怀特海：《观念的冒险》，北京联合出版公司2014年版，第272页。
② 同上书，第269页。
③ 同上书，第294页。

得了真或美的时候，就取得了一定的成功。艺术之所以追求真实的美是因为，在他看来，"没有'真'，'美'只是低层次的，其缺点是臃肿。没有'美'，'真'则沦为平庸。"①

在怀特海哲学中，真包括了不同的程度、不同的方式。艺术所要追求的真，大多是一种象征性的真。怀特海认为，"当存在着象征性的'真'时，现象与实在的关系是这样的：对于某些类的感觉者来说，对现象的摄入导致了对实在的摄入，即是说两种摄入的主观形式是相符的。"②因此，象征性的真所关注的是一种对现象与实在的摄入的主观形式的相符关系。这种象征性的真在艺术中的体现就像我们在聆听萨拉萨蒂的《流浪者之歌》时，随着小提琴弦音的流淌，我们的心中先是弥漫着忧伤，接着是悲痛，而后是悲怆，最后则开始变得激昂。换言之，艺术为弦音披上了一件情感的外衣，这件外衣将幽暗的客观实在变成了清晰的现象，而且这一现象和摄入弦音所提供的主观形式存在着相符关系。这种关于现象与实在的真的关系，使得艺术不但能够传达客观意义，而且可以传播主观形式。

过程哲学认为，"完全非美的对象是不存在的。"③但美有两个不同层次：美的次要形式和主要形式。美的次要形式是"不同的诸摄入之间不存在相互的抑制，因此，不同强烈程度的主观形式并不相互抑制""即没有了痛苦的冲突，没有了粗俗"。例如，假定我们在《流浪者之歌》中加上一段杂乱无章的鼓声，我们对这段鼓声的摄入和我们对《流浪者之歌》的摄入就会相互抑制，两者在一起就不美了。而对于一排整齐划一的楼房来说，我们对每一栋楼房的摄入都不会抑制我们对另一栋楼房的摄入，这种有序的排列就属于美的次要形式。美的主要形式是以美的次要形式为基础的，在此之上，"诸摄入合成体中的那种结合造成了客观内容与客观内容之间新的对比"。例如，《流浪者之歌》有四个部分，当我们听完整曲后，各部分之间的对比既加强了我们对各部分的感受，同时各部分绵延的感受又使我们对整个曲子产生了新的领悟。用怀特海的话来说："部分有助于整体的宏大感受，反过来整体又有助于提高部分的感受的强烈程

---

① 怀特海：《观念的冒险》，北京联合出版公司2014年版，第294页。
② 同上书，第273页。
③ Hartshorne, Creative Synthesis and Philosophic Method, S. C. M. Press, 1970. p. 305.

度"①"这便是感受的和谐；有了感受的和谐，现象的客观内容便是美的。"②艺术所追求的美决不仅仅是有序的和谐，而应该是蕴含着对比与创造力的美的主要形式。

实在发生在过去，其中的种种和谐与不和谐都已确定，我们无法追求实在之美。现象则在当前，因此艺术追求的美体现在现象上。但如果我们割裂现象与实在的关系，仅就现象谈美，就会变得空洞。所以，艺术需要在实在与现象之间搭起一座桥梁，即那种"象征性的真"的关系。这样，当现象除了美以外也具有了真的时候，美便有了舞台，真也包含了更丰富的意义。可见，艺术中的真与美不仅是象征性的真，是美的主要形式，而且是一种两者有机融合、蕴含着对比与创造力的更广泛的和谐。

（三）艺术何以可能

什么使艺术成为可能？什么使"现象对实在的有目的的适应"成为可能？什么使以"真实的美"为目的的适应得以实现？这是怀特海非常关注的问题，也是其艺术思想的重要组成部分。尽管很少有哲学家和艺术家回答这些问题，但它们无论对理论还是对现实都很重要。怀特海关于什么使艺术成为可能的论述主要有两个方面：第一，"不仅摄入的客体可以被规定，其相应的感情调子也是可以规定的"，③"一个摄入的主观形式部分地受支配于该摄入的客观内容中的那个质的成分"，④这就使艺术成为可能。比如，我们欣赏春天的绿叶，心中会充满绿意；看秋叶纷飞，秋的萧瑟意境会油然而起；黑色常与肃穆的情感相联系；牡丹花总会令人产生雍容典雅与富贵祥和之感，等等。可以说，摄入的客体本身就带有"感情调子"，或者说能够传播"感情调子"。这里的"感情调子"就是"摄入的主观形式"，它表明的是该主体是如何摄入客体的。情绪、评价、目的等等都属于主观形式。文学作品之所以具有美学意义，也是因为语言有此特点，它不仅传播客观意义，也传播感情调子。由此，艺术家才可能创设出对实在有目的适应的、追求"真实的美"的现象并加以实现，进而创

---

① 怀特海：《观念的冒险》，北京联合出版公司2014年版，第278页。
② 同上书，第295页。
③ 同上书，第236页。
④ 同上书，第280页。

作出体现各种意境的画作、音乐、舞蹈、雕塑等艺术作品。这就使得对某些感觉者而言，对现象的摄入导致了对实在的摄入，艺术便成为可能。第二，"经验中使艺术成为可能的因素是意识。"艺术是现象对实在的有目的的适应，这种适应离不开人的努力，离不开意识的有意为之。怀特海认为，"一个事态的自发性首先在意识方面找到了自己主要的宣泄口，其次再产生观念以使之在进入有意识关注的区域的过程中找到了自己主要的宣泄口。就这样，意识、自发性和艺术便相互紧密结合起来。"[1]所以，人的艺术活动的冲动或艺术的自发性和意识紧密相连。没有意识，我们的自发性就无处宣泄，艺术的生成也就无从谈起。同时，对人类来说，现象就居于意识之中，它要适应的那个实在也居于意识之中。只不过相对于现象，实在"在意识中处于幽暗的背景且细节又难以分辨"。而且，实在"为艺术提供了调子的终极背景，脱离了这个背景，艺术的效果便会凋零。人类艺术所追求的那类'真'，便在于诱使该背景去萦绕为清楚意识所呈现的那个对象。"[2]这就是说，艺术中的现象和实在都居于意识之中，发挥着各自的重要作用。因此，艺术只有通过意识才能存在。正是基于艺术与意识之间的不可割裂的关系，怀特海才有了"艺术是对天性的教育""艺术的实质就是人工化"等论述。[3]

（四）艺术的价值

怀特海认为，"一个文明的社会表现出五种品质：真、美、冒险精神、艺术、平和。"[4]艺术决不是可有可无的精神玩物，它的存在对人类文明的发展起着重要作用。艺术之所以是文明的有机组成部分是因为，艺术在人类精神生命的延续、人类天性的发展以及人类为自身创造丰富多彩的生活世界等方面具有不可替代的价值。

首先，艺术有助于人类精神生命的延续。怀特海认为，精神生命的延续是指"直接过去在直接当前的延续生命"，[5]即人类自我同一的达成。人

---

[1] 怀特海：《观念的冒险》，北京联合出版公司2014年版，第297页。
[2] 同上书，第298页。
[3] 同上书，第299页。
[4] 同上书，第302页。
[5] 同上书，第199页。

类为达到这种延续需要同时满足两个基本原则,即变化原则和守恒原则。没有变化,我们的精神世界将变得荒芜;没有守恒,持续就无从谈起。对变化原则的满足主要来自环境的新颖性,这种新颖性滋养了我们的灵魂;对守恒原则的满足主要来自精神,精神维持着灵魂的持续性。艺术的价值就在于通过感官知觉对环境进行处理,进而"为灵魂创造生动的但转瞬即逝的价值"。[1]就像怀特海认为的那样,人们通过艺术充实我们的灵魂,提供它所需要的变化,最终帮助人们达成自我同一。

其次,艺术有助于我们发现事物的价值,或者说,艺术是"一种选择具体事物的方法,它把具体事物安排得能引起人们重视它们本身可能体现的特殊价值"。[2]在一个缺乏艺术的社会中,人们看待事物的方式往往更偏向实用主义,正如西方现代主义美术的开山鼻祖罗杰·弗莱所说:"有实用价值的外表的最细微的差别都继续得到欣赏,而重要的视觉特征,假如它们对生活无实用性的话,则被漠然视之。"[3]但问题是,如果我们只能获取事物的那种维持现有生活的实用性价值,那么我们如何才能寻求那些帮助我们发展、超越现有生活的价值?怀特海认为,仅仅通过机械的实践探求出的事物的价值往往比较粗鄙,而仅仅通过纯粹思辨探求出的事物的价值又有些空洞。这两种方式都缺少某种东西,即"对一个机体在其固有的环境中所达成的各种生动的价值的认识"。[4]这种价值需要通过艺术来发现,否则我们很容易过分纠结细节,丧失自我独创性,使我们的文明停滞不前。

再次,艺术是对天性的教育,它"提升人类的感觉"。[5]在被称作"黑暗时代"的欧洲中世纪,人的天性被严重压迫,不论艺术、科学还是哲学都需要围绕当时的绝对权威——《圣经》来维系自身的发展。当这种压迫到达临界点时,便爆发了著名的文艺复兴运动,从此欧洲开始步入新的文明。尽管关于文艺复兴开始的标志众说纷纭,但人们大都认为是以某位艺术家为分界的,但丁、乔托或彼得拉克等。这也许是因为,只有艺

---

[1] 怀特海:《科学与近代世界》,商务印书馆1989年版,第193页。
[2] 同上书,第191页。
[3] 罗杰·弗莱:《视觉与设计》,南京,江苏教育出版社2005年,第30页。
[4] 怀特海:《科学与近代世界》,商务印书馆1989年版,第191页。
[5] 怀特海:《观念的冒险》,北京联合出版公司2014年版,第298页。

这种被怀特海称为"深藏在天性中的诸官能的病态的过度生长"①的东西才能使人的天性冲破枷锁。亚里士多德在《诗学》中也提到:"诗艺的产生似乎有两种原因,都与人的天性有关。"②当我们的双眼被蒙蔽、双耳被堵塞、双手被镣铐、天性受到压迫时,壮丽的夕阳不过是一般的自然景象,"上百万次的夕照不会将人类驱向文明。将那些等待人类去获取的完善激发起来,使之进入意识,这一任务须由艺术来完成"。③

二 怀特海艺术思想对我国中小学艺术教育改革的启示

怀特海在《教育的目的》中认为,中小学生处于青春期的浪漫阶段,这一阶段,"人们所讨论的题目具有新奇的活力;它自身包含着未经探索的因果逻辑关系,也以丰富的内容为探索者提供了若隐若现的机会"。④然而,一方面由于升学和应试等教育功利主义对艺术教育的挤压,艺术教育在学校、家庭甚至学生心目中被边缘化了;另一方面由于对艺术的认识存在偏差,导致艺术教育不但比较狭窄,而且存在着忽视学生对事物的独到理解、抑制了学生天性发展等现象。我们认为,怀特海的艺术思想对我国中小学艺术教育改革有以下几点启示。

(一) 艺术教育是推进社会文明进步的重要力量,国家应制定《艺术教育法》以确保艺术教育的应有地位

艺术是重要的,它关系到我们精神生命的延续,关系到我们如何探索事物的价值,关系到人类天性的发展和解放。正是基于艺术所具有的这些不可替代的宝贵价值,怀特海把艺术列为社会文明中与真、美、冒险精神、平和并列的组成部分,认为艺术的繁荣昌盛是各民族迈向文明之路的首要活动。因此,艺术教育是推进社会文明的重要力量,必须把艺术和艺术教育摆在重要位置。但事实上,艺术并没有在我国的中小学教育中得到应有的重视,艺术教育地位边缘化的状态及其实施过程中形式化的现象常

---

① 怀特海:《观念的冒险》,北京联合出版公司2014年版,第299页。
② 亚里士多德:《诗学》,商务印书馆2014年版,第47页。
③ 怀特海:《观念的冒险》,北京联合出版公司2014年版,第299页。
④ 怀特海:《教育的目的》,三联书店2002年版,第32页。

有发生。正如人们所感慨的那样:"学校还无法真正将音乐、美术等科目与语文、数学等应试科目并举,艺术课往往被看成是次于语、数、外等主课之外的'副科',虽然艺术科目被要求一定要开设,但所开设的课时数却少得可怜,而且一旦与其他主课发生冲突或者主课时间紧张时,艺术课还得'自动让路'。"[1]更不用说在其他各学科教学、人际交流、班级管理等各方面融入艺术教育了。

客观地讲,我国教育管理部门对艺术教育的重视程度是日益提高的。改革开放以来,国家先后颁布了《全国学校艺术教育总体规划(1989—2000)》(1989)、《关于加强学校艺术教育的意见》(1997)、《学校艺术教育工作规程》(2002)、《全国学校艺术教育发展规划(2001—2010年)》(2002)、《教育部关于加强和改进中小学艺术教育活动的意见》(2007)、《教育部关于推进学校艺术教育发展的若干意见》(2014)等文件。不能简单地说国家不重视艺术教育,但这种重视更多地体现在政策层面,在具体的教育实践中这些文件并没有得到很好的贯彻落实。这在这些文件的行文中就可以感受到:1989年的文件就指出,"学校艺术教育经常被忽视和轻视";八年后,1997年的文件又指出,艺术教育普遍存在着"说起来重要,干起来次要,忙起来不要"的现象;又过了十七年,2014年的文件依然把"严格执行课程计划,开齐开足艺术课程"作为一个重点环节来抓。从中不难看出,文件不断提出要狠抓艺术教育,但贯彻落实的效果并不理想。对此,我们认为,国家有必要加大立法力度,制定和颁布《艺术教育法》,从依法治教、依法治国的高度来确保艺术教育的地位。这也是一些国家的通常做法:1987年,法国国民议会通过了《艺术教育法》;1994年,美国通过的《2000年目标:美国教育法》把艺术课程增列为基础教育的核心课程,并于同年出台了《国家艺术教育标准》。制定、颁布和落实《艺术教育法》,是确保艺术教育地位、提高学生艺术素养、建设社会主义文化强国的当务之急和重要举措。

---

[1] 王文娟:"艺术教育的现实困境与理论反思",《湖南师范大学教育科学学报》2009年,第6期。

（二）扩大对艺术教育的理解，进一步促进艺术教育与各学科的有机融合

我们要更好地实施艺术教育，首先必须明确一个基本问题：何谓艺术？怀特海认为，"艺术是现象对实在的有目的的适应"，以使现象与实在之间能够达成一种和谐。艺术所包容的不仅仅是日落余夕、虫鸣鸟叫，也不单单是吟诗作画、歌舞升平，它还顾及了"工厂、机器、工人群众、工厂对普通人民的服务、它对于组织与设计天才的依靠、对于股票持有者成为财富的源泉等等，是表现各种现实价值的一个机体"。①可见，怀特海追求的是广义的艺术。所以，艺术教育也应该是广义的。而在我国中小学艺术中，将艺术教育狭隘化的现象十分常见，或是："把艺术学习等同于掌握唱歌弹琴、跳舞作画的技巧"，②即把艺术教育技能化；或是认为"艺术学科和其他学科之间没有必然的联系"，③即把艺术教育局限于艺术课程。我们认为，我们首先应该做的就是扩大对艺术教育的理解。

怀特海指出，"如果文明需要存在下去，那扩大理解是头等重要的事情。"④在艺术教育的改革和发展中，扩大对艺术教育的理解迫在眉睫。首先，要打破对艺术教育的狭隘认识，树立大艺术教育观，创建一种覆盖学习与生活、课内与课外、艺术课程与非艺术课程的关乎学生领悟能力、情感体验乃至人类文明发展的大艺术教育。因此，需要在中小学教育中突破"艺术＝音乐＋美术"的狭隘理解与教学模式，通过学校课程、课外活动、综合实践等多种形式展开丰富多样的艺术活动，让学生感受到艺术无处不在。其次，加强艺术课程与其他课程的有机融合，让数学的艺术、文学的艺术、谈话的艺术、设计的艺术、思考的艺术、行为的艺术、沟通的艺术等等成为学生学习与发展的新追求。再次，要提高教师特别是非艺术类课程教师的艺术素养。教师是教育的实践者，如果教师本人对艺术教育

---

① 怀特海：《科学与近代世界》，商务印书馆1989年版，第191页。
② 佟舒眉、么雪、凌桂芝："关于中国艺术教育的思考"，《中央社会主义学院学报》2013年，第5期。
③ 缪胤、霍力岩："多元智力理论与艺术教育的回归"，《比较教育研究》2003年，第3期。
④ 怀特海：《思维方式》，商务印书馆2010年版，第44页。

存在错误认识，认为艺术教育只是一种技能培训、与其他课程毫无关系，那么仅靠艺术教师，即使艺术活动搞得再多、再丰富，艺术教育也不可能取得良好效果。

（三）艺术教育需要培养学生对美的探寻，但决不能忽视对真的追求

"把艺术看成是追求'美'，这一概念是肤浅的。"①艺术的目的是真实的美，当艺术揭示了事物本真的时候，它在人类经验中便有了一种重要功能。只有这样的艺术才是人类文明的精华，而且随着这种艺术的生长，精神的冒险超越了生存的基础。艺术教育应该培养学生对美的感悟、发现和创造，这是毫无疑问的，但在探寻美的同时不能忽视培养学生对真的追求。

艺术中的真大多是一种象征性的真，当现象和实在存在着象征性的真的关系时，"在经验的最终阶段，最初阶段的实在为主观形式所摄入，好像它分有了'现象'的性质特点似的。"②比如，学生在临摹一束鲜花，在临摹过程中，鲜花的现象在学生的意识中产生，当学生对这一现象不断摄入时，摄入的主观形式就影响了学生对实在的鲜花的摄入，使学生眼中的那束鲜花似乎分有了学生头脑中的那束鲜花。简单地说，正是这象征性的真，使学生对鲜花产生了独到的理解。所以，我们才会说"一千个人心中有一千个哈姆雷特"。如果没有这层真的关系存在，虽然学生也可能画出一幅看上去不错的画，但由于缺少主观上的区别，不同学生的作品就容易同一化，每一幅看上去不错的作品就会丢失其灵魂。换言之，缺少对真的追求，学生就很难在创作中融入自己的独到见解，就会照葫芦画瓢，毫无生气。可见，真在艺术中的作用是非常巨大且难以替代的。因此，为了在艺术教育中达到求真的目的，我们应该：尊重学生的创作与创造，减少各种硬性束缚；在所有科目特别是艺术科目的教学中鼓励学生阐释自己的观点，保护学生对事物的独到理解；将求真的目的明确地列入艺术课程标准当中，给予其应有的地位和高度的重视。

---

① 怀特海：《观念的冒险》，北京联合出版公司2014年版，第300页。
② 同上书，第295页。

（四）本能与天性是艺术的根基，艺术教育不应给学生戴上道德的高帽

艺术与天性之间的密切关系是怀特海艺术思想中的一个重要观点。艺术在依赖天性的同时，也是对人天性的教育。发展人的天性，是艺术的重大使命。著名画家陈丹青在其视频节目《局部》中谈及北魏壁画时很有感悟地说："一条腿、一个胳膊都画不准，远远不及唐宋人，他们还不懂画，甚至他们不知道自己在干什么。可是艺术顶顶重要的，不是知识，不是熟练，不是我们现在说的文化教养，而是直觉，而是本能，而是那种最最新鲜的感受力。"现在，我们的中小学生就好似北魏人，他们还不懂艺术，文化积淀也不够。而那些已经成长起来的大人，那些文艺工作者，他们技法更纯熟，更有修养。但对艺术来说，最宝贵的东西即纯粹的、质朴的天性却是在中小学阶段形成和发展起来的。

学生的好奇心、想象力、表现欲、破坏欲等都是天性，这些感知特性或行为取向使艺术变得尤为鲜活，并通过艺术得以释放。中小学艺术教育应该在追求真实的美的基础上发展并引导学生的天性，为积极的天性提供机会和可能，为消极的天性寻找释放的窗口。这里的问题是，消极的天性必须抑制吗？未必。首先，天性是无法彻底地压制的。其次，正视消极的天性是人类自我认识和反思的一个重要途径。毕加索的《格尔尼卡》描述的是1937年德国空军疯狂轰炸西班牙小城格尔尼卡的情景，蒋兆和的《流亡图》体现的也不是阳光，但人们从这两件作品中能感受到无限的震撼，其艺术价值不言而喻。中小学生的情感是非常细腻真实的，没有必要过早地给他们带上某些道德高帽，只允许他们抒发阳光的情感，并压制愤怒、破坏等消极的东西。比如，在美术课上，那些画鲜花、小草、太阳的同学往往受到表扬，而那些画风比较阴暗、反映负面情绪的作品却得不到教师应有的重视和解读。其实，不论积极的还是消极的天性都值得尊重，都需要教育和引导。道德绑架式的艺术教育不但无助于培养学生的道德感，反倒会令学生感到压抑，破坏学生们的那些宝贵、生动、原初经验和领悟。

正如电影《死亡诗社》中的一句台词所说："没错，医学、法律、商业、工程这些都是崇高的追求，足以支撑人们一生。但是，诗歌、美、浪漫、爱情这些才是我们生活的意义。"是的，数学、语文、外语、物理、

艺术等学科，每一门都只是一个音符，单独听起来十分单调，它们的组合才构成了一首宏大而动听的交响，这才是我们追求的教育，是我们想要的生活。

生态文明时代需要有机马克思主义[*]

[美] 小约翰·柯布/文　陈伟功　史彦虎/译

各位嘉宾，我们讨论的主题是有机马克思主义，这个概念是由菲利普·克莱顿（Philip Clayton）首创的。历史将证明，这种讨论具有现实的重要意义。当然，还需要假以时日。就此而论，本次会议与其他会议有明显不同。请允许我用大部分时间来反思一下，对那些与我有着共同经验的美国人而言，这种讨论会有什么影响。不过，对于它在其他地方可能产生的影响，我也会作一简要评论。

作为美国人，我们有许多人感谢并钦佩马克思主义者，他们为实现工人的公正待遇付出了巨大努力。但在美国有一种更受欢迎的运动，在一些方式上它与马克思主义可以相提并论。与马克思主义一样，这一运动也是对工业革命的回应。但这一运动是由东部和中西部城市的基督教牧师们领导的，被称为社会福音运动。

在美国，一直存在着经济方面的不公正，它们很少在公共讨论中得到强调。奴隶制曾被强调并最终被废除，但贫穷和剥削却并非如此。然而，即使在对资本家和管理层进行教化时，也不能忽视在新工厂里对工人明显的剥削及其痛苦。一些基督徒指出，基督和早期的先知并没有把重点放在个人救赎上，而这正是许多教会首要关注的问题。他们认为，继续这种强调使教会的使命在很大程度上与工人的苦难无关。有些牧师重新呼唤正义，这在《圣经》中非常重要。19世纪末，社会福音主导着主流教会，并引发了普世运动。富兰克林·德拉诺·罗斯福在他的新政中采用了这种

---

[*] 这是小约翰·柯布博士（John B. Cobb, Jr.）2016年4月在美国克莱蒙举办的"第十届生态文明国际论坛"上的发言，经作者同意，特发本刊，谨向柯布博士致谢。

教义中的很多内容。

大部分社会福音派是改革者，他们并不挑战基本制度。但是，社会福音运动也鼓励许多人成为社会主义者。由一个基督教牧师领导的社会党，比我们今天所拥有的任何一个政党都要重要得多。称自己为社会主义者并没有在文化上受到排斥。我记得在十几岁的时候，我妈妈的姑姑对我解释说，如果我们更多人是社会主义者，那就会更好。在她看来，这简直更像是基督徒。我生长在一个虔诚的基督徒家庭中，在这个家庭中，基督徒要追求和平、自由和正义，这被视为是理所应当的。我们的希望是致力于在地上"建造上帝之国"。我们现在所说的"民主社会主义"似乎非常具有基督教的蕴味。

我们中有许多人承认，我们所理解的基督教与某种真实的马克思主义有着相容性。我们听过有人文主义的马克思主义，甚至还有基督教的马克思主义。但这仍然比较抽象和遥远，直到拉丁美洲伟大的解放神学家们为我们彰显了通往马克思主义基督教的途径。他们赞赏拉丁美洲的马克思主义运动，并运用马克思主义阶级分析方法，为更严肃地理解马克思主义打开了大门。但我们所钦佩的解放思想家们并不称自己是马克思主义者，而且他们在北美的崇拜者也很少采用这种自我定位。

十年前，我们看到了马克思主义基督教所产生的作用。我们被唤醒，对文明的生存所造成的威胁来自对自然的滥用。无论是马克思主义还是基督教，都没有这方面的详细记载。所以，出现了新的广泛关注，改变了我们对自然界的看法和实践，但并没有造成更多的马克思主义者。我们关心的是，要帮助基督徒改变他们的想法和行动。对自然的关注，当然会引起对经济学的更多关注，特别是那些我们看到的导致了我们的破坏性做法的所有理论。我们加入了马克思主义对资本主义的批判中，但针对的是不同的问题。这就把我们带进了民主社会主义。而且，在20世纪70年代，像资本主义国家那样，共产主义国家似乎也在破坏生物圈中发展。

对我们中的一些人来说，中心问题是关注人类的现实幸福，这依赖于良好的关系而非消费和财产的数量。在达利和我撰写《为了共同福祉》一书时，我们脑海中的标题是"共同体经济"。我们想的自然生态和我们与它的关系也在共同体层面。就术语而言，公社和共同体有很多共同点！但我担心，在某种程度上，公社可能忽视个人的需要和权利，而共同体则不会。

在后毛泽东时代的中国，一种马克思主义的新形式出现了，它是根据社会主义市场经济而界定的。在对生态问题进行严肃的讨论方面，中国比美国更为开放。民主的深层含义是作为一个整体的人民可以参与政府决策，这在中国得到了更好的实现。对我而言，在中国，我觉得需要强调的是马克思，正如在北美需要强调《圣经》的先知传统一样。

在美国，有一种变化，因此而打开了接受马克思主义这一标签的大门。五十年前的美国在文化上是基督教和有神论的，大多数教育与信仰上帝联系在一起。美国是一个移民国家，在新的环境中，在他们的生活以及协调生活时，教会起着巨大作用。这里有一个普遍假设，即个人的道德和爱国主义与信仰上帝息息相关。现在，教育已经世俗化了。上帝已被彻底排除，而且对很多人而言，有神论与教条主义、迷信和压迫是联系在一起的。即使在基督徒中，信仰上帝也成了问题。

我对有机马克思主义充满热情。有机马克思主义不是暴力和无情的，也不是极权主义的。它不会破坏性地对待地球，不会忽视个体的需求。它将寻求建立一个社会，其中所有工作和所有工人都将得到发展。我相信，人们将会更为深切地认识到马克思的真正关注。我们很多人都尊重和赞赏马克思的著作，并吸收了他对资本主义的批判。我们需要认识到，从他那个时代以来，在经济上产生了一种深刻的变化。马克思描述的工业经济现在已被金融资本主义（这比工业资本主义更糟）所取代，尤其是在美国。马克思赞成工业资本主义使产品的增长成为可能，但金融资本主义没有这种可救赎的价值。我设想，如果马克思生活在20世纪后半叶，他会同意我的评价并提出一种比我更好的分析。我很高兴，在一定程度上，以中国为主导的"金砖"国家正在摆脱金融资本主义的诱惑。

《有机马克思主义》这本书出版时，我写过一个简短的前言，其中提到了我对它在美国潜在的重要作用的一点怀疑。我想，一本主张这类思想的书，要获得成功，需要一个不太有争议的题目，并能以不同的方式提出这些观点。尽管有神论已退场，但在资本主义教育制度下，大部分美国人已经受过教育，把马克思主义当作一种威胁，或者干脆就否定了它。当美国人寻求经济和社会的进步时，他们不会期待马克思或一种新形式的马克思主义。过去几个月美国的情况已表明，它远比我想象的更为流动不变。

一年前，我们大多数人都认为，将自己标谤为"社会主义者"的人会被排除在对总统候选人的认真考虑之外。总的来说，我们注意到，资本主义的精英们不仅控制着政党，而且控制着教育制度和媒体。我们看到，它正在获得对法律制度的控制。我们很少希望能够对此有一种重大的挑战。

但近年来破天荒的是，由华尔街和石油公司对政党的控制并没有转化为对普通选民的控制。事实证明，很多人已不再愿意在选举中由政党领袖、媒体和所谓专家来塑造了。许多人厌倦了作秀，而某些选举仅仅是为了作对，即通过投票反对作秀，但对选举的替代方案又没有严肃的考虑。但是，有些投票则是不同的。对于双方之间的不满，很多人意识到，现在受到金融业的控制并希望打破这种控制。资本主义一词不再引起正面的回应。尽管社会主义也没有成为一个好词，但它可能比资本主义更少负面性。在这种情境下，存在一个机会，有机马克思主义不会使读者失去兴趣或排除严肃的讨论。我们拭目以待。

如果我只是预测，我会认同我的预期，即那些现在处于控制地位的人将找到一种方法来维持其控制。在他们的控制面临危机时，他们会不择手段。他们已经欺骗性地操纵了投票系统，他们也有能力做得更多，即使这种操纵变得非常明显和不可否认，但它仍然可以成功。但是，如果违背了他们的意图，他们可以对总统我行我素。他们要做的就是控制他，他们可以成功，但他们也会害怕的。

他们的候选人现在是克林顿·希拉里。为了当选，她可能继续对这种资本主义和作为跨太平洋伙伴关系（TPP）的反华的冒险行为进行批评。她丈夫在选举期间就批评了北美自由贸易协定，但他作为总统的第一个行动就是推动通过北美自由贸易协定。如果跨太平洋伙伴关系协议尚未生效，她一定会推动通过，继续类似处理欧洲那样的工作。她将继续推动她作国务卿时的外交政策，努力摧毁不接受全球金融精英统治的所有国家。同时，她将通过她在性别和种族问题上的立场，支持关于保护普通荒原和物种以及关于气候变化的边际改善，确保她在美国自由派和进步派中的基础。金融资本主义的统治将被美国帝国主义所拯救，但文明的未来将会缩短。

我希望有一个完全不同的方向。我希望桑德斯当选总统，不要对资本主义精英妥协，即使这种希望不能包括他的民主社会主义计划的快速实施。他仍然必须协调那些对华尔街、石油公司或种族主义者而宣誓效忠的代表和参议员，但他可能会创造一种国家氛围，这将导致四年内议会构成有一种戏剧性的变化，甚至第二个任期内就可能使参议院有很大变化。尽管这种规模的政治变化不太可能，但目前这种不可能的政治局面使我们可以说，这是可能的。

至少在网络上，这种类型的变化和政治讨论将面向一个比现在更大的思想区域。我仍然认为，有机社会主义在这个国家会更好地运行，有机马克思主义也许会被很多人证明是一个战斗的口号。在我撰写前言时，这个希望并不像我想的那样遥不可及。

在拉美，情况有很大的不同，我知道它并不是很好。但我判断，本书西班牙语的译本可以吸引那种追随的热情，它的视野与某些解放运动特别是解放神学有很大的区别。虽然天主教会拒斥马克思主义，但它认可"穷人优先选择"。许多拉美人仍然严肃地对待这种认可，而且在总体上，南美从美国和金融资本主义的机构中获得了显著的自由度。拉美的许多人并不反对明确支持马克思主义。在拉美，怀特海思想对有机马克思主义的影响不是问题。在解放运动鼎盛时期，它得到了美国过程思想家的支持。最初有一种怀疑，认为怀特海思想来自中产阶级教会和学界，但这种怀疑逐步消失并产生了合作的意愿。解放神学有一位领导人叫乔治·皮克斯，他大部分时间生活在拉美，他对支持解放运动的圣经学有主要贡献。他是一个过程神学家，也是一位解放神学家，在两个共同体中都受到了赞赏。今天的解放神学和过程神学的继承者们承认两者有广泛的重叠，是相辅相成的。这种一致性可以用有机马克思主义来表述。古巴的情况有点特殊，因为它在官方上是马克思主义，同时也在尝试用新的方式来实现马克思主义。按照这种怀特海方式的主张来做，可能会被证明是有吸引力的，我们希望如此。尽管巴西是拒绝金融资本主义的"金砖"国家之一，但其司法机构仍然被那些利用它来摧毁独立政府的资本家所控制，所以情况并不明朗。

欧洲南部的地中海国家也很容易接受有机马克思主义，虽然他们正遭受尤其是来自纽约、伦敦、瑞士和柏林的金融机构的控制。在欧洲南部，马克思主义从未像在美国那样被拒斥。有机马克思主义可能为反对许多人所憎恨的金融资本主义提供一种号召力。在北欧，形势也不坏，许多人并没有意识到他们被金融资本主义和美国帝国主义控制得有多深。大多数人认为自己生活在民主社会主义中。人们对马克思主义的认识可能有所不同，但许多人把马克思当作一个重要思想家。如果马克思对阶级及其在工业社会中作用的分析为人类生活提供了一种可持续的巨大热情，在有机马克思主义的主题下，这项伟大的事业是可能的。

菲利普·克莱顿撰写的《有机马克思主义》这本书意义重大，特别适应中国的需要和可能性。这本著作在很大程度上对中国的发展给出了清晰和融贯的表述，这一主题和方案正在中国发挥着他所希望的作用。中国是"金砖"国家的重要中心，它拒斥在其他地方产生了如此邪恶影响的金融资本主义。中国继续坚持马克思的道路，在任何一个"金砖"国家中都没有这种清晰明确的立场。与其他国家相比，中国正在努力实践，正在负责任地应对可怕的全球问题。

关于有机马克思主义和有机教育的若干重要问题

——菲利普·克莱顿教授访谈录

杨富斌/文

2016年10月21—25日，菲利普·克莱顿教授应邀来中国参加"马克思主义国际学术周"高端论坛。笔者陪同他在北京第二外国语学院、河北师范大学、河北工业大学、浙江大学和同济大学等高校作了巡回演讲和学术研讨，并在杭州参加了"三生谷生态村国际论坛"。一路同行，我们就有机马克思主义和有机教育的若干重要问题作了深入访谈。

问：什么问题促使您关注生态问题，尤其是从马克思主义视角关注生态问题，创造出"有机马克思主义"的概念，阐述了相关论点，并提出要以有机马克思主义为分析方法来解决人类在当今时代面临的生态灾难问题，以社会主义生态文明作为超越资本主义工业文明的替代选择？

答：当今人类面临的日益严重的生态灾难问题，是促使我深入思考和研究的首要原因。人类面临生态灾难是当今全球三大共识之一，其他两个共识是自由放任的资本主义带来了严重的社会后果和"现代性之死"。资本主义的严重后果之一是放任富者越富、穷者越穷。最富有的人和公司已得到许可，他们有权获取和消费自己可支付的一切。可悲的是，这是美国制造的最危险和最具破坏性的产品。今天，这个星球上的人们已认识到，正是由于那1%最富有的人极端自私，迅速导致其他99%的人不再适合居住在这个星球上。[1]在杭州召开的"三生谷生态村国际论坛"上，来自苏

---

[1] 克莱顿、海恩泽克：《有机马克思主义》，人民出版社2016年版，第6页。

格兰的一位教授谈到：如今，"最富有的62个人的财富相当于35亿最贫穷的人的财富的总和。"（The 62 richest people combined, have the same wealth as the poorest 3.5 billion people.）这为我的观点提供了佐证。而"现代性之死"则标志着人类历史上"现代文明"的终结。福山所说的"历史终结论"如果是指资本主义现代文明本身的终结，这倒是非常正确的论断。当然，现代文明的终结并非是人类文明的终结，因为人类文明经过"现代性之死"后，好像浴火重生的凤凰，会以生态文明的崭新面貌呈现于世，成为人类、自然与社会和谐共生之道。这种生态文明新视野，只有借助有机马克思主义学说才能为我们提供达到成功彼岸的最好渡船。

与此同时，在世界各地，尤其是在欧洲和北美，人们都在谈论"现代性之死"，几乎现代性的一切著名主张都受到了质疑。但我们不能像法国解构性后现代主义者那样只着眼于解构，这种进路无济于事。现在，世界上多数人已经认识到，要解决世界上最为紧迫的生态灾难问题，需要的是建设性的方案。因此，怀特海哲学、柯布和格里芬等人倡导的建设性后现代思想、中国优秀传统文化（儒释道等），都为我深入思考有机马克思主义提供了哲学基础。尤其是马克思主义的基本观点和分析方法，包括阶级分析方法，使我深切地洞察到资本主义和现代性存在的严重弊端。尤其是资本主义追求剩余价值最大化，替少数富人和财团服务，不可能真正解决环境灾难问题，为全体普罗大众的共同福祉确定国家战略。而现代性则以物质财富会无限增长、地球资源无限可取、科技发展能解决人类一切问题等假设为前提。对这些问题的深入思考，加之同中国马克思主义者近十多年的交往和讨论，再加上中国这些年在经济建设和生态文明建设方面取得的巨大成就，这一切促使我提出了有机马克思主义的概念及相关理论观点来解答这些问题。我在《有机马克思主义》一书第一篇中就明确提出了"为什么需要马克思主义"的问题，并从历史渊源和当代实践及其结果两个方面，详细分析了"为什么不是资本主义？"即为什么不能选择资本主义作为替代方案这个问题。我的回答是：资本主义的后果之一导致了两个神话，一是认为自由资本主义带来了科技进步、人们日益提升的生活标准和舒适享受、日益延长的寿命；一是认为人们只要努力工作就一定会成功，没有成功是因为没有努力。我认为,这两种说法都是不成立的。托马斯·皮凯蒂在《21世纪资本论》中表明,在当代社会,依靠继承遗产获得的资本收益远远多于依靠劳动带来的收益。换言之,更多的资本是由这些家族王朝而非那些有天赋的人掌控的。事实证明,财富竞争的结果主要不取决于人的品德、天分和技能以及努力程度,而取决于谁占有多少社会财富或资本。我认为,这主要取决于人们能够获得和享用资本的机会、教育和培训状况、所处的国家和地区以及种族。

问:您在《有机马克思主义》中指出,有机马克思主义由于引入生态视角因而超越了经典马克思主义。我们中国马克思主义者通常不说超越马克思主义,而说丰富和发展了马克思主义。您同意这种说法吗?

答:中美学者对超越这个概念的理解不同。根据美国学者的理解,超越就是在某些方面有所坚持,在某些方面有所修正、补充和发展,这和中国学者理解的丰富和发展是一个意思。这个概念同黑格尔、马克思所讲的扬弃即辩证否定是一回事。我们讲超越了经典马克思主义并没有否定马克思主义,或者说马克思主义已经过时,而是说经典马克思主义的某些现成结论和观点在 21 世纪的今天可能已不符合实际,尤其是面对生态灾难和"现代性之死"等问题时,我们不可能从马克思和恩格斯那里找到现成答案。因此,必须在坚持马克思主义基本原理和基本方法的前提下,超越马克思针对 19 世纪具体情况所说的某些具体观点,根据新的形势和需求来发展马克思主义。例如,马克思没有谈到过社会主义也要搞市场经济,但中国的马克思主义者根据当今世界的客观实际和中国生产力的发展状况,创造性地提出了社会主义市场经济的概念,并进行了伟大的实践,这是中国马克思主义者的创新。这种创新极大地推动了中国的经济发展,使中国人民的物质生活条件得到极大改善,使中国在短短几十年内成为世界第二大经济体。如果停留在经典马克思主义那里,中国就不会有今天的重大成就。

当然,中国的市场经济有许多东西学习了西方,正如我的老师柯布所说,中国已经在许多方面对资本主义打开了大门。这使得中国经济以惊人的速度增长,但也产生了中国现在几乎无法控制的经济增长的虚假预期。中国倾听了来自美国的资本主义专家的建议,但并未对他们建议的方案进行马克思主义的批判。中国还复制了美国的"价值中立"的大学,为未来储备了西方思维的领导人。[①]但我的老师柯布和我都相信,中国仍有机会制止或放缓卷入全球资本主义的步伐,因为中国政府和中国领导人至少还没有被大财团所控制,还在为中国人民的共同福祉而奋斗。我们高兴地看到,习近平总书记在党的十八届中央政治局常委同中外记者见面时指出:"人民对美好生活的向往,就是我们的奋斗目标。"他在2013年生态文明国际论坛年会上指出,"中国将按照尊重自然、顺应自然、保护自然的理念,贯彻节约资源和保护环境的基本国策,更加自觉地推动绿色发展、循环发展、低碳发展,把生态文明建设融入经济建设、政治建设、文化建设、社会建设各方面和全过程,形成节约资源、保护环境的空间格局、产业结构、生产方式、生活方式,为子孙后代留下天蓝、地绿、水清的生产生活环境。"[②]他还强调,生态文明是关系人民福祉、民族未来的大计,绿水青山就是金山银山。这些思想和理念,我们在其他国家领导人那里还没有听到过。

问:您在演讲中强调了有机马克思主义的六大贡献:①有机马克思主义强调富裕国家的过度消费和全球环境危机之间存在关联。②它是后现代的。③它是多元论的。④它包容每一个民族的传统。⑤它是某种形式的过程哲学。⑥它代表着一种生态思维方式。而在我看来,有机马克思主义至少有十个方面的实质性内容或贡献:①有机马克思主义者针对资本主义现代化存在的严重弊病,尤其是其造成的生态灾难和社会发展的不可持续性,明确提出了以社会主义生态文明来超越和替代资本主义工业文明。②针对第二国际和苏联马克思主义,有机马克思主义提出坚持开放的和文化嵌入式的马克思主义。③针对以牛顿物理学为代表的近代科学和以笛卡尔哲学等为代表的实体哲学及二元论哲学的弊端,有机马克思主义主张当代马克思主义应当以量子力学、相对论和复杂性科学等后现代科学为基础,吸纳人类一切优秀思想成果,使马克思主义与时俱进,以指导21世纪的社会发展。④针对西方马克思主义某些学派轻视实践、脱离实际的纯学术弊病,有机马克思主义强调马克思主义的实践品格,主张通过实际行动来改变资本主义工业文明带来的生态灾难,以马克思主义解放全人类的

---

① 克莱顿、海恩泽克:《有机马克思主义》,人民出版社2016年版,第4页。
② 《习近平谈治国理政》,外文出版社2014年版,第211—212页。

最高理想为指导来实现生态文明社会。⑤针对亚当·斯密经济学主张自由市场、放任自由的资本主义带来的严重弊端,有机马克思主义提出努力建设以人类共同福祉为最终目标的生态经济模式,认为只有生态经济才是可持续发展的经济。而现代资本主义经济模式是不可持续的,并且会发生周期性的经济危机,导致社会财富的极大浪费和社会的极大动荡。⑥针对资产阶级代言人福山提出的"历史终极论",有机马克思主义明确指出社会历史的发展没有终点,资本主义决不是人类最理想的社会形态,超越和取代资本主义制度乃是马克思主义指导下的社会主义生态文明制度。当然,这种社会主义既不是苏联的社会主义,也不是其他极"左"或贫穷的社会主义,而应当是杰佛逊的、或生态的、或为了共同福祉的社会主义。⑦针对现代资本主义自由、平等、民主和正义的虚假性,有机马克思主义坚持马克思主义的自由观、平等观、民主观和正义观,明确指出资本主义正义不正义,自由市场不自由,资本主义民主是少数富人的民主,民主选举在当今已成为闹剧,选出的只是代表大资本家、大财团利益的代言人而已。美国总统大选中希拉里和特朗普互揭对方丑闻和腐败行为,把资本主义选举制度金圆政治的本质展现得一览无遗。⑧针对资本主义生产以无限增长论为前提的错误,有机马克思主义主张社会发展要保持适度,坚持可持续发展战略。无限增长是不可能的,因为地球资源是有限的。以为科技发明能解决资源枯竭等问题,是资本主义现代性的骗局和谎言。⑨针对美国官方不支持生态文明,对环境灾难不负责任的问题,有机马克思主义指出,资本家不可能支持社会主义体制和生态文明,只有以马克思主义为指导的社会主义国家才能真正进行社会主义生态文明建设。中国政府在世界上率先提出生态文明战略,具有巨大历史意义。⑩有机马克思主义认为,作为以马克思主义为指导思想的社会主义国家,中国有可能在世界上率先真正实现生态文明社会,并有可能引领世界生态文明,成为人类实现生态文明的榜样。您同意我以上的概括和理解吗?

答:我完全同意你的概括和理解。需要补充的是,①中美马克思主义者对马克思主义和社会主义有着不同的理解和概括,这很正常。这正是我们强调文化嵌入式的马克思主义的寓意所在。即使美国学者甚至有机马克思主义者之间,对社会主义也有不同的理解。例如,小约翰·柯布理解的社会主义是为了共同福祉的社会主义,克里福·柯布理解的社会主义是杰斐逊的社会主义，我理解的社会主义是生态社会主义。②生态学马克思主义是我下一步研究有机马克思主义的重点。我正在撰写的《过程中的生态马克思主义》（Ecological Marxism in Process），阐述了我对生态马克思主义的理解。③美国总统大选中特朗普和希拉里的表现都令美国人失望，尤其是在第三场公开电视辩论中两人都没有着重阐述自己的施政纲领和政见，而是人身攻击，互揭对方丑闻，以打败对方为主要策略。

问：中国学者在充分肯定有机马克思主义的同时，认为它提出的某些观点值得商榷。例如，能否说有机马克思主义超越了经典马克思主义？能否说经典马克思主义是现代马克思主义，有机马克思主义是后现代马克思主义？能否说有机马克思主义的哲学基础是唯物史观、过程哲学和中国传统哲学，而不仅仅是怀特海哲学？能否说有机马克思主义可以有中国的、美国的、欧洲的各种不同形式？能否说有机马克思主义坚持的是不同于纯资本主义和纯社会主义的第三条道路？能否说社会主义与生态原则相融合就与经典马克思主义成为不同的学说？有机马克思主义提出的混合制是否否认社会主义要消除资本主义私有制？能否说马克思不加修改地接受了黑格尔的决定论历史观？能否说马克思主要关注的是人类社会而没有关注自然？中国马克思主义者要对上述问题作出自己的解答。您同意我的理解和概括吗？

答：我已说过，中美学者对超越这个词的理解表面上不同，但实质上是一样的。可能在汉语中说超越是危险的，我可以换一种表述。我们认为，有机马克思主义坚持的建设性后现代主义思想，不同于解构性后现代主义思想。中国学者可以认为，经典马克思主义也有（建设性的）后现代意蕴，这和我们的理解并不矛盾，可能是我们的侧重点不同。我完全同意把有机马克思主义的哲学基础理解为唯物史观、有机哲学和中国传统哲学。我们说不同国家有不同形式的有机马克思主义，是指不同国家的马克思主义者可以对马克思主义的有机思想有不同理解，就像中国化马克思主义不同于其他国家的马克思主义一样。我们西方人通常认为，马克思本人也在随着时间的推移和实践的发展不断地修正和完善自己的理论，他在中年和晚年的思想明显不同于其青年时期的思想。马克思本人以及后来的马克思主义者也一直在不断地修正和完善马克思主义理论。列宁主义、毛泽东思想、邓小平理论、习近平思想等，都是马克思主义的不断丰富和发展。如果说习近平坚持的生态文明思想不是马克思主义的新发展，可能中国人也不会赞成。我们说有机马克思主义是不同于纯资本主义和纯社会主义的第三条道路，是想吸收和保留资本主义的某些合理做法，克服资本主义的严重弊端，同时克服苏联和中国极"左"时期社会主义建设中的某些缺点和不足，建设以追求共同福祉和生态文明为指向的社会主义制度。因此我们认为，社会主义原则与生态原则相融合，成为与经典马克思主义有所不同的新学说，即我们所倡导的有机马克思主义。这是替代资本主义的新理论，是对经典马克思主义的丰富和发展。有机马克思主义提出的混合制经济模式，是在否定资本主义私有制占主导地位、建设生态社会主义或为了共同福祉的社会主义制度的前提下提出的。我们主张社会所有制，这有些类似中国目前所坚持的道路和体制，即以生产资料公有制为主体，同时还有多种所有制并存。关于马克思对黑格尔决定论历史观的接受，这是西方学者占主流的观点。中国马克思主义者可能不同意这一概括。我们认为，马克思主要关注的是人类社会，同时也关注了自然。美国学者福斯特已考察和挖掘了马克思著作中的生态思想，马克思在《1844年经济学哲学手稿》中就曾把自然界看作人的无机的身体。

问：有机马克思主义者认为，中国在世界上率先提出生态文明发展战略具有重大意义，中国可能引领世界生态文明并为人类作出贡献。您作出这一判断的依据是什么？中国国内现在有人认为，这是发达国家的诡计，可能是在忽悠发展中国家先搞生态文明建设，为生态文明建设承担社会责任，而发达国家则在摆脱生态文明建设的责任。您同意这种观点吗？

答：首先作出这一判断的是小约翰·柯布，西方最有洞见的学者都这么认为。我完全同意柯布的这一判断，并认为这一判断是有根据的。我在《有机马克思主义》中明确提出："在地球上所有的国家当中，中国最有可能引领其他国家走向可持续发展的生态文明。遗憾的是，美国不会起到领袖的作用，其他国家也不足以发挥主导作用。"[1]这样说的根据是，现代西方文明的特点是原子论和碎片化，它坚持实体哲学的思维方式。相反，中国传统文化强调整体主义，认为人类社会是一个整体，强调天人合一和有机联系观念。中国坚持以马克思主义为指导思想，马克思主义内在地包

---

[1] 克莱顿、海恩泽克：《有机马克思主义》，外文出版社2014年版，第7页。

含着生态学思想，坚持联系、发展和过程的思想。因此，中国在世界上率先提出建设生态文明，这并不令人惊讶。

问：在上海同济大学召开的"马克思主义国际学术周"高端论坛上有一位教授说，中国政府提倡生态文明，不仅发达国家不支持，奇怪的是一些第三世界国家也不支持。这似乎有些令人不解，这是什么原因呢？

答：这同样是资本主义制度造成的。经济上落后的资本主义国家都想首先富起来，尤其是那些富人想更富。因此，搞生态文明建设就可能束缚他们通过现代工业手段追求财富和利润的手脚。这从另一方面证明，只有坚持社会主义目标的国家，以马克思主义为指导，才有可能真正从国家层面提出生态文明战略。

问：在您演讲时有学生提问，有机马克思主义在中国容易被接受，这好理解。而在美国这样的资本主义国家，人们为什么也能接受有机马克思主义？美国现在也有人相信马克思主义和社会主义吗？

答：美国现在有很多青年认同社会主义。近年发生在美国的"占领华尔街"运动表明，大约有50%的美国青年认同社会主义价值观和社会主义制度，反对美国实行的资本主义制度。因为他们认识到，美国政府和美国的资本主义制度只是为少数富人和大财团利益服务的，而不是为广大中产阶级和下层百姓服务的。尽管柯布说过，欧洲和北美走向社会主义的可能性微乎其微，但随着人们认识到资本主义制度对绝大多数穷人和整个生态系统所造成的伤害，有机马克思主义者认为，诉诸马克思主义，说明生态文明在替代资本主义工业文明方面的必要性、可能性和现实性，可以放缓全球性灾难的脚步。尽管全球性生态灾难已经难以避免，但我们现在就行动起来，像中国那样通过国家战略实施生态文明建设，一定会减轻社会转型的阵痛，减少社会底层人民群众的痛苦，为未来的全球生态文明社会奠定基础。中国这样的社会主义国家现在还有机会制止或放缓卷入全球资本主义浪潮的步伐，尽管这并非易事，但只要我们坚信马克思主义，充分挖掘和运用马克思主义生态思想，把马克思主义与生态学思想融合起来，就能在这方面发挥重要作用。这也是我们竭力倡导有机马克思主义的意图之一，是有机马克思主义的社会作用之一。当今的全球化无疑是由资本主义主导的全球化，甚至可以说等于资本主义全球化。中国由于加入WTO和实行改革开放，似乎正在卷入其中。坚持有机马克思主义倡导的合理主张，有助于中国阻止或放缓全球化资本主义的进程，坚持走具有中国特色的社会主义道路。

问：您在同济大学发表了"作为第三阶段生态社会主义的有机马克思主义"的演讲，您把福斯特的生态学思想作为第一阶段的生态社会主义，把保尔·伯克特的生态学思想作为第二阶段的生态社会主义，把有机马克思主义作为第三阶段的生态社会主义。在我看来，这只是从一个维度来考察有机马克思主义的思想发展脉络。在我看来，如果以怀特海哲学为开端，经过柯布和格里芬等人阐述的建设性后现代思想，再到您提出的有机马克思主义，这三个阶段的发展线索更为清晰。而且，无论从思想的深度与广度看，还是从社会影响及其在思想史上的地位看，福斯特与伯克特的生态学思想和观点与怀特海、柯布、格里芬的有机哲学和建设性后现代思想不在一个重量级上。您同意这一看法吗？

答：这是从不同维度对有机马克思主义发展脉络的考察。如果从生态社会主义的维度看，有机马克思主义是第三阶段的生态社会主义。而从有机哲学的发展脉络上看，从有机哲学到建设性后现代主义，再到有机马克思主义，这是一条清晰的发展脉络。这表明，有机马克思主义的出现不是偶然的，而是多种原因引发的理论创新。即使不是由美国学者明确提出来，其他国家的马克思主义者早晚也会提出来。

问：在演讲提问时有一位年青老师问：为什么有机马克思主义者对马克思高度赞扬的工业文明及其成果持否定态度，而对马克思批判和否定的小农经济（小型社区或共同体）持肯定态度？为什么有机马克思主义者赞成马克思反对的东西并反对马克思赞成的东西，这还能说自己是马克思主义学派吗？

答：这个问题很有批判性。有机马克思主义既不否定工业文明带来的丰硕成果及社会进步，也不否定资本主义在近代史上发挥的重大作用。但现代以来资本主义疯狂追求剩余价值，追求利润最大化，带来的是生产的盲目扩张，是商品的过度泛滥，是人的过度消费与消耗，是极端个人主义。现代性以无限增长为前提，造成了地球资源极大浪费。这种资本主义生产方式是不可持续的。马克思在充分肯定资本主义工业文明的基础上也对资本主义生产方式及其异化进行了严厉批判，并在《资本论》中用剩余价值学说详细论证了资本主义必然灭亡、社会主义必然胜利的学说。因此，有机马克思主义不是简单地否定资本主义工业文明，只是明确地认识到，这种生产方式是不可持续的，因为它的前提——地球资源是无限的、经济和科技可以无限增长、经济人追求物质财富是天生的本性等——是错误的。

有机马克思主义主张以小型共同体作为未来社会组织的基本形式，主要是着眼于现代大都市的弊端，认为小型共同体生活可以持续发展。欧洲一些国家、斯里兰卡和不丹等国在这方面的成功经验，值得我们研究借鉴。中国和世界许多地方实验的生态村，也是成功的典范。从总体上看，现代化的工业和农业是难以长久持续的，因为它的前提是虚假的。在杭州召开的第二届"三生谷生态村国际论坛"表明，生态文明的理念不仅已被许多人接受，而且许多有识之士已经率先开始付诸实施了。在这次论坛上，有学者说世界上有两万多个生态村在进行实验，都取得了可喜成果。

问：您在演讲中着重讨论了有机马克思主义与有机教育的问题，您的"有机马克思主义与有机教育"也被译成中文发表在《马克思主义与现实》杂志上。您为什么如此关注有机教育？研究这一问题有何意义？

答：我每次到访中国都会去一所或多所以师资培训为专长的大学演讲，这并非巧合。我之所以将很多精力用于讨论教育的未来是因为，没有什么比教师和教育体系对一国的未来更重要的事情了。因此，能就教育问题为中国听众发表演讲，我感到非常荣幸。我主要探讨的是传统教育模式背后的预设以及由此所导致的危害。通过对比传统教育模式与有机教育模式，我想探讨的是创造一种走向合作与生态的学习共同体模式。这一转换受到我近期对有机马克思主义研究的启示。所以，在讲有机教育之前，我通常都要先讲有机马克思主义的理论贡献。

问：传统教育模式和有机教育模式最根本的差异是什么？

答：两者的显著差异是，它们表现了两种不同的世界观。传统教育模式属于个人主义教育模式，有机教育模式则属于公共教育模式，后者追求的是生态文明教育，因而也可称为生态教育模式。正确运用有机马克思主义，会营造出发生转化性学习的课堂氛围，结果必将创造出教育实践令人振奋的崭新途径。

近代西方教育的传统模式，是建立在个人主义、竞争和没有社会主义的资本主义这三大核心理念之上的。与传统中国社会将家庭、村庄或民族利益放在第一位相对立，欧洲人将个人视为价值的源泉。个人主义孕育竞争。洛克将个人定义为拥有私有财产的人，这就预设了每一个财产拥有者都试图积聚更多的财产，但现实中显然没有足够的资源让每个人都拥有自己想要的一切。谁来为个人所有设定上限？谁来防止欺骗？在近代欧洲哲学家看来，国家存在的目的只是为了个人积聚财产。他们认为，国家无须追求人民福祉，因为资本主义制度是确保大多数人幸福的最好方式。

现代欧洲的教育体系正是围绕这些价值建立的，其目的是培养良好的消费者和财产拥有者。以英国19—20世纪早期的教育体制为例，男孩在6岁时就被带离家庭送到寄宿学校，事实上这些私立学校是培养社会精英的，其学费昂贵，穷人孩子根本上不起。这些男孩在远离亲人并承受着课堂和运动场上激烈竞争的环境下长大，他们生存的唯一方式是在男孩团体中寻求保护。英国人为何要让上层阶级的男孩承受如此极端的待遇？统治阶级认为，这种教育是英国驻外事务的理想预备。由于这些男孩在幼年时便离开家庭，因而他们可以在世界上任何地方生活。他们极为自负，非常有竞争力，并忠于他们所属的阶级，这使得他们成为理想的行政官员，正如英国统治印度150年的历史所表现的那样。

我小时候曾生活在英国，并亲身体验了这一教育体制。孩子们会受到老师的体罚，而且男女分开接受教育。教练要求我们进行有暴力倾向的运动，如橄榄球运动，因为他们认为这会使我们无所畏惧。我们相互竞争，以通过"A"级考试进入牛津大学或剑桥大学为荣。这种竞争环境使得形成合作型学习共同体毫无可能。我们不会相互帮助，因为每个人都想成为获胜者。我们相信，只要有赢家，就会有输家。但有机教育的目标不是"人人为自己""让最佳者胜出"，而是"团结使我们更强大。"传统非洲社会用"乌班图"（Ubuntu）来表达这一概念。"乌班图"意指"大家强，我则强。"

希拉里·克林顿几年前写过一本有机教育的佳作——《举全村之力》。[①]她把书名解释为："非洲有一句谚语：'培育一个孩子需要举全村之力。'意思是说，不论你喜欢与否，我们都生活在相互依存的世界里。我

[①] 笔者当时插话问道，这个希拉里是现在竞选总统的这个希拉里吗？克莱顿教授回答说："是的。"

们的孩子从中听到、看到、感到和学到的，都将影响他们的成长以及他们将成为什么样的人。'9·11事件'强化了我的一个主要观点：任何地方的教育方式都会影响我们的生活以及我们的孩子的未来。"她还指出："家庭与教育不是分离的。相反，家庭是孩子第一个最重要的课堂。"她举例说："许多学校都把同情心和自我修养的教义——社会理论家称之为素质教育——加入他们的课程中。在康涅狄格州纽黑文市，一种社会发展进路正被整合到每一所公立学校孩子们的日常课程中。孩子们学习一些技术，用来提高他们的社会技能、辨别能力和管理自己情绪的能力，以创造性地解决问题。"这一项目不仅提高了孩子的学习成绩，也激励了他们的行动能力。她强调的这种素质教育显然不同于西方传统的进路——只聚焦于单一地获取知识。

品德形成和情绪管理是中国儒家思想的基本主题。孔子说："一个真诚、上进和友善的人可以称为是有教养的，即对朋友真诚、友善，对兄弟友爱。"他说，"有教无类"，因为"所有受教育的人都是同伴"。因此，孔子也许是有机教育哲学之父。

目前，有机教育正在欧美快速发展，它在中国的影响也在不断增长。有机教育家有着比仅仅精通一门学科更为远大的目标。他们更注重人格培育，寻求培养负责任的公民和能创造性地解决问题的学生，而不只是注重智力培养。

根据有机教育理论，学习不只是获得数据资料，学习关乎个人的转化。教师在课堂上首先要营造安全的环境，然后与学生交流有关创造性、开放思维以及探索乐趣的价值。他们关注的焦点不是未来，而是当下。与一种新的经验、观念、故事或理论相遇的当下，乃是神圣的时刻。用怀特海的话说，当下是学习的"神圣的基础"。

问：您能简单概括一下怀特海的教育思想吗？

答：怀特海倡导的教育理念，就是有机教育理念。他认为，教育是学习运用知识的艺术。这表达了其教育哲学的核心观念：教育不能与实践相分离。仅仅获得知识、了解事实，还不是教育。只有在学生能够运用所学的新知识时，教育才真正开始。教育关乎运用所学的知识去实践。只有在学生的交谈、探索和行动中，教育才会发生。对怀特海来说，教育是当下的、以成长为导向的过程。其中，学生和主题一起发展。节奏的概念暗示了教育过程的美学维度，恰似音乐一般。所有教育体验都是从学习者投入一定情感开始的。学习伴随着兴奋。西方称这种兴奋为"尤里卡时刻"（指灵感闪现），这个词来自于古希腊的阿基米德，他在洗澡时突然想到如何测量不规则固体的体积，忘了穿衣，就奔上大街高呼："尤里卡，尤里卡（我发现了，我发现了）！"这一发现的时刻，正是有机教育关注的核心。这是学习的第一阶段，怀特海称之为浪漫阶段。他说，随后出现的是第二阶段，即精确阶段。遗憾的是，我们在教育中常常先要求学生获得精确性，却忽视了发现的时刻。怀特海建议我们推迟"系统阐述的精确性"。怀特海教育理论的第三阶段是综合运用阶段。这一阶段是指个人具备了综合运用的能力，并能将所学知识运用于新情况。这一重要技能不可能通过死记硬背来习得，只能通过实践才能习得。事实上，学生通常是在社会环境中、在和其他学生的合作中学习综合运用所学知识的，这就是学习共同体在有机教育中如此重要的缘故。

用中国的话语说，怀特海坚持的是道家学说：理论和实践分别是阴和阳，而教育则是"道"。事实上，怀特海不只考虑儿童教育，他也将自己的理论运用于大学教育。他写道，大学不只是训练分析和思维的技能，而且包括将学生的丰富想象力整合到生活之中。所有大学活动都有创造性因素，创造性并不局限于美术创作。他认为，大学的任务是创造未来。

问：您能否具体说一下有机教育是什么样的教育？

答：在世界范围的许多学校中，思想超前的教师和学校管理人员正在创建取代传统教学模式的新方案。如今，通过考试来检验学生进步的方式正在弱化。有机教育的三个核心原则是：以学生为中心、组建学习共同体、关注学生的积极参与和创造性。个人与团队有机地共同成长，如同田地里的植物一般。

就人文学科而言，这意味着学生不只是阅读经典文本，而且有机会创作自己富有创造性的散文、短篇小说和诗歌。他们与同学分享自己的作品，并尝试着提出建设性的反馈意见。在这些实行改革的学校里，从11岁起，学生们就一起创作剧本并进行表演。11岁前，他们在课堂上扮演角色，然后谈论自己的所学。在学期末，他们不只参加考试，还要提交自己的作品，并展示其所学。

有机地讲授科学知识尤为激动人心。根据有机教育方法，学习的重点在于应用所学的科学方法,而非记忆科学的结论。毕竟,伟大的科学家和工程师都是发明者,他们并非仅仅重复他人过去已有的知识。我举个例子来说明。几年前,我 9 岁的儿子肖恩和我用了一周时间做他的实验,他想发现食盐是如何影响食物味道的。我们用了几天时间阅读食盐资料,并提出关于人们对食物中的食盐如何反应的假设。我们把各种食物送到他所有的朋友家中,让每个孩子品尝放盐和不放盐的食物,如香蕉、苹果、汉堡和薯条。然后,让每个人给自己吃到的食物打分。肖恩和我花了几天时间把相关结果绘制成图表,并寻找其中的模式。肖恩接着把实践结果与他之前的预测进行比较,并尝试解释为什么人们会有相应的反应。他非常兴奋,觉得自己实际上是在实践科学,而非只是阅读科学。他感觉自己像是一名小科学家!

问:对学校而言,实行有机教育的改革路径是什么?

答:也许,有机教育改革最核心的特征是基于共同体的学习。当学生组成学习共同体后,他们就会把合作置于竞争之上,同时会发展那些对和谐社会尤为重要的社会技能与解决问题的能力。因此,在创建真正的有机教育时,建设学习共同体是关键性的步骤之一。处于这种合作型学习共同体中的学生将在课堂内外碰面。作为共同体,他们有着共同的价值和目标,共同安排他们的任务,共同探究和讨论结果,以便得出自己的结论。同时,他们共同完成他们的报告。

华盛顿的常青州立大学(Evergreen State University)是美国教育改革的先锋。正如我在多所大学领导过的教育改革一样,我从这所大学的改革模式中学到了很多东西。这所大学的领导者倡导学习共同体,这种共同体成为以团队为基础的、跨学科的高等教育的典范。学习共同体项目关注一系列社会问题,通过强调在多样化场合下的人际对话、合作与实验性学习,增强学生的团体感与关联感,使学生将大学阶段的学习与更广泛的个人和全球性问题关联起来。

问:有机教育还有哪些策略?

答:除了学习共同体外,有机教育的主要策略还包括常青州立大学推行的以下内容:①合作学习。②自我评价,这会鼓励批判思维。③讨论小组和研讨班,包括许多讨论环节——鼓励个人对主题进行深刻反思,帮助学生自己收集材料。④基于问题的学习,不只告诉学生解决办法,而且提出问题让学生解决。学生越是能深刻地掌握主题,记忆就越持久,就越能将各种知识运用到现实之中。⑤跨课程写作,写作日志、读后感等,并回应彼此的作品。当学生把自己的想法写出来时,他们的学习就会更加深入。而且,良好的写作能力对成功十分关键。这一方法还可用作学习语言,使语言学习更有能力、更自信、更高效;⑥同龄人的互助教学,好学生作为小导师对学习一般的学生进行辅导。⑦服务型学习,学生参与共同体的服务,思考其所学。⑧实验式学习,课外经验成为学习的焦点,包括出国留学、实验和野外考察。⑨创造性思维,学生使用不同范式来思考,而不只是用传统思维来思考,这将鼓励他们的创造性,使之成为灵活的思考者和领袖人物。

问:最后,您能对有机教育的主要观点作一概括和总结吗?

答:我们已经谈到了从个人主义教育模式向有机教育模式的转变,对我来说,这源自近期有机马克思主义发展的启发。有机教育模式需要不同的教育方法。世界比以往变化得更为迅猛。由于科学、商业和政府的变化,今天的学生要更为灵活。他们必须善于解决问题,因为他们将面临新的棘手的全球挑战,尤其是在全球气候变化方面。有机马克思主义提供的贡献,需要创建合作与生态的学习共同体,这一共同体将聚焦公共系统而非资本主义的个人。通过借助有机思维来创建合作学习系统,可以确保我们不再生活在由赢者和输者组成的世界里,因为争强好胜会伤害每一个人。取而代之,为了全球安全,我们将生活在一个由合作而创造的更为坚固的关系系统的世界中。

善待有机马克思主义

管小其/文

一

进入 21 世纪以来，在一批有远见的新生代马克思主义理论家推动下，过程哲学和建设性后现代主义与中国当代马克思主义的对话持续展开。与此同时，"一批有眼光的学术新锐已经开始立足中国的现实，致力于将建设性后现代主义本土化，提出有中国特色的建设性后现代主义，以积极地应对我们今天所面临的各式各样的严峻挑战。"[1]加之自 2006 年世界上创立时间最早、规模最大的"生态文明国际论坛"在建设性后现代主义的大本营美国加州克莱蒙成功举办，促成了建设性后现代主义、中国化的马克思主义、中国传统文化的对话、融合、激荡，最终孕育出一种与生态文明时代要求相符、具有国际范的新马克思主义：有机马克思主义。[2]

毋庸赘言，有机马克思主义这个由中美建设性后现代主义者合力打造的"真正成长于中国传统的新形式马克思主义"[3]新范式甫一问世，就在中国赢得了极大的关注并迅速引发热烈的回应。国内学术界的有识之士敏锐地捕捉到这一热点，不仅有数量可观的学者撰文论述、探究有机马克思主义及其意义，国内期刊也对这一前沿纷纷跟进，短短三年时间里，《哲学研究》《哲学动态》《自然辩证法研究》《马克思主义与现实》《国外社会科学》《马克思主义研究》《国外理论动态》《人民论坛》《求是学刊》

---

[1] 王治河、樊美筠：《第二次启蒙》，北京大学出版社 2011 年版，第 455 页。
[2] 杨志华："何为有机马克思主义？"，《马克思主义与现实》2015 年版，第 1 期。
[3] 克莱顿、海因泽克：《有机马克思主义》，人民出版社 2015 年版，第 4 页。

《江海学刊》《学术研究》等知名刊物发表了近200篇论文。不仅如此，为了拓展马克思主义理论学科研究视野、加快科研力量整合、提升教学科研国际化水平，国内一些高校成立了专门研究有机马克思主义的机构，如河北师范大学"有机马克思主义研究中心"，中国政法大学"过程马克思主义与实践哲学研究中心"，太原理工大学"有机马克思主义与科技伦理研究中心"。此外，在近两年召开的"中国马克思哲学高峰论坛暨中美哲学家论坛""生态文明国际论坛""系统思想，过程哲学与生态文明2016国际研讨会""首届有机马克思主义国际论坛""首届有机马克思主义与五大发展理念国际会议""美国有机马克思主义生态文明思想研究"等学术会议上，有机马克思主义成为会议的核心议题。凡此种种，无不表明，有机马克思主义已经成为国内学界的一个热点和一大亮点。对于有机马克思主义，国内学界给予了总体上的认同与肯定。

尽管如此，也应看到，一些学者看到了有机马克思主义的局限，甚至对它表达了质疑，其中最具代表性的是对有机马克思主义哲学理念及其现代性批判的质疑。例如，有学者在肯定有机马克思主义对于当代条件下坚持和发展马克思主义具有多方面意义的同时也强调，有机马克思主义对经典马克思主义的理论与实践所进行的五大修正与更新——①马克思主义不是普遍的预测性的科学；②马克思主义者没有必要只强调公有制、国有企业，并消除一切市场力量；③马克思主义绝不只是意味着大学教授们的抽象理论争论；④有些批评家错误地宣称，马克思主义已沦为社会导向的政府用以强制实施某些做法的毫无意义的标签；⑤充满生机活力的马克思主义不可能是放之四海而皆准的——根本不能成立。因此，有机马克思主义是否还是一种马克思主义本身就有疑问，更遑论它实现了对马克思主义的超越。①

另有学者认为，作为一种诞生于西方语境、话语和学术传统、仍处于发展中的国外马克思主义流派，有机马克思主义不免存在一些对马克思主义的误读和曲解，从而导致在一定程度上对马克思主义的偏离。比如，它过于强调历史发展的偶然性，认为历史发展不可预测、无规律可循，陷入了某种唯心主义的泥沼；过于夸大思想文化、宗教传统等上层建筑的作

---

① 汪信砚："有机马克思主义与马克思的马克思主义"，《哲学研究》2015年，第11期。

用，以致片面地认为马克思主义是经济决定论。[①]

还有学者认为，当有机马克思主义试图把怀特海哲学中的"动在"与"互在"理念输入马克思主义哲学并以此为生态文明奠定哲学基础时，便会导致双重误解：①误解了马克思哲学革命的本质，把马克思哲学降格为它已经本质超越了的自然唯物主义；②误解了生态文明的哲学基础，把自然唯物主义意义上的普遍联系和永恒发展当作了生态文明之合法性的根据。他们进而提出，马克思主义哲学足以为当下生态文明建设奠定坚实的理论基石。从怀特海哲学出发补充和发展马克思主义并以此为生态文明奠基，不仅是舍近求远，而且严重降低了马克思主义哲学的理论水平。[②]

其他学者还认为，有机马克思主义对马克思主义的认识存在片面性，比如将马克思主义误解为"普遍的预测性的科学"，误解为主张"消除一切市场力量"，误解为与资本主义一样追求增长、追求物质生产的最大化。[③]一些学者也对有机马克思主义提出的第三条道路进行了批判，认为由于有机马克思主义的不彻底性、对传统农村经济形式和小城镇经济形式的复古回归、"混合制"主张的片面性，无法真正超越公—私二分法，第三条道路也必然行不通。[④]

还有学者认为，有机马克思主义者是按照其反复批评的现代性"非此即彼的思维"来界划马克思主义的，并为以前的马克思主义贴上了"历史决定论的标签"。但有机马克思主义在促进马克思主义基本原理与时俱进的过程中，并没有"坚持马克思主义的基本价值观"，而是进行了新形式下的价值观替换，在"适当调整"中放弃了马克思主义最根本的价值观，放弃了社会主义这一根本目标，放弃了公有制这一根本基础，放弃了无产阶级这一根本主体。[⑤]

[①] 王玉鹏、孟丽荣："论有机马克思主义的马克思主义观"，《国外社会科学》2016年，第1期。

[②] 卜祥记、周巧："对有机马克思主义哲学理念的质疑"，《黑龙江社会科学》2015年，第6期。

[③] 杜梅、甘冲："菲利普·克莱顿有机马克思主义理论研究"，《国外社会科学》2016年，第1期。

[④] 吴艳东："有机马克思主义的"第三条道路"研究"，《国外社会科学》2016年，第1期。

[⑤] 田世锭："有机马克思主义的现代性批判有误"，《中国社会科学报》2016年5月26日。

面对上述质疑，有学者得出一个基本判断："有机马克思主义毕竟是正在生成与发展中的一个国外马克思主义研究新流派，其局限性也很明显。我们不能把有机马克思主义不完善的观点当成自己的观点，不能过分夸大有机马克思主义的意义与价值，更不能用有机马克思主义指导中国的生态文明建设。因此，要深化有机马克思主义研究，必须进一步重视、切实加强研究并准确把握有机马克思主义。"[1]

毫无疑问，上述质疑都是值得认真回应的。在此基础上，展望有机马克思主义的前景更是不无意义的。更何况，建设性后现代主义者和有机马克思主义者自知其理论有一个自我完善的过程，明白相关研究在中国刚刚起步、存在一些不足，他们都有着开放的心灵，欢迎和珍视"任何形式的批评"，因为这些批评可以促使他们"把问题想深想透，非常有助于促进理论成长"。[2]

上述对有机马克思主义的种种质疑，大体可以归结为以下问题：①如何评价有机马克思主义对马克思主义的认识，它对经典马克思主义的修正与更新偏离还是坚持和发展了马克思主义？②有机马克思主义是不是一种马克思主义？③有机马克思主义是不是像马克思主义一样足以为生态文明奠基？④有机马克思主义提出的第三条道路是否行得通？⑤有机马克思主义能不能指导中国的生态文明建设？这些问题又可以简化为理论与实践两大课题：即有机马克思主义与马克思主义的关系问题，有机马克思主义的科学性及其实践指导意义的评估问题。下面，我们先来分析有机马克思主义与马克思主义的关系问题。

二

要探明有机马克思主义与马克思主义的关系，前提是理解马克思主义。在这一点上，对马克思主义的概念探析是十分必要的。

必须承认，"虽然马克思是20世纪人们谈论、研究最多的思想家之一，但关于究竟什么是马克思主义、'马克思之后的马克思主义'与马克

---

[1] 冯颜利："为什么要加强有机马克思主义研究"，《国外社会科学》2016年，第1期。
[2] 王治河、樊美筠：《第二次启蒙》，北京大学出版社2011年版，第457页。

思本人的思想相比发生了怎样的变化等问题,我们并没有梳理、甄别清楚。"①研究表明:"马克思主义"一词最初是作为反马克思的贬义词出现的,以至于连马克思本人都不承认自己是马克思主义者。马克思和恩格斯都没有用"马克思主义"一词来命名自己的思想。第二国际代表人物考茨基于1883年4月6日在悼念马克思的文章中首先从正面意义上使用了"马克思主义"一词,后来广泛流传并沿用至今。列宁、斯大林、毛泽东等人从不同语境、不同视角对马克思主义作了许多重要阐释,但总体上看,我国理论界对如何定义马克思主义尚无定论,见仁见智,各不相同。尽管精神实质相近,但仍然未能统一。②如果有人坚持认为存在正统的马克思主义,我们只需回顾现代思想史便可发现,所谓"正统的马克思主义"源于第二国际时期,这一马克思主义正统"以考茨基为代言人,而且以恩格斯晚年对马克思和恩格斯的学说的解释为基础:这种版本的马克思主义既使马克思主义具有科学的权威、科学方法和预测的确定性,又声称借助辩证唯物主义能够解释世界的一切现象,……它是一种(就像在恩格斯的《费尔巴哈论》中那样)把19世纪获得胜利的自然科学和马克思主义结合的解释"。③换言之,"正统的马克思主义"不过是对马克思和恩格斯的学说的某些阐释,一旦脱离马克思和恩格斯的文本及其思想所产生的特定语境,其真理性是难以保证的。苏联、东欧都曾出现过把马克思主义绝对化和神化的情形,也曾一度导致对马克思主义形形色色的解释乃至误读和歪曲。这启示我们,"不能通过原理教科书和后人条件下的阐释来学习和掌握马克思主义,原始文本、文献才是最重要、最直接的基础。只有对其重要文本个案进行全面、系统且深入的研究,才能呈现马克思思想的原貌、复杂性及其演变轨迹,进而彰显其思想史意义和现实价值,凸显马克思主义的当代影响力"。④这是需要人们注意的。

---

① 聂锦芳:《清理与超越:理读马克思文本的意旨、基础与方法》,北京大学出版社2005年版,第5页。

② 夏建国:"马克思主义概念辨析",《徐州工程学院学报(社会科学版)》2016年,第1期。

③ 霍布斯鲍姆:《如何改变世界——马克思和马克思主义的传奇》,中央编译出版社2014年版,第268页。

④ 伊丽莎白·诺伊、聂锦芳:"创新的社会主义理论的基础研究",《理论建设》2016年,第1期。

值得强调的是,一方面,必须"通过对文本的悉心解读,客观地把握马克思本人的思想,接近其复杂的心灵世界"。问题在于,"在把握马克思本人思想的时候,所凭依的文本不同,勾勒出的形象会有极大的差别。比如,20 世纪大多数论者仅仅依据由《共产党宣言》《法兰西内战》《哥达纲领批判》等构成的文本系列来理解马克思,往往把他的思想诠释为理论实质上的'斗争哲学'、社会形态演进中的单线论和直线论、具体革命中你死我活的专政策略。而又有一些论者则依据由博士论文、《莱茵报》《德法年鉴》《新莱茵报》等报刊上的文章、《1844 年经济学哲学手稿》、'人类学笔记'等所构成的另一套文本系列,把马克思的思想理解为理论实质上的人道主义思潮、社会发展问题上的相对主义和多元化选择论以及渐进式和平改造的策略。……'马克思之后的马克思主义'的发展,……各种观点的论争相伴始终。澄清这些理论纷争,回到马克思的原始文本是一条重要途径"。[①]通过对马克思主义的文本研究可以发现,不仅关于马克思主义的解释不能定于一尊,即便我们接受恩格斯在《路德维希·费尔巴哈和德国古典哲学的终结》一书注释中提出的"没有马克思,我们的理论远不会是现在这个样子。所以,这个理论用他的名字命名是理所当然的",[②]我们也应当清楚,马克思主义并非给定之物。正如已故英国著名学者霍布斯鲍姆指出的,像所有名副其实的思想一样,马克思的著作是"尚未完成的作品""是一项永远处在发展中的工作"。[③]又如有的研究者指出的:"尽管研究马克思的著述确实可以说是汗牛充栋,但可能只有专业研究者知道,事实上迄今为止也没有一部囊括马克思全部著述的全集出版,……特别是马克思辞世时留下的数千页亲笔手稿、笔记和书信,众多藏书中的眉批、评注等,还没有全部整理出版。……马克思原始手稿相当部分没有面世,这意味着文本研究中尚存在不少的空白需要填补。退一步说,即便是对于通行本,过去也把主要的精力放在那些成型的著述中,而对大量的笔记、札记、提纲、书信等研究得非常不够,或者有的仍是空

[①] 聂锦芳:《清理与超越:理读马克思文本的意旨、基础与方法》,北京大学出版社 2005 年版,第 5—6 页。
[②] 《马克思恩格斯文集》第 4 卷,人民出版社 2009 年版,第 297 页。
[③] 霍布斯鲍姆:《如何改变世界——马克思和马克思主义的传奇》,中央编译出版社 2014 年版,第 11 页。

白点。……离开对这些资料的分析,特别是正式稿与过程稿的比较,是不可能达到对马克思思想全面、准确而深刻的把握的。……再退一步说,即便是对于那些曾经着力研究、宣传过的著作,也还有一些理应加以梳理、探讨的内容事实上我们并没有认真研究过。"[1]因此,应当从历史的角度,实事求是和公正地评估马克思的思想的价值。在这一点上,不容忽视的是,从文本解读的角度看,马克思当年理论思考的视野主要局限于英、德、法三国,对其他国度、别的领域,马克思并不都是行家里手。不仅如此,在当时的情形下,马克思对一些问题的判断、处理也是值得商榷的。比如,"他敲响了资本主义灭亡的警钟,但没有预见到资本主义可以通过自我调整和改革延长了寿命;他确信社会主义只有在西方发达国家同时进行革命的情况下才能取得成功,没有预见到全球各地区、各民族国家政治经济文化发展的不平衡,会导致世界无产阶级革命道路和进程的多样化、曲折性和复杂性;在社会有机体结构系统中他突出强调了经济因素和政治功能,而对于文化的作用的估量明显不足,对宗教的意义的理解并不全面,更没有预见到现代科技进步会成为生产力发展的首要因素;等等"。[2]有鉴于此,我们应当谨记恩格斯的教导:"马克思的整个世界观不是教义,而是方法。它提供的不是现成的教条,而是进一步研究的出发点和供这种研究使用的方法。"[3]习近平也指出:"对待马克思主义,不能采取教条主义的态度。……如果不顾历史条件和现实情况变化,拘泥于马克思主义经典作家在特定历史条件下、针对具体情况作出的某些个别论断和具体行动纲领,我们就会因为思想脱离实际而不能顺利前进,甚至发生失误。什么都用马克思主义经典作家的语录来说话,马克思主义经典作家没有说过的就不能说,这不是马克思主义的态度。""新形势下,坚持马克思主义,最重要的是坚持马克思主义基本原理和贯穿其中的立场、观点、方法。这是马克思主义的精髓和活的灵魂。"[4]无疑,在评判有机马克思主

---

[1] 聂锦芳:《清理与超越:理读马克思文本的意旨、基础与方法》,北京大学出版社 2005 年版,第 3—4 页。
[2] 同上书,第 8 页。
[3] 《马克思恩格斯选集》第 4 卷,人民出版社 1995 年版,第 742—743 页。
[4] 习近平:在哲学社会科学工作座谈会上的讲话,2016 年 5 月 17 日,http://epaper.tianjinwe.com/tjrb/tjrb/2016-05/19/content_7453963.htm。

义、认清有机马克思主义与马克思主义的关系时,应以此为准绳,而不应以某些所谓正统的、给定性的观点机械地进行参照、比对甚至框定。在这一点上,我们可以明确指出,有机马克思主义坚持了马克思主义的核心理论和贯彻其中的立场、观点、方法。

众所周知,马克思自青年时代起就确立了为人类的幸福而奋斗的人生目标。他明确表示,"不想教条地预期未来,而只是想通过批判旧世界发现新世界""并为建立一个新世界而积极工作"。为此,他给自己的任务是"对现存的一切进行无情的批判"。后来,他创立了一种"新唯物主义"——实践唯物主义,对现存的资本主义社会"从理论上进行批判,并在实践中加以变革",并最终确立了共产主义的目标。这场"现实的共产主义行动"是对私有财产的积极的扬弃,是"人向自身、向社会的即合乎人性的人的复归",是"人和自然界之间、人和人之间的矛盾的真正解决,是存在和本质、对象化和自我确证、自由和必然、个体和人类之间的斗争的真正解决"。

正如德里达所言,"无论他们愿不愿意,知不知道,这世界上的所有人在某种程度上都是马克思的继承者。"①有机马克思主义者毫不掩饰他们受到了马克思主义的影响,并特别认同马克思关于"哲学家们只是以不同的方式解释世界,而问题在于改变世界"②的主张。有机马克思主义者坚持了马克思主义的阶级分析方法,继承了马克思的批判精神,对当今资本主义世界开展了无情的批判。菲利普·克莱顿强调,"马克思对资本主义的批判仍然是奏效的。……无限制增长的资本主义不仅迫害工人阶级,而且还带来了史上最为严重的生态灾难。"③他们还洞见到资本主义是造成当今生态灾难的根源,"世界面临一系列资本主义自身永远无法解决的危机。"④这些判断和著名史学大师霍布斯鲍姆的观点是一致的,在他看来,"资本主义并不是解决问题的答案,而是问题本身。"⑤在这位历史学家感

---

① 转引自丹尼尔·本赛德:《马克思主义使用说明书》,红旗出版社2013年版,"引言"第2页。
② 《马克思恩格斯选集》第1卷,人民出版社2012年版,第140页。
③ 克莱顿:"有机马克思主义的过程哲学和系统论之根",华南师范大学"系统思想、过程哲学与生态文明国际研讨会"(2016年7月)论文。
④ 克莱顿、海因泽克:《有机马克思主义》,人民出版社2015年版,第13—14页。
⑤ 霍布斯鲍姆:《如何改变世界马克思和马克思主义的传奇》,中央编译出版社2014年版,第383页。

叹"经济自由主义和政治自由主义，无论是单独还是结合起来，都不可能为 21 世纪的种种问题提供解决的方案"①时，有机马克思主义者旗帜鲜明地为资本主义提供了替代方案，这无疑是对马克思的批判精神的继承。

与此同时，有机马克思主义还延续了马克思主义的开放性。习近平指出，"马克思主义具有与时俱进的理论品质。……马克思主义是随着时代、实践、科学发展而不断发展的开放的理论体系，它并没有结束真理，而是开辟了通向真理的道路。"②有机马克思主义明确地将"开放的马克思主义"作为它与经典马克思主义的共同标签，并在建设性后现代主义语境下将具体文化植入经典马克思主义之中，为马克思主义对资本主义财富和权力的批判带来了新的生命。

不仅如此，我们还应该看到，马克思的思想与有机马克思主义之间存在着天然的关联和深层的亲和，这突出体现在他们对于机体、过程和辩证思维的强调上。顾名思义，有机马克思主义是从有机思维的视野来探讨环境、国家和社会的一种新形式的马克思主义，无论是对于一个细胞、一个生物体，还是对于一个人乃至一个国家和社会，有机马克思主义都高度重视"各部分之间以及部分与周围环境之间的相互依存、相互联系"。在有机马克思主义看来，"一个人所处的环境包括古往今来的他人、社会价值观、社会习俗及其他公认的环境内容。……对一个国家和社会而言，环境既包含上述这些要素，又包括自身独特的历史、文化、语言、信仰、地理及对未来的憧憬。"③这也是马克思主义的奠基人马克思和恩格斯的思维方法。马克思不仅把动植物看成有机体，而且把阶级、国家、社会看成复杂的有机体。他对资产阶级机体和现代国家的机体进行了深刻剖析，认为社会就是"一切关系在其中同时存在而又互相依存的社会机体"，④"现在的社会不是坚实的结晶体，而是一个能够变化并且经常处于变化过程中的有机体。"他还考察了社会有机体的发展过程，并阐明了"支配着一定社会

---

① 霍布斯鲍姆：《如何改变世界马克思和马克思主义的传奇》，中央编译出版社 2014 年版，第 385 页。
② 习近平：在哲学社会科学工作座谈会上的讲话，2016 年 5 月 17 日，http://epaper.tianjinwe.com/tjrb/tjrb/2016-05/19/content_7453963.htm.
③ 克莱顿、海因泽克：《有机马克思主义》，人民出版社 2015 年版，第 153—154 页。
④ 《马克思恩格斯文集》第 1 卷，人民出版社 2009 年版，第 604 页。

有机体的产生、生存、发展和死亡以及为另一更高的有机体所代替的特殊规律"。①恩格斯也通过对有机体的运动、变化和发展过程的考察,揭示了"形而上学思维的框子"的局限,并证明辩证法是正确的,"因为辩证法在考察事物及其在观念上的反映时,本质上是从它们的联系、它们的联结、它们的运动、它们的产生和消逝方面去考察的。"②因此,有研究者提出,"社会有机体理论是历史唯物主义的一个重要组成部分""历史唯物主义关于社会有机体的理论是一个结构严谨、博大精深的社会发展理论。"③由此可见,经典马克思主义和有机马克思主义是内在一致的。既然有机马克思主义坚持了马克思主义的核心理论和贯穿其中的立场观点方法,我们就有足够的理由认为它是一种开放的新的马克思主义。尽管作为一个思想的新生儿,它刚问世不久,正在蓬勃发展中,一些思想还不尽完善,但这丝毫不影响它作为马克思主义的一种新形式的性质及其价值。

三

著名有机马克思主义者克莱顿谦逊地表示:"我们还有许多东西需要了解。"④应该看到,有机马克思主义与其他马克思主义流派一样,仍然行走在理解马克思主义的路上,对马克思的一些思想存在着一定的误读。比如,一些有机马克思主义者为马克思主义贴上了"历史决定论"的标签,这是有问题的。正如霍布斯鲍姆强调的,"人们确实有可能对《共产党宣言》的观点进行决定论的解读","《共产党宣言》首先被视为一份具有历史必然性的文献;事实上,它的力量主要在于它使读者相信,资本主义不可避免的命运是被它的掘墓人所埋葬,并且是现在而不是以前的任何历史时期形成了解放的条件。然而,与普遍的假设相反,由于《共产党宣言》相信历史的变革是通过自己创造自己历史的人们进行的,因此它并不是一

---

① 《马克思恩格斯选集》第2卷,人民出版社1995年版,第102、110页。
② 《马克思恩格斯选集》第3卷,人民出版社1995年版,第735页。
③ 董振华主编:《马克思主义哲学十五讲》,中央党校出版社2014年版,第56页。
④ 克莱顿:《有机马克思主义的过程哲学和系统论之根》,华南师范大学"系统思想、过程哲学与生态文明国际研讨会"(2016年7月)论文。

份历史决定论的文献。资本主义坟墓的挖掘者只能是人类的行动。"①

马克思的唯物史观坚持认为,"只有理解了每个与之相应的时代的物质生活条件,并且从这些物质条件中被引申出来的时候,才能理解'不是人们的意识决定人们的存在,相反,是人们的社会存在决定人们的意识'。"②这一认识的科学性是毋庸置疑的。但正如列宁所言,它"特别强调的是**辩证**唯物主义,而不是辩证**唯物主义**,特别坚持的是**历史**唯物主义,而不是历史**唯物主义**"。③

马克思主义的社会形态学说和阶级斗争学说,是揭示历史"由一种形式过渡到另一种形式、由一种社会关系制度过渡到另一种社会关系制度的规律"④的基本观点和方法。正如有研究者强调的,"在探索历史发展的客观规律中,坚持以五种社会形态和阶级斗争学说为'历史过程'的基本框架、脉络和分析理论,才能使揭示一个新的社会形态对旧的社会形态的不断扬弃的历史过程上升到科学的高度"。⑤应该注意的是,我们不能教条式地理解"五种社会形态"更迭发展的辩证的历史规律,必须看到,单凭运动、顺序和时间的逻辑公式无法向我们说明"一切关系在其中同时存在而又互相依存的社会机体"。⑥所以,恩格斯强调,"历史从哪里开始,思想进程也应当从哪里开始,而思想进程的进一步发展不过是历史进程在抽象的、理论上前后一贯的形式上的反映:这种反映是经过修正的,然而是按照现实的历史过程本身的规律修正的,这时,每一个要素可以在它完全成熟而具有典范形式的发展点上加以考察。"⑦进而,我们应该从全部人类历史的角度来观察历史,这才是历史唯物主义的基本态度和立场。

尽管在历史的长河中并不存在、也不会存在一个单个的国家、地区或民族依次历经五种社会形态的完整历史过程,但"当我们的认识上升到整个人类社会形态的构成和发展层面时,历史唯物主义关于五种社会形态

---

① 霍布斯鲍姆:《如何改变世界马克思和马克思主义的传奇》,中央编译出版社2014年版,第113页。
② 《马克思恩格斯选集》第2卷,人民出版社1995年版,第38页。
③ 《列宁选集》第2卷,人民出版社1995年版,第225页。
④ 《列宁选集》第1卷,人民出版社1995年版,第135页。
⑤ 帅松林:《审美的历程》,清华大学出版社2014年版,第3页。
⑥ 《马克思恩格斯文集》第1卷,人民出版社2009年版,第604页。
⑦ 《马克思恩格斯选集》第2卷,人民出版社1995年版,第43页。

的学说不仅成立,而且历史进程的火炬,也始终在那些'典范形式'的先进阶级手中传递。只要我们沿着'典范形式'的历史足迹,就不难发现,新的社会形态对旧的社会形态的不断扬弃的历史过程是那么清晰、完整和一贯。"①这启示我们,一方面应满怀理论自信地、求实地和彻底地运用马克思主义的世界观和方法论,另一方面必须坚持有机的系统思维和"长远的整体视野"②这些经典马克思主义和有机马克思主义共同的核心原则,这样才能真正理解马克思主义所揭示的事物的本质、内在联系及社会历史的发展规律。

关于有机马克思主义的实践意义,国内学者对有机马克思主义也有着明显的误解,需要作出某些澄清。值得注意的是,尽管有机马克思主义者相信他们的理论更容易在中国引起共鸣,他们也从"局外人"的角度提出了若干具体策略,但他们一以贯之地反对"一刀切"的心态,"并不认为一套单一的政策体系会适用于所有文化和政府。……有机马克思主义所倡导的是一种有机地生长于现有文化、经济条件的经济制度。尤其是对于中国,作者并没有宣称特别了解中国,而强制提出一些具体政策建议;相反,中国人,特别是生活在中国广袤大地上的中国人,可能更有资格去建议一些具体政策。只有了解具体情况,才足以确定下一步应该怎么做。有机马克思主义不会将其提出的政策方案从外部强加于任何国家,而是努力促使他们自己做出决定"。③换句话说,尽管有机马克思主义者希望其理论有助于中国和世界的未来,但他们深知这并非易事,因而并未一厢情愿地想要成为中国生态文明建设的某种指导。

有机马克思主义是"应因时代的需要而来,是应时代急难的召唤而产生"④的针对生态灾难和资本主义而提出的建设性替代方案,他们对于当代世界存在的许多问题不仅提供了"一个彻底的、全新的理论框架",更是提出了富于真知灼见的可行性建议和实际解决方案。在我看来,有机马克思主义奠基者之一的小约翰·柯布提出的"拯救地球的十大观念"

---

① 帅松林:《审美的历程》,清华大学出版社2014年版,第4页。
② 克莱顿、海因泽克:《有机马克思主义》,人民出版社2015年版,第227页。
③ 同上书,第3页。
④ 王治河、杨韬:"有机马克思主义及其当代意义",《马克思主义与现实》2015年,第1期。

是生态文明时代极具实践智慧的指导思想和解决方案。比如，"教育是为了收获智慧""经济应该指向生物圈的繁荣发展""农业应该能够使土壤再生""舒适的栖息地应对资源提出最低限度的需求""大多数制造业都应是地方性的""每个共同体都是更大的共同体的组成部分"，等等。因为我们知道，这个世界从来不缺坐而论道，从来不缺象牙塔中的抽象理论，最为欠缺的是勇于担当和建构未来的有识之士。相形之下，"有机马克思主义者既是生态文明理论的创建者，又是生态文明理论的积极传播者和践行者。"[1]他们为当今世界转向生态文明建设和可持续发展提供了真正不可或缺的思想资源，无疑是弥足珍贵的。我们应该热切关注并高度重视有机马克思主义关于生态文明及经济、政治、教育等方面的实践的反思和探索。

当代中国特色社会主义建设和有机马克思主义有着深层的契合，这可以从以下方面看出：首先，党和国家强调的"共同富裕"与"为了共同福祉"[2]的有机马克思主义的主张是一致的。其次，中国政府推进简政放权、放管结合、转变政府职能、促进民间投资、发展民营经济等让利于民的措施，也是有机马克思主义所倡导的。比如，小约翰·柯布就建议改变政府充当"运动员"的局面，主张发展地方非政府组织、"鼓励合作运动、农村工业、工人所有的工厂、以及小型地方企业"。[3]再次，近年来中国政府提出的"大众创业、万众创新"的号召、支持农民工和大学生返乡创业就业的措施，和有机马克思主义"推重地方经济和本土经济"[4]是一致的。最后，我国基层民主自治的推进以及协商民主的实施和有机马克思主义倡导的"多关注地方问题，乡村可能要比城镇容易管理得多，民主在熟人之间最起作用，他们可以彼此负责"[5]等主张也是一致的。有机马克思主义关于混合经济的探索，也已经为包括中国在内的世界许多国家

---

[1] 王治河、杨韬："有机马克思主义及其当代意义"，《马克思主义与现实》2015年，第1期。

[2] 克莱顿、海因泽克：《有机马克思主义》，人民出版社2015年版，第137页。

[3] 小约翰·柯布："论有机马克思主义"，《马克思主义与现实》2015年，第1期。

[4] 柯布、刘昀献："中国是当今世界最有可能实现生态文明的地方"，《中国浦东干部学院学报》2010年，第3期。

[5] 小约翰·柯布："论有机马克思主义"，《马克思主义与现实》2015年，第1期。

所采用。

  由此看来，只要不教条化地理解有机马克思主义的具体策略和决策方案，它对生态文明实践的指导意义是毋庸置疑的。正因如此，我们有理由相信，随着更多拥有远见卓识和担当精神的人士的参与和推动，作为一种新形式的有机马克思主义必将对中国乃至世界的未来产生正面和积极的影响，并以其新构想的"人类、自然与社会和谐共处之道"而成为未来生态文明建设的重要理论基石。

有机马克思主义：过程思想与
马克思主义在当代的发展[*]

柯进华/文

尽管过程思想和马克思主义产生的时代背景不同，但两者有着许多共通之处。两者都对机械主义进行了深入批判，都努力消灭或减少剥削、追求全人类的解放和共同福祉，都有着强烈的实践关切。过程思想和马克思主义可以而且应该结合起来，两者的结合必然带来重大的理论和实践创新，这对中国这个发展中的社会主义大国尤为重要。

一 有机马克思主义概念的提出

过程思想与马克思主义的结合已经开始，国内外的一些学者已经在致力于这方面的工作并取得卓越成就，其中较为突出的是提出了有机马克思主义，这是当代西方生态马克思主义应对资本主义危机和生态危机而提出来的最新成果。有机马克思主义最早由美国加州克莱蒙大学菲利普·克莱顿率先提出，他和贾斯廷·海因泽克合著的《有机马克思主义》于2014年10月出版，该书较为系统地阐述了这一理论。

2015年在江苏师范大学举办的"有机马克思主义国际学术会议"上，克莱顿对有机马克思主义作了更为全面地阐述：有机马克思主义认同马克思主义及其在当今的新发展；基于过程思想的建设性后现代主义为有机马克思主义提供了哲学基础；世界各国的传统智慧特别是中国传统文化与过

---

[*] 基金项目：浙江省哲学社会科学重点研究基地浙江省生态文明研究中心重点课题"中美荒野观比较研究"（16JDGH012）。

程哲学有着深层契合；西方资本主义国家对日益严峻的生态危机消极无为，生态文明的希望在于建构有机马克思主义。①

在他们看来，作为研究人类社会的一种新范式，有机马克思主义整合了马克思主义、怀特海哲学和中国传统智慧，三者之间有着深度的契合。②有机马克思主义有三大宣言：资本主义正义不正义；自由市场不自由；穷人将为全球气候遭到破坏付出最沉重的代价。③ 这里的"有机"一词，主要指文化嵌入的、本土化的、共同体的和生态的。"我们使用'有机'这个词作为涵盖性术语来表达正诞生于这个星球的这一文明的主要特征：可持续的、融入具体文化和历史的、建设性后现代的、基于过程思想的、根本性地本土化的、共同体取向的——简言之：生态的。"④其理论与实践旨趣在于整合现代文明与传统文化、东方文明与西方文明、资本主义与社会主义的优秀成果，建构后现代的生态文明。

黄铭、吕夏颖认为，有机马克思主义是全球化背景下当代马克思主义发展出来的新范式，其有机特性的主要体现是在文明建设中同时关注社会和生态两个维度并将它们内在地关联起来：将经济与文化、阶级斗争与生态危机、人类发展与地球福祉结合起来，致力于寻求应对资本主义危机和生态危机的替代方案。⑤有机马克思主义对中国乃至世界具有重大的理论和实践意义，特别是在建设生态文明、和谐社会方面。

马克思主义在不同时代融入了不同文化传统，发展出了各种形式的马克思主义。从某种程度上说，在宏观历史上，马克思主义经历了工业马克思主义阶段、生态学马克思主义阶段以及正在生成中的有机马克思主义阶段；在地域上，有德国经典马克思主义、俄国马克思主义、西方马克思主义和中国马克思主义等形式。黄铭、吕夏颖指出，有机马克思主义强调"文化嵌入性"。从某种意义上，有机马克思主义已经由现代主义转向后现代主义，是继"解构的后现代主义"和"批判的马克思主义"之后的

---

① 任平、克莱顿："生态灾难时代的马克思主义"，《江海学刊》2016年，第3期。
② 克莱顿、海因泽克：《有机马克思主义》，人民出版社2015年版。转引自黄铭、吕夏颖：《当代国外马克思主义的一种新范式》，《江海学刊》2016年，第3期。
③ 克莱顿、海因泽克：《有机马克思主义》，人民出版社2015年版，第215—220页。
④ 同上书，第261页。
⑤ 黄铭、吕夏颖：《当代国外马克思主义的一种新范式》，《江海学刊》2016年，第3期。

第三种形式：建设性后现代主义。有机马克思主义对现代性有着较为全面和深刻的批判，这主要体现在批判现代的机械世界观和思维方式，特别是其中的机械主义、二元论、理性主义、个人主义、人类中心主义和经济增长主义，倡导有机主义、整体主义、内在依存性、共同体、非人类世界的内在价值、共同福祉等。它从文化传统和生态意识两方面超越了工业马克思主义的现代主义局限，创造性地将传统与现代、社会主义与资本主义的有益因素整合起来，超越了个人主义与社群主义、人类中心主义与生态中心主义的二元对立，提出了"共同体中的人"和地球"共同福祉"的建设性后现代理念，对当代人类社会发展具有更强的可解释性和可应用性。[1]

二　柯布的有机马克思主义观

柯布自称是一个"怀特海式的马克思主义者"。他认为，马克思主义和怀特海主义是互补的："一方面，我们致力于以有机模式取代极端机械的模式；另一方面，马克思在那个时代对现代世界发出了最强的先知的声音。我们相信，如果它建立在一个更深的形而上学基础上的话，它的声音会更强。"[2]

柯布赞成马克思对人类社会的分析，这构成了他重要的认知部分。柯布认为，马克思主义不是封闭的体系，而是与时俱进、不断发展的。马克思主义在其发展过程中早就在吸收非马克思主义的思想。马克思主义与怀特海主义的结合是马克思主义发展过程中的一步。他相信，真正的马克思主义能够吸收过程思想。另外，怀特海哲学扩展了马克思主义分析和理解的范围和深度。许多学者关注和聚焦的是马克思对社会的分析，但这种分析中的一些关键问题（生态问题）并没有得到认真对待。怀特海式的马克思主义可以扩展马克思主义理解和分析的广度和深度，它"呼吁重视那些经常遭到马克思主义者忽视的形而上学问题。他们将更加关注文化和精神因素，这超出了经典马克思主义者。他们将努力克服对自然界的异

---

[1] 黄铭、吕夏颖：《当代国外马克思主义的一种新范式》，《江海学刊》2016年，第3期。
[2] 柯布："论有机马克思主义"，《马克思主义与现实》2015年，第1期。

化,这种异化是迄今马克思主义者和资本主义者均具有的特点。"①

柯布指出,马克思主义的与时俱进并不意味着马克思主义的一切都可以改变,一些基本原则是不变的。比如,"第一,研究和思想的目的是为了世界的福祉;第二,我们应该从人作为一个整体的角度来看待福祉;第三,在理解人类世界时,我们应该看看表面之下、公开规则的深层结构及其解释;第四,经济生活是至关重要的;第五,至少从文明兴起以来,强者在剥削弱者;第六,阶级分析非常重要,富于启发;第七,如果不能完全消除剥削的话,我们的目标应该是一个大大减少剥削的文明。"②有机马克思主义作为马克思主义与怀特海主义结合的产物,是对马克思主义的发展而不是背叛。

柯布认为,有机马克思主义的提出是东西方文明碰撞融合的结晶,受到了中国生态文明建设的启发。中共十七大将生态文明建设作为战略任务,极大地启发了过程思想家对实现生态文明建设的信心。他指出:有机马克思主义"这个想法来自中国",它的起因是"服务于'生态文明'"。③他解释说,之所以用有机马克思主义这个概念而不是过程马克思主义、生态马克思主义等概念是因为:第一,有机马克思主义是建立在马克思的基本理论基础之上的,是马克思主义的。有机马克思主义探求的是一个健康的和可持续的社会,这和马克思的目标是一致的。有机马克思主义认为,资本主义的出发点是错误的,它导致了当今严重的社会和生态灾难,它无法解决这些危机。未来的出路是生态社会主义。第二,有机马克思主义是一种新形式的马克思主义。马克思虽然论述过生态问题,但它并不是马克思探讨的主要问题。在马克思的时代,生态问题也不像今天这样严峻和受到重视。有机马克思主义是马克思主义对当代生态危机的回应。同时,有机马克思主义的立足点是后现代科学,而不是已经过时的现代科学。在当代科学范式中,有机论代替了机械论。有机马克思主义的核心原则是:为了共同福祉、生态思维、关注社会公平正义、为了共同体整体和长远利益的整体主义。第三,有机哲学这个概念更符合怀特海本人的思

---

① 柯布:"论有机马克思主义",《马克思主义与现实》2015年,第1期。
② 同上。
③ 同上。

想，他称自己的哲学为有机哲学。过程哲学的概念是怀特海的追随者们提出的，它并未很好地将怀特海与其他过程思想家（如黑格尔）区分开来。第四，有机马克思主义是开放的，它在内容上整合了有机哲学、马克思主义和生态思想，是一种新马克思主义。第五，有机马克思主义和生态马克思主义存在重大差异。生态马克思主义总体上将自然视为资源，否认非人类世界的内在价值；有机马克思主义则尊重非人类世界的内在价值，并为之作出有力论证。生态马克思主义将生态危机的根源归结为资本主义制度及其生产和生活方式；有机马克思主义则认为社会主义和资本主义都存在"自然的异化"，都出现过片面地追求物质生产最大化、经济无限制增长，生态问题都很严重；生态马克思主义运用马克思主义作为批判资本主义的工具，有机马克思主义则更为激进，它要寻求资本主义的替代方案，即一种本土化的生态社会主义。①

柯布并没有坚持使用怀特海式的马克思主义的概念，而是强烈支持有机马克思主义的概念。在他看来，"为了避免与一个人联系得太紧密，可以不用怀特海命名，而是以有机哲学来命名，因为怀特海是最充分的但远不是唯一的解释者。这个新立场可以适当地称为'有机马克思主义'，对此我强烈支持。"②柯布认为，有机马克思主义是活的、有根的和多样化的，其发展必须与具体的文化相结合。"有机马克思主义是地球上的新事物。不应当将其等同于任何特定形式的经济和政治制度、文化和社会模式或教育制度。'有机'要嵌入在它的环境里。它有生命，而且在不断变化。它在一个时空内运行良好，但可能它并不适合另一个时空。它反对'一刀切'的心态。社会变化影响那些构成社会的个人，随着个人的变化，社会也在变化。同时，在今天特别重要的是，有机的人类社会必须与有生命的而非有威胁的自然环境和谐相处。"③在柯布看来，有机马克思主义可以在中国传统文化中找到根源，即通过对中国传统文化的批判性继承和创造性发展，有机马克思主义可以在中国生根。他相信，有机马克思主义最有希望在中国获得成功。

---

① 参见柯布 2015 年 10 月 28 日在浙江大学所作的"有机马克思主义与有机哲学"的演讲，以及他为《有机马克思主义》一书所写的序言。
② 柯布："论有机马克思主义"，《马克思主义与现实》2015 年，第 1 期。
③ 同上。

柯布多次到访中国，参加过许多学术交流和实地考察，足迹遍布中国多个城市和乡村，对中国的情况十分了解。他特别对中国近年来在生态文明建设方面取得的成就给予赞赏和高度评价。2018年，93岁高龄的柯布再次来到中国。《人民周刊》记者在采访他时问到"为什么有些人中国排斥有机马克思主义？"他对此给出了一个堪称经典的回应："不管情愿与否，不管是否喜欢用'有机马克思主义'这一表达，中国特色的马克思主义其实已经是一种有机马克思主义了。这就解释了为什么中国的社会主义比苏联的成功。"

三　当前对有机马克思主义的研究与评价

王治河认为，有机马克思主义是过程思想家为应对现代性危机、生态危机和社会危机而发展出的一种当代的、新形态的马克思主义。"有机马克思主义系当代建设性后现代主义思想家和过程哲学家为了应对现代性危机，特别是生态危机，从有机整体概念出发，依据自然科学的最新成果而提出的对经典马克思主义的新阐释、新发展。"[①]有机马克思主义与经典马克思主义的主要区别表现在，经典马克思主义由于时代的局限，自身带有现代性的一些不足，而有机马克思主义作为一种建设性后现代主义，对现代性进行了全面的批判和重构。比如，在人与自然的关系问题上，有机马克思主义运用有机体的观念来取代经典马克思主义的无机体概念。"与传统马克思主义把自然看成是'人的无机身体'不同，有机马克思主义将自然视为'人的有机身体'，是我们唇齿相依、血肉相连的一部分，人类与自然同属一个生命共同体。只有当人类将自然看作自身'有机身体'的时候，我们才能怀有敬畏之心去使用、尊重、感激和欣赏它。这也决定了我们必须'责无旁贷地关心它们'。"[②]因此，在他看来，有机马克思主义是一种厚道的马克思主义。这既体现在对自然的厚道上，如尊重自然的内在价值，强调事物之间的内在联系和依存性，倡导生态、节俭的"惜

[①] 王治河、杨韬："有机马克思主义的生态取向"，《自然辩证法研究》2015年，第2期。
[②] 王治河、高凯歌、樊美筠："有机马克思主义是一种厚道马克思主义"，《江海学刊》2016年，第3期。

物论";也体现在对他人的厚道上,如关注穷人和弱者的福祉,避免他们成为生态灾难、社会危机的最大受害者。①

王治河对有机马克思主义与其他思想流派的关系进行了比较研究,认为就有机哲学与有机马克思主义的关系而言,两者是互补的。有机哲学是有机马克思主义的哲学基础,为有机马克思主义提供理论支撑;有机马克思主义是有机哲学在政治经济领域的具体运用、丰富和发展。②关于有机马克思主义和生态学马克思主义之间的关系,王治河认为,两者存在深度契合,这主要体现在有机马克思主义在批判资本主义、挑战帝国主义、呼唤生态革命和生态启蒙等方面吸收了生态学马克思主义的思想。但两者也有很大差异:第一,两者对生态危机根源的分析不同,生态学马克思主义将资本主义制度看作主要原因;有机马克思主义则认为现代性才是生态危机的根源所在;第二,生态学马克思主义重在批判,有机马克思主义重在建设,积极寻求生态危机的解决之道;第三,有机马克思主义更加重视文化和地域的特殊性,主张具体问题具体分析;第四,有机马克思主义有意识地欣赏和吸纳非西方文化,特别是中国文化,拥有鲜明的中国元素。③

汪信砚认为,有机马克思主义具有三个基本特性:首先,有机马克思主义是马克思主义与生态世界观的结合。马克思主义与生态视角具有某种兼容性,因为马克思曾严肃地把人类与自然的关系作为他的资本主义批判的一个基本组成部分。对于生态文明建设来说,马克思主义是一个重要资源,其根本原因在于资本主义与环境破坏之间存在着密切关系。当然,在经典马克思主义阶段,马克思主义的关注点主要是阶级斗争和社会发展。有机马克思主义更注重生态问题,是从生态视角重塑马克思主义。其次,有机马克思主义是一种后现代马克思主义。有机马克思主义认为,资本主义是当今全球性生态危机、社会危机的主要原因,但现代性是更为根本的原因。哲学上对现代性的拒斥主要体现在对机械主义和二元论的批判,这使有机马克思主义具有鲜明的后现代特点。有机马克思主义是一种建设性后现代主义,是兼具批判性和建设性的新的哲学体系。再次,有机马克思

---

① 王治河、高凯歌、樊美筠:"有机马克思主义是一种厚道马克思主义",《江海学刊》2016 年,第 3 期。
② 王治河:"有机马克思主义及其当代意义",《马克思主义与现实》2015 年,第 1 期。
③ 同上。

主义是过程思想的一种形式。有机马克思主义用以替代它所批判的现代机械论世界观的是一种建设性的后现代世界观,这种世界观是由怀特海提出的有机整体论的世界观,其基本特征是关联性、过程性和整体性。[①]

在汪信砚看来,有机马克思主义者对经典马克思主义存在一些误解,其中较为突出的有两点:一是曲解了经典马克思主义主张的辩证历史决定论。有机马克思主义者将经典马克思主义的历史决定论看作一种机械决定论,并将它和庸俗的经济决定论混为一谈,没有看到经典马克思主义主张的历史决定论同样强调辩证发展过程以及文化和精神因素对社会发展的巨大反作用。二是否认消灭私有制的必然性。因此,有机马克思主义并没有超越经典马克思主义。[②]汪信砚认为,尽管有机马克思主义有这些不足,但它的一些思想观点对当今处境下坚持和发展马克思主义仍有重大意义:第一,有机马克思主义明确肯定了马克思主义经典作家的基本思想是解决资本主义社会与环境问题的替代方案,并主张坚持马克思主义的基本价值观,这对澄清人们对马克思主义的各种歪曲和误解具有重要意义。第二,有机马克思主义从不同方面对全球资本主义作了较为深刻的批判,认为资本主义制度是导致当今社会危机和生态危机的主要原因,这有利于在当代条件下继承和发扬马克思主义批判资本主义的传统,有利于人们认清对资本主义进行变革的必要性。第三,有机马克思主义主张的"文化嵌入式的马克思主义"体现了马克思主义的基本精神,也昭示了马克思主义发展的方向。只有当马克思主义与特定文化、特定民族的精神资源紧密联系在一起时,马克思主义才能真正扎根于人们心中,才能与时俱进。[③]

王雨辰认为,有机马克思主义力图把马克思与怀特海结合起来,是马克思主义的怀特海主义或怀特海式的马克思主义,值得我们重视和借鉴。它立足建设性后现代主义的哲学立场和当代生态危机的现实,基于当代自然科学特别是生态学所催生的生态思维,力图变革现代世界中的机械论、还原论、个体主义和经济主义的思维方式与价值观,强调马克思主义的开放性,主张马克思主义与当代科学发展、民族文化相结合,主张通过有机

---

① 汪信砚:"有机马克思主义与马克思的马克思主义",《哲学研究》2015年,第11期。
② 同上。
③ 同上。

教育树立有机论的生态思维方式和立足于共同体利益的价值观，找到化解当代生态危机的途径，形成了一种新的生态文明理论。[1]但他认为，有机马克思主义也有重大的不足。首先，它错误地认为马克思主义的历史决定论是机械论。在王雨辰看来，马克思主义区分了自然界和人类社会发展规律的不同特点，马克思主义的历史决定论是一种辩证决定论。在社会历史领域，马克思主义既认为历史规律具有由社会基本矛盾所决定的像自然规律那样的客观性特点，同时又具有不同于自然规律的概率性和趋势性的特点。有机马克思主义混淆了这两种决定论的不同，认为把马克思主义只关注社会经济因素的决定作用，忽视了文化精神因素在社会历史发展中的作用。这显然是无法成立的。[2]其次，它对生态文明的本质和生态文明建设的认识也存在重大问题。在王雨辰看来，有机马克思主义对生态文明的理解是一种反人类文明的立场，它所倡导的共同体概念与马克思的共同体概念截然不同，它所倡导的有机价值观也难以确立非人类世界的内在价值。[3]

笔者认为，这里存在着对有机马克思主义的一些误解。首先，有机马克思主义揭示了人类文明发展至今的历史确实是一步步疏离自然、破坏自然的历史，但它所倡导的生态文明绝不是反人类的，而是主张人类社会是自然大系统的一个子系统，人类文明的健康持续发展必须符合生态学规律，必须以自然的可持续为基础。过程思想既主张非人类世界具有内在价值，同时又坚持在个体价值层面，在万物之中，人类具有最大的内在价值。过程伦理充满了对人类的热爱和对一切生命的大爱。

其次，有机马克思主义的共同体概念与经典马克思主义的共同体概念确有差异，但两者并非截然不同、不可融合。经典马克思主义的共同体概念强调人类社会中人与人之间的内在联系和依存关系。有机马克思主义的共同体概念的外延则更广，不仅人是共同体中的人，人类社会是一个共同体，不同事物、不同生命形式之间构成了不同层次的共同体；而且人类与非人类世界构成的生态共同体或生命共同体是更为广泛的共同体，是诸多

---

[1] 王雨辰："有机马克思主义的生态文明观评析"，《马克思主义与现实》2015年，第12期。

[2] 同上。

[3] 同上。

共同体构成的共同体，两者是可以融合的。因为，一方面，尽管两者外延不同，但两者都强调事物之间的普遍联系，特别是事物之间内在的互依性和整体性；另一方面，有机马克思主义倡导以共同福祉为宗旨的人类文明，它包含了马克思倡导的人与自然的和谐以及人与人的和谐。有机马克思主义的共同体概念可以视为在结合当今自然科学和生态危机现状基础上，对经典马克思主义共同体概念的有益扩展。

最后，怀特海的有机哲学，特别是其广义经验论，为确立非人类世界的内在价值提供了有力的理论论证。崔赞梅认为，有机马克思主义之兴起的主要原因在于：第一，全球生态危机日益严峻，使生态问题成为国内外学术界的焦点。第二，随着自然科学、生态哲学和建设性后现代主义的不断发展，人们运用生态环境的有机整体性、内在关联性等观念来研究社会、经济和政治问题，并与马克思主义相结合，催生了有机马克思主义。第三，生态学马克思主义的研究成果及其困境为有机马克思主义的兴起提供了契机。生态学马克思主义揭示了生态危机的根源在于资本主义制度及其生产方式，较之"西方绿色思潮"仅从价值观角度进行批判无疑是深刻的，但它因为忽略了资本主义经济危机、并未找到可行的革命道路而陷入困境，成了"绿色乌托邦"。有机马克思主义则在整合生态学马克思主义优秀成果的基础上，提出了克服危机的一个较为完整的解决方案。第四，中国生态文明建设的提出，启发了有机马克思主义的生态文明理论。[①]

四　关于有机马克思主义的几点争论

综合国内关于有机马克思主义的研究可以看到，一方面人们发现有机马克思主义是一个很有生命力的学派，有许多值得借鉴的方面，有很好的发展前景，有重大的理论和现实意义；另一方面也存在一些争论和批评。

争论的焦点之一是如何正确理解和对待马克思的历史决定论。我国一些学者关注到了这一重大问题，并批评有机马克思主义曲解了马克思的历

---

① 崔赞梅："有机马克思主义国内外研究现状概要"，《东北农林大学学报》2015年，第5期。

史决定论，认为马克思的历史决定论不是机械的决定论或庸俗的经济决定论，而是辩证的决定论。在这一问题上，有机马克思主义确实需要进一步完善自己的理论。因为有机马克思主义在批判马克思的历史决定论时缺乏明晰的界定，具有模糊性。如果有机马克思主义真的将马克思的决定论简单理解为机械决定论、物质决定论或经济决定论，这显然是误解了经典马克思主义。但我们应该注意到，有机马克思主义的代表人物克莱顿批判的是马克思的追随者们曲解了马克思的思想，把他的早期思想视为教条，成了庸俗马克思主义者，忽视了上层建筑的巨大反作用。①事实上，克莱顿明确指出，马克思的唯物主义吸收了当时自然科学的最新成果，特别是达尔文的进化论，加上马克思受伊壁鸠鲁自由观的影响，他的唯物主义不是机械主义的和单向的物质决定论的。②另一方面，有机马克思主义认为，历史发展是极其复杂的，③我们无法把握和穷尽其所有规律，更无法把握它的具体进程，因此需要对历史发展持开放态度，这是有一定道理的，和认为马克思主义是机械决定论不是一回事。我们认为，有机马克思主义并没有否认历史的规律性，它尊重生态学规律，并提出了一种替代资本主义的实现人与人、人与自然可持续发展的社会主义生态文明方案，这也意味着人类社会的发展是合目的性的和有规律的。如果完全否认历史的规律性，那么有机马克思主义就是自相矛盾的。

争论的焦点之二是有机马克思主义和经典马克思主义的关系问题。有机马克思主义是不是马克思主义？有机马克思主义是否超越了经典马克思主义？这两个问题其实是一个问题，即如何看待有机马克思主义和经典马克思主义的差异？有机马克思主义坚持了经典马克思主义的核心观点，但它又是后现代主义的，它注重的是对生态问题的哲学分析。不同时代有不同主题，如果认为马克思主义是开放的体系，应该与时俱进，那两者之间的差异就不是不可调和的。从时代性看，有机马克思主义有助于我们结合当前的处境，对经典马克思主义作与时俱进的新解读；从范围和深度上看，有机马克思主义对一些问题的分析，特别是对生态危机的批判和对生

---

① 克莱顿、海因泽克：《有机马克思主义》，人民出版社 2015 年，第 71—72 页。
② 同上书，第 196—197 页。
③ 同上书，第 71—72 页。

态文明的建构深化并拓展了经典马克思主义；经典马克思主义经受了时代的考验，不会过时。

争论的焦点之三是有机马克思主义和马克思主义中国化的问题。有机马克思主义强调文化嵌入，强调文化的特殊性以及对它的适应。正如有机体的生长需要适应不同的自然环境一样，有机马克思主义非常强调在运用马克思主义时的文化适应问题。有机马克思主义将这一点视为它和生态学马克思主义的主要区别。[1]而且，由于中国传统文化与过程思想的深度契合，由于马克思主义中国化已经取得卓越成就，中国传统文化一开始就成为有机马克思主义的重要思想资源，这使得有机马克思主义中国化的问题相对较为顺利。

总之，作为一个新兴学派，有机马克思主义还处于建构和完善之中。有机马克思主义需要进一步加深对经典马克思主义的理解，中国学者也需要进一步加深对有机马克思主义的哲学基础——过程思想的理解。这恰恰表明，有机马克思主义方兴未艾、大有可为。

---

[1] 参见 菲利普·克莱顿、贾斯廷·海因泽克：《有机马克思主义——生态灾难与资本主义的替代选择》，孟献丽、于桂凤、张丽霞 译，人民出版社2015年版，第206页。

环境伦理学的过程哲学之根：
怀特海、利奥波多与大地伦理

［美］布莱恩·亨宁/文　柯进华/译

一　怀特海哲学与环境伦理学的起源

鉴定一种观念或一种运动的年代或许必将带有某种武断。有识之士在其著作中将一些观念作为主题之前，这些观念往往已经流行了数十年，环境伦理学也是如此。人们可以准确指出，千百年来那些写作了环境问题的哲学家、神秘主义者和诗人。生态危机的历史根源无疑十分深远。然而，根据目前的理解，环境伦理学产生于20世纪下半叶。根据环境哲学研究中心发表的《简明环境伦理学起源史》，"环境伦理学的灵感始于1970年的第一个世界地球日。那时，一些环保人士开始催促参与环保团体的哲学家们在环境伦理学上有所作为。"①他们还指出，20世纪60年代后期，一些小团体的科学家、神学家和历史学家已经在探讨日益增长的生态危机。其中最突出的是历史学家林·怀特（Lynn White）1967年发表的"生态危机的历史根源"和生态学家加勒特·哈丁（Garrett Hardin）1968年发表的"公地悲剧"，它们都发表在《科学》杂志上。对它们的回应和回复主宰了随后几年的讨论，但哲学家们基本上是"旁观者"。②另一个重要事件是美国环保主义者阿尔多·利奥波多（Aldo Leopold）的"大地伦理"一文的重新发表，尽管它在1949年就被收录在《沙乡年鉴》一书中，但

---

① *A Very Breif History of the Origins of Environmental Ethics for the Novice*, The Center for Environmental Philosophy at the University of North Texas, http://www.cep.unt.edu/novice.html.

② Ibid.

直到1970年才被广泛阅读。

哲学家最终还是参与了进来。明确聚焦环境伦理的第一次学术会议是威廉姆·布莱克斯通（William Blackstone）在乔治亚大学组织举办的。1973年，挪威哲学家阿恩·奈斯发表"浅层与深层的长远生态运动"一文。1975年，霍尔姆期·罗尔斯顿（Holmes Rolston）在主流杂志《伦理学》上发表了环境伦理学的文章"是否存在环境伦理？"。[①] 1979年，尤金·哈格罗夫（Eugene Hargrove）创办了《环境伦理学》杂志，给这个正在起步的领域提供了发声平台。从此，这个领域开始成长扩展，形成了今天的格局。在许多方面，这个领域仍处在青年期。

过程哲学家们也参与了环境伦理学的诞生，怀特海的著作可能是利奥波多——贝尔德·克里考特（J. Baird Callicott）称其为环境伦理学之父[②]——的一个主要灵感来源。然而，过程哲学对初期的环境伦理学的作用常常被遗忘或忽略，主流的环境伦理学家们对怀特海的思想普遍不了解。在此，我将挖掘环境伦理学中被遗忘的过程思想根源。

哈格罗夫提供了关于怀特海的重要性的第一个线索。1979年，他在《环境伦理学》杂志创刊卷发表了"美国环境态度的历史基础"一文。有趣的是，他开篇指出，"在很大程度上，我的观点与怀特海《科学与近代世界》一书中的许多主题是一致的，特别是那些探讨对科学进行浪漫反应的方面。"[③]随后，他援引怀特海来辩护自己的观点：美国环境态度的历史根源比帕斯莫尔（Passmore）和其他已被公认的人要深远得多。他认为，其中一些根源可以回溯到怀特海。

怀特海的《科学与近代世界》中有一种更为强烈和富有生机的环保主义风格的立场，他的目标是挑战科学和哲学关于事物没有价值的假定，这一假定使得人们在对待自然的和艺术的美的时候缺乏敬畏，并产生了两种恶："一方面，忽视了每一有机体与它的环境之间的真正关联；另一方面，形成了忽视环境的内在价值的习惯，而内在价值是考虑任何最终目的

[①] A Very Breif History of the Origins of Environmental Ethics for the Novice, The Center for Environmental Philosophy at the University of North Texas, http：//www. cep. unt. edu/novice. html.

[②] Callicott, "Animal Liberation: A Triangular Affair", p. 311.

[③] Eugene Hargrove, The Historical Foundations of American Environmental Attitudes, *Environmental Ethics* 1 (1979).

时都必须关切的。"① 无疑，这一目标也是环保主义者的目标。

20世纪中叶，怀特海著作中的环境思想对大众而言有点晦涩不明。人们很容易遗忘，20世纪20年代，他在哈佛的著作是很受喜爱的，他的《科学与近代世界》被广泛阅读。尽管怀特海对环保主义或环境伦理学的概念完全是陌生的，但哈格罗夫正确地指出，怀特海几十年来参与了使许多概念成为环境思想的核心的过程，如结构性的依存、对实在的内在价值的认同、强调环境的重要性，等等。他更喜爱机体主义，而非机械主义。

哈格罗夫指出，《科学与近代世界》可能是利奥波多大地伦理学思想的一个关键来源。比如，在《科学与近代世界》最后一章中，有许多段落很容易成为利奥波多的思想来源，利奥波多的共同体概念可能源于怀特海的机体主义。怀特海特别谈到了"不同物种的联合体相互合作"，并将森林环境视为相互依存的物种组成的团体的成功典范。怀特海还谈到，"每个有机体都需要友好环境（Environment of friends），部分地是为了保护它免受剧烈变化引起的伤害；部分地是满足它的需要。"从怀特海的"友好环境"到"生物共同体"，只有一步之遥。此外，哈格罗夫还指出，利奥波多的伦理格言"保护生物共同体的完整性、稳定性和美"②与怀特海的以下主张是相似的，即"道德往往是和谐、强度和生机的结合，它涉及一种际遇的意义的完善"，③"现实世界美的时候就是善的。"④

现已足以说明，如果哈格罗夫认为利奥波多的生物共同体概念源于怀特海的这一观点是对的话，如果克里考特认为利奥波多是环境伦理学之父的观点是对的话，那么怀特海可以被视为环境伦理学的祖父和灵感来源。但注意到哈格罗夫关于利奥波多与怀特海的主张的不确定性也很重要，他发现了利奥波多与怀特海的观念的相似性，并认为怀特海的观念很可能是利奥波多的生物共同体观念的来源，但他并没有援引任何证据来支撑自己的主张，尽管他在1989年撰写的《环境伦理学的基础》一书中完整地复

---

① Eugene Hargrove, The Historical Foundations of American Environmental Attitudes, *Environmental Ethics* 1 (1979).
② Aldo Leopold, *The Sand County Almanac*, pp. 224 – 225.
③ Alfred North Whitehead, *Modes of Thought*, New York: Free Press, 1938, pp. 13 – 14.
④ Alfred North Whitehead, *Adventures of Ideas*, New York: Free Press, 1933, p. 268.

述了它们。①

据我所知，没有人反驳哈格罗夫。自身是过程哲学家和环境伦理学家的比特·冈特（Pete A. Y. Gunter）在 2000 年的一篇文章中评论说，"利奥波多当时并不知道怀特海"。②然而，人们并没有明确证据来判决哈格罗夫和冈特两人相互冲突的主张。利奥波多的私人图书馆解散了，威斯康星大学对利奥波多的存档文件的研究显示与怀特海没有关联。而且，利奥波多基金会资深研究员柯特·迈恩（Curt Meine）证实了冈特的评估，声称他"不知道有任何文献资料能证明利奥波多了解怀特海。"③著名环境史家苏珊·弗莱德（Susan Flader）也持这一观点，她写了许多关于利奥波多的著作。④她指出，"我回想不起来他们之间有任何关联，这不意味着利奥波多没有在阅读中遇到过怀特海，但我十分怀疑利奥波多会找到怀特海的著作。"⑤

总之，虽然没有足够证据能让人比较自信地宣称利奥波多了解怀特海的著作，但缺乏证据不等于没有证据。最终，哈格罗夫的主张依然是一种不确定的构想。或许，怀特海的思想以流行的方式影响了利奥波多的思想，这种影响无法通过文献证据来追踪。但即使找不到两人之间直接的、可追踪的系谱，但很明显的是，怀特海很早就提出了那些界定了环境伦理学的核心概念，将他视为环境伦理学的祖父和灵感来源是正确的。因此哈格罗夫认为，环境伦理学的基础至少应当追溯到怀特海的有机哲学。怀特海主义者进一步支持了这一主张，他积极地参与了环境伦理学诞生之初的讨论。

正如我们前面看到的，布莱克斯通 1972 年在乔治亚大学组织举办了第一次环境伦理学的哲学学术会议，两年之后出版了会议文集，成为这一主题的第一本论文集。⑥常被人们忘记的是，三位杰出的过程哲学家查尔

---

① Eugene Hargrove, *Foundations of Environmental Ethics*, New Jersey: Prentice Hall, 1989.
② Pete A. Y. Gunter, Whitehead's Contributions to Ecological Thought: Some Unrealized possibilities, *Interchange* (2000), p. 217.
③ 柯特·迈恩 2015 年 3 月 3 日发给作者的电子邮件。
④ 苏珊·弗莱德 2015 年 3 月 16 日发给作者的电子邮件。
⑤ 同上。
⑥ William T. Blackstone, ed. *Philosophy and Environmental Crisis* (Athens, GA: University of Georgia Press, 1974.

斯·哈茨霍恩、小约翰·柯布和冈特出席了这次会议。同一年，柯布出版了第一本探讨环境伦理学的著作《太晚了吗？一种生态神学》。[1]尽管将罗尔斯顿视为环境伦理学之父是正确的，但他 1975 年在《伦理学》杂志上发表的文章并不是第一篇在主流杂志上发表的关于环境伦理学的文章。这一荣誉应该归于哈茨霍恩，他于 1974 年就在《伦理学》杂志上发表了"超越明智的利己主义：一种伦理学形而上学"。

另外，在记述环境伦理学起源史时，经常被遗漏或忘记的是，这一领域中的第一篇博士论文——题目是《非人类的权利：一个怀特海派的研究》——的作者是苏珊·阿姆斯特朗（Susan Armstrong），她的指导老师是怀特海和黑格尔专家乔治·R. 克兰（George R. Kline）。最后，值得注意的是，在《环境伦理学》1979 年的前两期中，包括了过程思想家哈茨霍恩和柯布的文章。[2]因此，尽管怀特海是否直接影响了利奥波多仍有存疑，但不管以何种方式来评估，怀特海主义者都是塑造了这个刚开始起步的环境伦理学领域的关键参与者。

不幸的是，尽管有这些早期的影响，过程思想的重要性逐渐消退于含混性。无疑，这是多方面原因造成的，过程思想家中的许多人还需要在盎格鲁—撒克逊哲学中进行更大的方向转换。尽管哈茨霍恩和柯布对第一次环境伦理学会议作出了贡献，但他们随后专注于发展过程神学，使得许多主流哲学家以怀疑的眼光看待怀特海的思想。一些过程哲学家偏爱在怀特海主义者中进行貌似孤立的学术辩论，也使得怀特海的思想进一步被孤立。过程思想名誉的减弱和对过程思想兴趣的减退，意味着怀特海主义者从顶尖大学（如芝加哥大学、耶鲁大学等）退下，取而代之的是那些专注于更流行的主题的哲学家，许多先前很有创造性的学术源泉干枯了。

提供给怀特海主义者的环境伦理学方面的奖学金也削减了。比如，尽管有以上重要的脉络，深层生态学家——他们也许是最倾向于形而上学的

---

[1] http://www.cep.unt.edu/novice.htm.
[2] Charles Hartshorne, The Rights of the Subhuman World, *Environmental Ethics* 1. 1 (1979), pp. 49—60 and John B. Cobb, Jr., Christian Existence in a world of Limits, *Environmental Ethics* 1. 2 (1979), pp. 149–158.

环境伦理学家——最终还是排斥了怀特海,转而青睐于斯宾诺莎。[1]环境伦理学日益摒弃了它最初要创建一个更为合理的世界观的旨趣,取而代之的是,它更热衷于政策的转变和环境的实用主义。[2]但最让人困惑的是,第二代怀特海主义者(如阿姆斯特朗)未能在学术上为怀特海和过程思想正名,她早期写过一篇文章提倡怀特海哲学作为环境伦理学基础的重要性,但却没有出版过一部专著更系统地发展这一工程。[3]作为环境伦理学一本最重要的文集的编辑之一,她没能收录一篇探讨过程思想对环保思想重要性的文章。[4]过程学者声称怀特海哲学可以成为环境伦理学的基础,但在随后很长时间里都没有系统地发展和辩护这一主张。他们通常是在一篇文章或一本著作的某一章中谈论这一主题,但从未系统地以专著的形式在哲学上为怀特海学派的环境伦理学辩护。[5]

克莱尔·帕拉莫(Clare Plamer)1998年出版的《环境伦理学与过程思想》使过程环境思想跌至低谷,该书恰恰挑战了认为怀特海的思想可以作为环境伦理学的基础这一假定。他认为,过程思想事实上不适合作为环境伦理学的基础,因为它相当于一种效果论,总体上的功利主义。在帕莫看来,过程思想认为"价值是促成的;上帝将从现实事态和它自身中产生的价值汇总起来,因此,这一体系必然是效果论的和总体化的(totalizing)。"[6]不幸的是,帕莫并没有认识到,这一特征较之怀特海更适合

---

[1] 像哈茨霍恩和柯布这些哲学家最近认为,过程思想可以作为新自然哲学的基础。但许多这方面的理论家——他们恰好也是基督教神学家——在运用怀特海形而上学解决环境伦理问题时认为,根据他们的估价,人类具有最高程度和最高质量的感知力或意识,因此人类在自然界中具有最高的价值和权利。和把人类的伦理原理"扩展"到非人类世界的方式相类似,罗德曼(Rodman)指出,存在一个"道德金字塔的顶层"。这种尝试运用怀特海的泛心论认为,非人类世界具有不同程度的内在价值,只是强化了西方现存的人类中心主义,不符合深层生态学"原则上的生物平等主义"的原则。(Sessions and Devall, *Deep Ecology*, p. 236.)

[2] Andrew Light and Eric Katz, eds., *Environmental Pragmatism*, New York: Routledge 1996.

[3] Susan Armstrong, Whitehead's Metaphysical system as a Foundation for Environmental Ethics, *Environmental Ethics*, 8 (1986), p. 241–257.

[4] Susan Armstrong and Richard G. Bolzler, *Environmental Ethics: Divergence and Convergence*. 3rd ed. New York: McGraw-Hill, 2004.

[5] Brain G. Henning, *The Ethics of Creativity: Beauty, Morality and Nature in a Processive Cosmos*, Pittsburgh: University of Pittsburgh, 2005.

[6] Clare Palmer, *Environmental Ethics and process Thinking*, Oxford: Clarendon Press, 1998.

哈茨霍恩。所有价值和意义都源于现实事态对神圣生命的奉献这一观点，是哈茨霍恩的奉献论（contributionist）价值理论。尽管在哈茨霍恩那里确实有某些章节支持帕莫的理解，[①]但丹尼尔·多姆布朗斯基（Daniel Dombrowski）正确地质疑了帕莫的观点是否符合哈茨霍恩的视角。[②]他认为，哈茨霍恩的奉献论价值论尽管存在某些合理争议，但即使是粗略地分析一下怀特海的价值论也会发现，它和帕莫的理解是冲突的。对怀特海来说，每一现实事态都有内在价值，同时对他者、对整个实在都有价值。

存在的基础是对价值的感受。价值实际上预设了哪些是有价值的。这里的价值概念不应纯粹从赞美的意义上来理解，而应从存在是自为的这一意义来理解。存在是对自身的辩护，存在具有自身的特性。[③]每一事物都对自身、他者和整体具有某种价值。这表明了实存的特征。由于实在的这一特征，道德的观念产生了。我们无权贬损作为宇宙本质的价值经验。存在以其本性维持着价值强度。而且，任何一个单元都不可能与其他单元、与整体脱离开来。但每个单元都有自身的权利，都维持着自身的价值强度，包括与宇宙共享价值强度。[④]

总之，半个世纪以来，怀特海有机哲学对环境伦理学的创立作出了重大贡献，应被视为环境伦理学的哲学基础、智力祖父和灵感来源。

二 怀特海哲学和利奥波多的大地伦理学

在本文的余下部分，我想讨论一下怀特海哲学和利奥波多的大地伦理

[①] 哈茨霍恩的奉献论认为："人类生命或其他任何事物的最终价值在于对神圣生命的奉献。无论我们还是那些我们帮助或伤害过的事物多么重要，全都是由我们的存在给上帝带来的愉悦来衡量并存在于其中的。"（Hartshorne, *Subhuman World*, pp. 49 - 50.）在"奉献主义伦理"一文中，他似乎更完整地辩护到，"如果宇宙没有价值，那么不管以何种理性方式来推理，动物或人类都将没有价值。部分是为了整体，短暂是为了永恒。在整体中，我们能够影响或受益的唯一方面是未来。我称这一学说为奉献主义。它本质上是怀特海的观点，我认为它蕴含在一切宗教之中。"（Hartshorne, *Subhuman World*, p. 106.）我们并不清楚，哈茨霍恩是否准确地描述了怀特海的价值论。见我的《创造性伦理》（*Ethics of Creativity*）一书第 7 章。

[②] Daniel A. Dombrowski, The Replaceability Argument, *Process Studies* 30 (2001), pp. 22 - 35.

[③] Alfred North Whitehead, *Modes of Thought*, New York: Free Press, 1938, p. 109.

[④] Ibid., p. 111.

学的关系。利奥波多在"大地伦理"一文中开篇就说,过去的千年里,人类道德关怀的范围在逐渐扩展。他把这比作伦理的进化。尽管人们曾将一些人仅仅视为财产,因而将他们排除在人类直接的道德关怀之外,但是现在,绝大多数人都认同伦理考虑应推及所有人类。利奥波多认为,下一阶段的伦理进化必将再次缩小那些只被视作财产、只是作为权宜之计才对其利用有所限制的事物的范围。

目前,尚没有关于人与大地以及生活在大地上的动物和植物的伦理学。大地,如同奥德修斯的奴隶女孩,仍然是财产。大地关系依然是严格意义上的经济的,牵涉的是权益而不是责任。如果我对现实的理解是正确的,那么把伦理关怀扩展到对大地的责任就是一种进化上的可能和生态上的必然。[①]

在过去的伦理进化中,核心是扩展共同体的概念。奥德修斯的奴隶不属于道德共同体,尽管他们也是人,但他们只是财产,任由其所有者处置。在利奥波多看来,阻碍道德共同体进一步扩展到人类的主要障碍,是一种正在衰减的和不正确的大地概念。很多时候,我们对大地的观念和房地产开发商如出一辙,只是把它想象为一块块空旷的大地上竖立着的"待售"的牌子。未开垦的大地(约翰·洛克称之为真正的"荒芜之地"[②])有待开发,使它多产并变得有价值。利奥波多指出,把大地视为财产和奴隶主把奴隶视为财产一样,面临着同样的问题。

生物学和生态学表明,大地不是死的、惰性的。"大地……不仅是土壤,而且是能量之源,在土壤、植物和动物之中循环流动。"[③]这是真正广阔意义上的大地。在利奥波多看来,大地包括了土壤,同时也包括了漫步在上面的动物,生长在那里的植物,在那里流淌的河流,以及在它上方循环的空气。大地是能量在复杂的、相互关联和依存的生态系统中的循环过程,是丰饶多产的生命源泉。

正如人们认识到所有人都是道德共同体的组成部分而废除了奴隶制一样,利奥波多声称,伦理进化的下一个阶段必将再次扩展道德共同体,它

[①] Leopold, *A Sand County Almanac*, p. 203.

[②] John Locke, *Second Treatise of Government*, ed by C. B. Macpherson, Indianapolis: Hackett, 1980, p. 36.

[③] Leopold, *A Sand County Almanac*, p. 216.

将包括整个自然或他所说的生物共同体。哈格罗夫认为，正是生物共同体这一概念源自怀特海。"大地伦理学将共同体的边界扩展到了土壤、水、植物和动物，或者说大地。"①在某种意义上，利奥波多揭示了我们已经知晓一个半世纪、但却没能将它运用到我们的伦理学中的东西，即人类不是和大地分离的，人类是大地的一部分，是大地的成果。"简言之，大地伦理学使人从大地共同体的征服者转变为它的一个普通公民。这包含了对它的伙伴的尊重，包含了对共同体本身的尊重。"②利奥波多邀请我们拥抱下一阶段的伦理进化。

值得注意的是，利奥波多并不认为我们和其他动物不能利用大地。他在呼吁一种肯定生物学的伦理。正如怀特海在《过程与实在》中指出的，"生命就是掠夺……但掠夺者需要有正当理由。"③生存就是获取和奉献。生物共同体是一个充满生机的能量交换系统。大地伦理学的目标不是封锁自然，而是要使人认识到合理利用大地不仅关涉经济，而且也是伦理问题。"关键原木"（key-log）必须被去除，以解放进化进程。这种伦理要求"摒弃那种认为合理利用大地只是经济问题的观点，多视角地从伦理、审美和经济上来审视每一个问题"。④利奥波多在此运用了林业的隐喻。几个世纪以来，伐木者砍倒树木，然后使它们顺流而下运到工厂。如果太多的原木堆积在河流中，原木造成的堵塞就会发生。"关键原木"就是那些去除后能解决堵塞的原木，使河流再次通畅起来。他相信，追求经济的人类中心主义阻塞了伦理学的进化之流。如果我们能多视角地审视每一个问题，就可以去除那些"关键原木"，大地伦理学的进化就将得以展开。其中，"善可以保持生命、促进生命，可以使发展着的生命实现最高价值。反之，就是恶。"⑤

尽管怀特海和利奥波多有着某种相似性，但一些过程哲学家，如冈特、杰伊·迈克丹尼尔（Jay McDanie）还是对利奥波多的大地伦理学提

---

① Leopold, *A Sand County Almanac*, p. 204.
② Ibid.
③ Alfred North Whitehead, *Process and Reality*, eds. Donald Sherburne and David Ray Griffin, New York: Free Press, 1978, p. 105.
④ Leopold, *A Sand County Almanac*, p. 224.
⑤ Ibid., pp. 224–225.

出了批评。阿姆斯特朗认为，大地伦理学强调生命共同体的依存关系，剥夺了个体的所有其他价值。而且，大地伦理学并没有提供相应的标准来评价共同体本身。理查德·沃森（Richard Watson）指出，大地伦理学青睐假定的生态系统内的动态平衡的最优或巅峰状态，但这种平衡无法通过大地伦理学自身来辩护。[①]这些担忧不无道理。阿姆斯特朗指出，这些担忧正如法西斯主义者认为可以为了国家利益牺牲个体一样，生态整体主义者认为，为了生态系统即生物共同体的利益也可以牺牲个体。

我所质疑的不是生态整体主义是否存在阿姆斯特朗等人提出的上述问题，而是大地伦理学是否必然是生态整体主义的。对此，我的看法是否定的。这里有一个重要方面应当牢记，即利奥波多既不是哲学家也不是伦理学家。他简短的随笔更多地是提示性的而非系统性的。利奥波多的大地伦理学的价值在于它的丰富性和唤起性，而非它的系统性或严密性。简言之，尽管利奥波多的一些拥护者的大地伦理学是生态整体论的，但大地伦理学不一定必然如此。

在此，我想请怀特海主义者重新考虑利奥波多的大地伦理学。我拥护的是一种以创造性的美和善为中心的伦理学。[②]其中，我也把利奥波多视为一个主要灵感。确实，对等级制和生态法西斯主义的担忧是真实存在的，但它们并不必然地是大地伦理学的特征，特别是当大地伦理学以怀特海主义为基础的时候。另外，我也恳请怀特海主义者不要仅仅局限于主张过程思想是环境伦理学的理论基础，而应运用怀特海哲学的术语和理论，通过艰巨的工作，系统地发展出一种基于怀特海哲学的理想环境伦理学。

---

① Armstrong, "Whitehead's Metaphysical System as a Foundation for Environmental Ethics", pp. 257 – 58.

② Kalo – 这一词根源于希腊语，依据维基百科的解释翻译为美善——译者注。

生态文明的哲学基础到底是什么？

[美] 凯文·克拉克/文　杨道宇/译

一

本文旨在回应克里福·柯布在2008年克莱蒙国际生态会议上提交的那篇构思精良的论文——"生态文明的哲学基础"。①我相信，他的实际意图是概括西方科学中机械论的还原论式的唯物主义，呈现有机哲学的必要轮廓和有机哲学中的"复杂的因果关系"或"间接因果关系"，从而使他可以通过医学和自然、社会、人口、货币、农业等问题在怀特海有机哲学与儒释道有机哲学之间进行对比分析，进而阐明他所提到的哲学主题。实际上，他做得很出色，他的论文是清晰的、重要的、简洁的。

作为一名怀特海式的哲学家，我完全赞同克里福·柯布的主要观点——西方哲学是机械论的还原论式的唯物主义，并同意他对它的批评，尽管机械论的、还原论式的唯物主义构成了现代科学的基本框架。克里福·柯布声称，"对世界的有机论解释永远不会完全取代机械论解释。"对此，我表示同意。因为从怀特海的更广泛、更包容的有机哲学和本体论角度看，机械论的还原论式的唯物主义虽然是并不完整的哲学，但在当时又是合法的。他还指出，"作为一个实际问题，有机哲学可以被认为是建立在对机械还原论的批评之上的。"我同意这种观点，但我会用不同的语辞来表达。怀特海哲学更具包容性，在他的有机哲学中也涉机械论的还原论式的唯物主义。我对克里福·柯布的论文的解释和批判显然使用了怀特海的

---

① 克里福·柯布："生态文明的哲学基础"，《马克思主义与现实》2009年，第1期。

理论，可以被认为是关于有机哲学和"复杂或间接因果关系"解释的进一步澄清。

克里福·柯布指出，"建设性后现代主义和许多中国传统思想从不同的本体论开始，我称之为有机哲学。"这句话很关键，它奠定了他对"有机哲学"意义的前理解，即他的理解是东方传统哲学中的阴阳原则，我打算将他界定为怀特海有机哲学的另一取向。由于建设性后现代主义是在怀特海有机体哲学尤其是《过程与实在》的基础上建立起来的，克里福·柯布关于有机哲学的论文理应也是如此。但他在"生态文明的哲学基础"一文中的这种倾向却并不明显。这就是说，他的前理解是阴阳原理而非怀特海的有机哲学。我想用怀特海的有机哲学来对比一下克里福·柯布提出的"因果关系""本体论"和有机哲学，以此来考察一下两者之间的关联。这种对比的结论，对阴阳有机哲学和怀特海有机哲学同样有益。

二

克里福·柯布描述有机哲学的术语，包括"直接因果关系""复杂因果关系""本体论""新秩序形式的出现"等等。我试图将他使用的这些术语和怀特海在《过程与实在》中所使用的类似术语进行比较，以澄清和批判他的一些主张。

克里福·柯布的论文所涉及的"直接因果关系"一词，在《过程与实在》中并没有相对应的术语。我认为，克里福·柯布所说的"直接因果关系"是指有效因果关系。随即，他提到了"可观察的直接关系"和"直接的力量"。我认为，对他来说，需要重新审视的原则是，"直接因果关系"是不是牛顿所说的"直接"机械力的有效作用。在《过程与实在》中，"现实世界中各种现实存在的'客体化'，……构成了该现实存在从中产生的有效原因。"[①]我想，现实存在的"客体化"这个术语可能就是怀特海对有效因果关系的描述，或者是克里福·柯布提到的直接的机械力。

克里福·柯布的论文中提到的"有机哲学或复杂因果关系哲学"，在

---

① 怀特海：《过程与实在》（修订版），中国人民大学出版社2018年版，第112页。

《过程与实在》中也没有相对应的术语。在《过程与实在》第三部分第二章"原初感受"中有类似的说法:"简单的物质性感受是一种因果作用。作为原初材料的现实存在是'原因',而这种简单的物质性感受则是'结果',因而包含在这个简单物质性感受之中的主体则是以这种'结果'为条件的现实存在。这种'有条件的'现实存在 也可叫作'结果'。所有复杂的因果作用都可归之于由这类原初成分构成的复合。"①

在《过程与实在》中,"有机哲学"一词出现了161次,但和克里福·柯布论文关于有机哲学基础的讨论相关的例子只有这一句话:"这一节对简单的物质性感受的讨论,为探讨有机哲学的宇宙论奠定了基础。这种宇宙论包含着对各种终极要素的讨论,而对这些终极要素的讨论必定可以引出对物质世界即自然界的更完全的哲学讨论。"②

上述引言可以使我们对怀特海关于复杂因果作用的论述有一个很好的理解。简单的物质性感受是由因果关系的作用引起的,复杂的因果关系可以还原为简单的物质性感受。这可能就是克里福·柯布在论文中使用了怀特海哲学的概念的原因,但"复杂的因果关系"并不是有机哲学的同义语。

克里福·柯布的论文中提到了"母体"(matrix)这个术语,并认为"实在是一个不断变化的母体,永恒的实在并不存在,存在的只是不断在变的关系。"但是,据我所知,"母体"一词在《过程与实在》中只出现过三次,而且"母体"从来没有被用作"实在"的同义词。在《过程与实在》中,"实在"一词出现了35次,大多数都是附带的、非技术性地使用的。怀特海从未将"实在"描述为"母体"。在第二编第六章第三节中,怀特海以一种非常重要的方式使用了"实在"一词:"在这一说明中,'实在的'和'潜在的'这两个词是在相反意义上使用的。就其原初意义而言。它们都是用来限定'永恒客体'的。这些永恒客体决定着现实存在的世界是如何通过其各种感受而进入到其每一组成部分的构成之中。……确定地进入某种特殊的现实存在,不能被认为是从'非存在'中把该永恒客体召唤出来,使之成为'存在';它是从非确定性中把确定

---

① 怀特海:《过程与实在》(修订版),中国人民大学出版社2018年版,第302页。
② 同上书,第305页。

性呼唤出来。潜在性此时成为变实在性。"① 因此，我的结论是，我不相信克里福·柯布在讨论"母体"时使用的是怀特海的概念。相反，他使用的是"阴阳"这一相互对立统一的辩证性原理。怀特海说，"多生成一并由一而长。"②对克里福·柯布来说，多变成了一个新的一并具有持续变化和非存在的永恒实体的特征吗？多可以由一而长吗？或者不是由一而长，而是在新的存在中出现了更多的关系吗？他应该澄清这些问题。

克里福·柯布还指出，"在有机哲学中，最有趣和最重要的因果关系形式是由关系中变化或秩序模式的变化组成的。"他强调的这些术语在怀特海的《过程与实在》中同样没有体现，我也不认为他使用了怀特海的概念。他说，"母体中的因果关系最好被理解为关系域中的复杂性流动，从而产生新的背景。这些背景，反过来又会塑造具体的结果。"这里，除了"流动"这个术语在《过程与实在》中有所体现外，其他术语在《过程与实在》中都没有体现。这里的因果关系是否类似于复杂的因果关系？或者换言之，复杂性流动就是复杂性因果关系吗？我们也请他澄清这个问题。

关于物理场（physical field），克里福·柯布的描述和怀特海的分析是相似的。怀特海说，"对这种有限的、'实在的'潜在性的更加完全的描述是'物理场'概念。一种新的创造物必定起源于现实世界，正如它起源于纯粹的潜在性一样：它起源于整个宇宙，而不是唯一地起源于其自身纯粹的抽象要素。它也对这个宇宙有所增加。因此，每一现实存在都产生于那个自为存在的宇宙。每一种现实存在都必定能容纳其自身的现实世界，因果关系只是这个原理的一个结果而已。在牛顿看来，空间的部分是不能移动。我们不得不问的是，这个根据牛顿的观点显而易见的真理在有机理论中采取了何种形式。我们应当考虑的不是一个空间区域，而是一片物理场。这一片物理场由于表达了现实世界用来包含潜在的新创造的一种方式而要求获得现实存在的统一性。这一片物理场以这种方式被原子化为确定的区分：成为由各种现实组成的'聚合体'。"③对怀特海来说，一片

---

① 怀特海：《过程与实在》（修订版），中国人民大学出版社2018年版，第191—192页。
② 同上书，第27页。
③ 同上书，第102页。

物理场"包含潜在的新创造的一种方式而要求获得现实存在的统一性"。对克里福·柯布来说,这意味着关系域的复杂流变吗?我们也请他为我们澄清这一点。

在描述因果关系时,克里福·柯布提到了"涌现"这个术语,但他的论述大多是描述的而非解释的。他说,"没有必要的条件就不会出现新的秩序形式,但这些条件并不会导致新的秩序形式。"他似乎是说,新的秩序形式会在适宜的条件下产生。但是,条件本身并不会导致新的秩序形式。首先,"新的秩序"这个术语并没有出现在怀特海的著述中。其次,"涌现"是未被定义的。再次,产生新秩序的确切原因是什么?我认为,至少有两种"涌现":描述的和解释的。前者描述了(可观察的)事实或出现的东西,比如什么东西产生了、存在了,或什么东西进入了现实世界、什么东西成了现实的,这是描述层面的"涌现"。而解释层面的"涌现"则涉及"涌现"是如何发生的这个哲学问题,因而需要一种更加体系化的、更加包容的哲学。怀特海哲学在这方面作出了贡献:它描述了生成过程的多个方面,解释了事物是如何生成的。克里福·柯布对"涌现"这个术语的使用显然是描述性的,他并没有澄清事物是如何生成的,因而它们的包容性较低,参考范围不大。

再就是"创造性发展"这个术语。克里福·柯布说,"创造性发展来自自发形成的、无法用物理力量解释的意象。"如果不用物理力量来解释,那又如何解释呢?如果他的"创造"和怀特海的"新颖性"是相关的,那么最清晰的关联就是下面这句话:"从第一种说明性范畴可以推出,'生成'是通向新颖性的创造性进展。"[①]怀特海说,"各种新命题会随着世界的创造性进展而产生。"[②]新命题是产生"创造性进展"的"自发性意象"吗?显然,在克里福·柯布看来,"自发性意象"对于"创造性进展"至关重要,但他却没有解释"自发性意象"是如何产生的这个问题。我试着用怀特海的观点来解释"自发性意象"。在《过程与实在》第二编第九章第一节的末尾,怀特海引用了他在《科学与近代世界》中的一段话:"正是在这种超越现实发生的相互关系之外实现的永恒关系的

---

① 怀特海:《过程与实在》(修订版),中国人民大学出版社2018年版,第35页。
② 同上书,第330页。

扩展，将全部永恒关系摄入到每一发生之中了。我把这种骤然实现叫作'等级展现'，每一种发生都把它摄入到其综合体之中。这种等级展现就是现实发生如何把（一定意义上的）'非存在'作为积极因素摄入到其自身的达成状态之中的过程。这是错误、真理、艺术、伦理和宗教的源泉。由于它，事实才有不同的可能。"[1]怀特海所说的这种"骤然实现"——等级展现——是克里福·柯布所说的"自发性意象吗"？这似乎和生成的潜在、生成的现实存在相关。这正是我在上面引用的《过程与实在》中的这样一句话的原因，即"'实在的'和'潜在的'这两个词是在相反意义上使用的……。"

三

现在，我来做一个小结。

我的第一个结论是，克里福·柯布的论文的题目显然不是要在深度上解决生态文明的哲学基础问题。它是阴阳原理在"生态文明的哲学基础"方面的应用，这一原理也适用于人类制度的功能方面。他的兴趣似乎在"发展一种新的自然意识和人类在自然中的地位"，在"思考人类制度及其运作方式的新方法"。

我的第二个结论是，他关于"因果关系""本体论""有机哲学"的论断并不符合怀特海的观点，尽管他试图把怀特海有机体哲学和道教本体论混合在一起。如果这样的话，他应该在论文中更清楚地阐释本体论、因果关系以及阴阳原理是如何有机地结合在一起的。他的这种混合给我们留下了清晰的生态文明哲学基础。

我的第三个结论是，怀特海有机哲学的任务在于致力于清晰地描述"一种实在是如何在另一种实在之中产生"的问题，而阴阳原理则不然，尽管两者在许多方面是相似的。阴阳原理或许有同样的使命，但仅仅将两者混合起来而不在"原因""关系""有机"等基本概念方面做明确的对比性说明，这种做法是不当的。

---

[1] 怀特海：《过程与实在》（修订版），中国人民大学出版社2018年版，第241页。

全域有机农业是通向生态文明时代的光明道路

胡跃高/文

21世纪的今天，是工业文明退出历史舞台、生态文明登台亮相进而主导人类社会进步的过渡期与发展期。乡村是生态文明建设的根基。由此产生了一个现实问题：如何才能在当今仍处于绝对弱势地位的乡村板块基础上铺设一条通向城乡统一与和谐发展的生态文明之路呢？回答这一问题要求我们审时度势，理清中外农业形势并在此基础上结合最新农业发展进展，确定发展道路。

一 我国农业存在五大安全问题

当前，我国农业面临的安全问题主要包括以下五个方面。

①食品安全问题。我国因化肥、农药、添加剂等使用不当，造成食品安全问题泛滥。此外，还存在食材或食品加工储运中因多种原因加入调味剂、着色剂、稳定剂、抗氧化剂、防腐剂、塑化剂、改性剂等合法或非法用品的问题，在食物烹调过程中开放引入新型食材与调味剂、配伍不当的问题，食材种类生产结构与国民膳食结构剧烈变化的问题，国际交往中大规模引进非传统食材与外域餐饮业等问题。我国食品安全领域短期内剧烈变化，直接或间接地影响到公众健康。与日常生活及饮食相关的心脑血管病、癌症、糖尿病的患病率和患者规模短期内井喷式上升，这三大代谢病规模均居世界第一，呈突发、高发、普发、续发态势，举世罕见。我国食品安全问题客观存在，已引发国内外高度关注。

②粮食安全问题。我国粮食纯进口开始于20世纪末。2001年我国加

入世贸组织,当年粮食进口规模占粮食消费量的3.7%。之后进口速度加快,2014年粮食进口规模首次超过亿吨级,为1.04亿吨。此后,2015年为1.31亿吨,2016年为1.15亿吨,2017年为1.31亿吨。2001年以来我国粮食自给率已连续低落,压断95%、90%、85%三道自给率红线,正向80%逼近。此外,我国在植物油、食糖、饲料蛋白质、奶产品等方面已经严重依赖国际市场。我国约每6天中就有1天的食物依赖国际市场。这在我国粮食安全史上前所未有。

③乡村社会安全问题。1949年我国城市化率为10.64%,1978年为17.92%。29年间,增长了7.28个百分点。20年间,即1998年为30.4%,增长了12.48个百分点,步伐有所加快。在此后的飞速推进期,2011年达51.27%,赶上了全球平均城市人口过半的2010年标志期。2017年上升为58.52%,近19年间增长了28.12个百分点。预计到2019年,将稳超60%。在历史上,英国城市化率由30%上升到60%用了180年左右时间,美国用了约90年,日本用了约60年时间。我国大约只用20年多一点时间,城市化率就从30%上升到60%,增长速度惊人。英国的这一过程是在3000万人级水平下进行的,美国、日本是在亿人级水平,中国为10亿人级,中国一国人口规模就超过了世界所有发达国家人口总和。这从侧面反映出我国乡村社会近期异变的强度。我们正在经历与体验着人类有史以来最强力、最爆裂的城市化"重车快行"过程。

④生态环境安全问题。完整的国家地理系统可分为耕地、草地、林地、湿地与水系、沙地、社区六个子系统。我国农地系统处于人口高压之下,问题没有缓减(近期已有耕地面积缩减为15.5亿亩的提法);草地系统因多年管理不善,存在深度隐患;海域系统处在生产力衰退之中;沙地系统尚未找到根本建设之道;林地系统情况稍好,但仍存在地位确定问题;城市系统存在过度扩大问题。这六大地理系统均面临各种挑战,我国国家地理系统实际上已经面临最大压力,处在有史以来最艰难的困境之中。

⑤国际农业安全问题。2013年统计,亚洲48个国家中谷物生产长期低于人口增长的国家有18个国家,人口为22783.9万人,分别占全洲总量的37.5%、5.3%;处于临界平衡状态的国家有7个,人口为170154.6万人,分别占总量的14.6%、39.6%,两者合并占52.1%、44.9%。人

均年粮食占有量低于250kg的国家有22个,占亚洲国家的41.7%;250—300kg者为5个,占10.4%,两者合计占52.1%。[①]考虑到2025年世界人口增量的56%、2050年增量的50%在亚洲,未来亚洲将成为世界人口资源矛盾最激烈的区域。综合我国从2012年开始成为世界第一农产品进口大国,目前与世界174个国家建立外交关系,我国与世界各国不同程度存在农业交流,进出口农产品变化错综复杂等因素,我国国际农业安全形势发展不容乐观。

历史上我国农业主要存在粮食安全问题,长期实行"以粮为纲"战略。今日五大农业安全问题同时爆发,其中食品安全问题、乡村社会安全问题、生态环境安全问题与国际农业安全问题为新兴齐发,而粮食安全问题则卷入了欧美粮商的控制圈中。国家农业安全问题已处于深度危机,处于将爆未爆的状态。

中国是世界三大农业起源中心中唯一一个独立遗存至今的国家,是世界第一农业大国,也是世界农业安全之锚。我国五大农业安全问题同步严峻化的性质是严重的。不论何种原因导致了今日中国农业陷入自古代以来前所未有的危机之中而不能自拔,都意味着全球农业重大危机的到来。中国农业与全球农业共进退、同兴亡的大格局已经形成。从现在起,我们必须从全球角度来认识形势。

二 全球农业危机已经爆发

用新的方式认识世界农业安全形势,我们同样发现以下四个问题。

①世界食品安全问题。今日人类社会已处于食品安全问题的重围之中。罗伯特·阿尔布里坦指出,目前广泛使用的8000到10000种化学品从未进行过毒性检测,已通过检测的540种食品添加剂中有150种未经过安全性检测。[②]食品安全问题本质上是食品质量与食物结构问题,它直接源于耕地污染、水源污染与空气污染引起的食物生产源头污染,农事操作过程及后期过程加入的污染因子等因素。前有因,后有果。世界食品安全

[①] FAO,2013。

[②] 罗伯特·阿尔布里坦,请用垃圾食品,2013年。

问题已经普遍存在，全球公众健康状况在不断恶化。

②世界粮食安全问题。1996年世界粮食峰会通过决议，计划到2015年将世界饥饿人口从8亿减少到4亿。2017年重新评估这项计划时得出的结论为：该计划已经失败！目前全球约有12亿人日均生活支出不到1美元，28亿人不到2美元。世界有11亿人饱受饥饿折磨，约有30亿人患有营养不良或相关病症，有37个国家存在严重粮食危机。目前，粮食储备正处于近50年来的最低水平。到2030年，全球粮食产量必须再增加50%。那时，我们对能源和淡水的需求将分别提高50%和30%。全球在2030年将遭遇一场全面风暴，因为所有这些问题都将在同一时间段发生。世界粮食安全问题堪忧！

③世界乡村社会安全问题。21世纪后，全球乡村人口每年以3000万人左右的规模涌入城市。2016年，国际难民及国内流离失所者达6560万。[①]乡村社会解体已引起世界警觉，欧美社会对难民问题反响激烈。世界乡村社会解体的悲剧只是刚刚开始。那些历经千险、背井离乡、幸运地迁移到城市中的人并没有逃脱厄运，强烈分化的城市底层社会正冷冷地等在那里。在乡村弃留问题上，人类社会没有找到答案。

④生态环境安全问题。2010年国际《生物多样性公约》秘书处总结报告指出，全球生物多样性状况正逐渐恶化。直接造成生物多样性丧失的五大压力为：生态环境变化、过度开发、污染、外来物种入侵、气候变化。世界44%的陆地生态区域和82%的海洋生态区域均未达到预期保护目标。从全球看，世界水资源系统、土壤资源系统、大气资源系统、岩石圈系统、能源系统、生物资源系统、生态圈系统均面临历史上从未有过的挑战。

纵览全球农业安全形势，欧美发达国家凭借先发经济政治优势，情况稍好，但已频现重大缺陷，其主导行为仍在加剧全球城乡矛盾尖锐化。日本、韩国等国家处于经济后发位置，农业已基本丧失自给能力，城乡矛盾处于城市主导态势，乡村社会经济持续衰落。发展中国家经济处于迟发状态，多数国家农业陷入苦苦挣扎之中。总的结论是：全球农业处于危机爆发期。

---

① 国际移民组织与联合国难民署，2017年。

中国属于世界，今日中国农业安全问题是世界农业安全问题的一部分。从我国农业安全问题大多源于20世纪80年代后这一事实推断，我国农业安全问题属于外感于欧美、内发于中国之疾，属于急性发作类型，农业危机的根本原因在于工业文明与现代化。

三　全球农业危机背后是人类文明在深刻转型

从世界农业诞生开始，农业便成为人类文明赖以存在的根基，农业与人类文明的关系如同一枚硬币的两面。大约从17世纪开始，人类社会进入工业文明主导的现代化进程。四百年间人类以工业化、城市化、殖民化方式横扫全球，将所有社会力量、一切资源都置于自己麾下，在历史中上演了一幕幕工业文明引领的常规现代化活剧。常规现代化必然导致农业工业化、资本化，农村社会解体、乡村衰落直至消亡是一种城乡对立、自挖墙根、"食尾蛇"式的发展逻辑。乡村社会全面崩溃既是工业文明兴起的必然结果，也是工业文明最终退出历史舞台、生态文明取而代之的根本原因。[①]

19世纪中叶，马克思主义的出现开启了社会主义同资本主义的对立发展进程。第二次世界大战后，面对强势的资本主义现代化，社会主义欲与虎争，必用虎力，走上了本质上与资本主义对立、形式上类似于资本主义的工业文明道路。资本主义在和社会主义的对立运动中彻底走向了反动。

今日全球农业危机的爆发标志着资本主义危机在人类文明的根基部位的爆发，是人类文明危机爆发的同义语。至此，资本主义走完了自己的历史过程，现代化完成了自己的历史使命，农业现代化作为资本主义世界的"尾巴"，正在历史地、自然地、身不由己地退出历史舞台。工业文明结束了，生态文明正在成为21世纪人类社会的主旋律。

工业文明是对农业文明的反动，生态文明是对工业文明的反动。工业文明的本质特征是不可持续性，生态文明的本质特征是可持续性。从农业文明到工业文明再到生态文明，是人类从经验型可持续发展方式到醉生梦

[①] 小约翰·柯布："中国的伟大机会"，《世界文化论坛》2014年，第63期。

死型不可持续绝路再到科学理性型可继续发展道路的过程。人类社会将在生态文明建设过程中实现思想、理论、技术、模式、道路的全面创新，以此完成人类历史上从未有过的智慧大飞跃。

在生态文明建设方面，发达国家因资本势力强大、农业遭受严重残害，大多处于积重难返的境地。发展中国家将成为生态文明的优势建设区域。中国因其特殊的农业历史与现实地位，被历史潮流推送到了生态文明建设的前沿。农业兴，万事兴；农业休，万事休。农业是当代国家生态文明建设的第一领域，乡村振兴是国家顺应历史潮流及时作出的重大战略决策。

四 有机农业实践为生态文明建设带来了期望

作为生态文明大厦的建设基础，农业将以人类社会可持续发展的第一领域出现在新时代，人们将在可持续农业基础上完成城乡和谐统一的人类命运共同体与地球生命共同体建设。这就决定了生态文明时代的农业必须在本质上全面、彻底地回答农业安全问题的挑战，实现农业可持续发展。从国家尺度看，农业安全问题反过来就是未来农业的建设目标任务与检验标准，农业建设就是要实现食品安全、粮食安全、乡村社会安全、生态环境安全、国际农业安全。

以此为标准衡量现有的农业类型，我们发现，唯有有机农业可以基本满足上述目标和标准的要求。这是因为：①有机农业产品最终可以从根本上解决食品安全问题。②现已证明，用有机农业技术替代氮肥、农药、除草剂等常规现代农业技术，在大部分谷物、豆类、蔬菜、水果生产中可以取得和常规现代农业同样高的单位面积产量。相关增产技术仍在发展之中，依然存在增产潜力。有机农业可以解决粮食安全问题。③近期世界有机农业发展每年10%以上的增长率表明，消费者愿意为有机产品支付更高价格，有的高5倍、10倍甚至更高。这可以在过渡期总体上增加乡村板块经济的权重，有利于稳定乡村社会经济基础并吸引城市积极因素回流乡村，以解决乡村社会安全问题。④有机农业使用资源节约型与环境友好型技术，不断创新完善的技术体系可望解决区域生态环境安全问题。⑤一地、一国能够解决上述农业安全问题，就将为其他地区和国家解决农业安全问题带来希望，进而为解决全球农业安全问题铺平道路。

20世纪初，弗兰克林·哈瑞姆·金（F. H. King）针对现代农业弊端开始探索发展新路，至此有机农业已经走过了100多年历程，积累了丰富的理论与技术成就。上述分析表明，有机农业是生态文明建设的期望所在。

需要指出的是，从解决21世纪人类面临的全局性农业安全问题角度考察，现行有机农业还存在如下不足：①有机农业注重农产品品质，注重生态环境，但对乡村社会安全问题、粮食安全问题及国际农业安全问题未予应有重视。②有机农业发展呈现走向"白领"与贵族消费趋向，造成了负面影响，不利于全面展开和发展。③有机农业大多集中在工业文明发达国家，存在着既希求工业文明地位又避免工业文明弊端、"鱼与熊掌兼得"的趋向。④作为生态文明建设主战场的发展中国家，如何参与有机农业建设的定位不明确，等等。

2008年，国际有机运动联盟重新定义的有机农业概念为："有机农业是一种能维护土壤、生态系统和人类健康的生产体系，它遵从当地的生态节律、生物多样性和自然循环，不依赖可能带来不利影响的投入物质。有机农业是传统农业、创新思维和科学技术的结合，有利于保护我们共享的生存环境，促进包括人类在内的自然界的公平与和谐共生。"这一概念表明，有机农业的发展取得了重要进步。但从全球农业安全角度来看，这一概念偏重于生态经验，缺乏对全球乡村系统的定位，建设目标不明确，因而制约了有机农业的发展前景。

2016年，全球有机农业发展农用地面积为5800万公顷，生产者为270万户，全年产值900亿美元。[①]其利用农用地面积不足全球农用地总面积的3%，农户数不到全球总数的1%，产值不足总量的万分之三。这一情况表明，如果原封不动地套用现有的有机农业方法来解决岌岌可危的世界农业安全问题和中国农业安全问题，还存在根本不足。我们应结合最新的国际国内形势与研究成果，在原有基础上保留有机农业的合理内核，克服其不足，发展新体系，以解决农业安全问题。

---

① FiBL& IFORM, The World of Organic Agriculture, *Statistics & Emerging Trends* 2018, 2018.

五　走全域有机农业道路

有机农业蕴藏着巨大发展潜能。世界农业危机已经爆发，迫切需要解决之道，而有机农业尚不能担当重任，这是全域有机农业建设的基本依据。

20世纪80年代，钱学森在思考国际政治经济未来发展问题时指出，21世纪将是地理系统建设的世纪。地理系统就是地球表层系统，是指上界以对流层的高度为限（极地上空约8公里，赤道上空约17公里，平均10公里），下界包括岩石圈的上部（陆地上约深5—6公里，海洋下平均深4公里）之间的部分。其厚度平均为15公里，约为地球半径的四百二十五分之一。如果把地球比作一枚鸡蛋，地理系统就相当于蛋壳。

地理系统包括人类社会系统与自然地理系统两部分，农业系统是人类社会系统和自然地理系统重合构成的系统。显然，它属于地理系统。在地理系统意义上，我们把全域有机农业概念定义为：由从事农事活动的人、农事资料、农事过程和其承载的自然地理系统共同构成的可持续发展的有机统一体。这一概念包括六项内容：

①从事农事活动的人：包括农牧民（土地承包户、家庭农场主、合作社员、新农民），农业管理者（从农业与农村部长到村长，农产品市场管理工作者、乡村NGO管理工作者），农业科技工作者（农业科学家、农技推广人员、农业院校教师），农业企业家（农业生产、加工、贸易、金融、信息、科技服务企业，乡村文化企业的管理人员）等。②农事资料：包括种子、肥料、农业机械、相关基础服务设施等。③农事过程：包括从农产品生产到加工再到市场的过程，从农业生产者到农产品消费者，从田间到舌尖的过程，从自然态水土气到农业态水土气再到自然态水土气的过程，从农业的昨天到今天再到明天的全过程等。④自然地理系统：即地理系统中除了社会系统以外的部分，包括大气圈及其运动，土壤圈及其运动，水圈及其运动，生物圈及其运动，岩石圈及其运动，地球表层场及其运动（地球生态圈及其运动）等。⑤地理系统的可持续发展：指农业系统的经济可持续发展、社会可持续发展、地理资源环境可持续发展等。

⑥有机统一体：指生产者和经营者、消费者的统一，人类、产业和地理系统的统一，地理系统局部、国家和全球的统一，时间和空间的统一，历史、现在和未来的统一等。①

从上述意义上看，未来世界农业是把全人类紧密联系在一起的共同产业，将成为全域有机农业。它的出现是人类社会由农业文明和工业文明时代的经验型农业阶段进入生态文明时代的理性型农业阶段的重要标志。全域有机农业是对世界有机农业实践经验全面继承和理论探索的结果，它完成了有机农业实践探索和世界农业安全问题之全面、系统的对接，并将自己确定为解决全球农业安全问题的唯一正确道路。全域有机农业从国家战略高度，直面食品安全问题、粮食安全问题、乡村社会安全问题、生态环境安全问题、国际农业安全问题五大问题，致力于建设食品安全工程、粮食安全工程、乡村社会安全工程、生态环境安全工程、国际农业安全工程五大工程，有的放矢，一箭五雕，目的是实现国家农业安全，并在此基础上进一步实现国际农业安全。

六 实行全域有机农业建设的三套马车战略

工业文明的口号是现代化，生态文明的口号是有机化。从长远发展看，全域有机农业是人类突破工业化、现代化、常规现代农业发展局限，走向全面可持续的生态文明时代的可靠道路。

和现行有机农业单纯强调有机生产任务不同，全域有机农业有三项明确的建设任务，即有机生产、有机社区、有机社会。在实践中必须三位一体，同步建设。唯有如此，才能圆满完成建设任务。目前，我国农业建设实践有单纯经营有机农业生产成功的农场、家庭农场、合作社甚至合作联社；有单纯经营乡村休闲旅游（社区）取得成功的村庄、山庄、合作社、公司等；有单纯进行乡村社会建设的村庄、合作社、合作联社等。这表明，我国有机农业建设尚处在"匹马单车"阶段。未来，在生态文明时代，全域有机农业将推动乡村板块步入有机农业生产、有机乡村社区、有机乡村社会同步发展的"三套马车"状态，将和城市板块有机工业生产、

---

① 胡跃高等：《农业原理》，中国农业大学出版社2018年版。

有机城市社区、有机城市社会"三套马车"的全域有机建设比翼双飞，拓展乡村有机化，带动城市有机化，实现国家有机化，走上世界有机化的生态文明时代光明大道。

生态文明的希望在你我肩上

——第十届克莱蒙生态文明国际论坛综述

杨道宇　樊美筠/文

党的十八大以来，中国形成了包括生态文明在内的"五位一体"总体发展布局，并落实到各项具体政策的制定与执行之中。中国取得的生态文明成就和贡献日益赢得世界认可，不少学者认为中国是世界生态文明的希望之所在。为了进一步在世界范围内探索和传播生态文明建设的理论与经验，由著名海外智库——中美后现代发展研究院和中国生态文明研究与促进会、中央编译局、中国自然辩证法研究会、美中环境教育协会、广西师范大学出版集团、美国克莱蒙培泽学院、美国俄勒冈大学、中国生态文明电子报、《江海学刊》杂志社、哈尔滨工业大学建设性后现代研究中心等单位联合主办的"第十届生态文明国际论坛"，于2016年4月29—30日在美国加州克莱蒙培泽学院举行。

近200位来自美国、中国、韩国、意大利等国家的学者出席了论坛。其中，北美学者主要有：美国国家人文科学院院士小约翰·柯布、中美后现代研究院院长菲利普·克莱顿，国际生态文明联盟主席杰伊·迈克丹尼尔，《美国经济学与社会学杂志》主编克里福·柯布，美国克莱蒙研究生大学和培泽大学政治学教授莎伦·斯诺伊思（Sharon Nickel Snowiss），中美后现代研究院常务副院长、哈工大建设性后现代研究中心主任王治河，美国新泽西理查德斯托克顿大学哲学教授、《马克思与怀特海》一书的作者安妮·波默罗伊（Anne Pomeroy），美国东海岸怀特海研究中心主任费劳德（Ron Phipps）等50余人。中国生态文明研究与促进会、中国人民大学、西安交通大学、北京外国语大学、中山大学、中央财经大学、中国政法大学、中国农业大学、东南大学、厦门大学、华东师范大学、南京师范大学、环保部等单位的专家学者 115 人，参加了论坛。

开幕式上，培泽学院副院长奈格尔·波义耳（Nigel Boyle）教授介绍了培泽学院的生态校园建设成果，加州克莱蒙市市长山姆·斯佩德罗扎（Sam Spedroza）介绍了克莱蒙市生态文明新进展，中国生态文明研究与促进会朱广庆秘书长高度肯定了"克莱蒙生态文明国际论坛"在推进生态文明方面的贡献，详细介绍了中国政府为推动生态文明所做出的积极努力及贡献，小约翰·柯布教授、江苏师范大学前校长任平教授与菲利普·克莱顿教授介绍了有机马克思主义之于生态文明建设的必要性，广西师范大学出版集团有限公司党委书记、董事长张艺兵介绍了广西师范大学出版社在出版生态著作和绿色出版方面取得的可喜成果。这些发言，赢得了与会嘉宾的极大兴趣。

论坛将第九届"柯布共同福祉奖"颁发给有着"中国第一农民"美誉的河北省衡水市后现代生态农业中心主任安金磊，以表彰他在践行有机农耕、坚守生态农业方面的精神与贡献。

在为期两天的论坛中，中外学者以"有机马克思主义与生态文明"为主题，就马克思主义与生态文明、中国传统文化与生态文明、经济发展与生态文明、政治民主与生态文明、教育变革与生态文明等重大议题进行了深入讨论与交流。与会代表高度肯定了有机马克思主义对生态文明建设的贡献，肯定了中国智慧和经验在生态文明时代的价值，认为生态文明是超越工业文明的发展道路，是为了共同福祉的社会理想。只有通过各国人民的合作共建，才能得到更大实现。正如中美后现代发展研究院项目主任樊美筠指出的那样："生态文明的希望在你我肩上。"

一 生态文明建设需要有机马克思主义

当代世界生态危机构成了有机马克思主义出场的实践背景，资本主义在危机面前的无能为力使得有机马克思主义出场成为必要，有机马克思主义自身的超越性使得它的出场变为现实。

（一）有机马克思主义出场的背景

饮食、农业、海洋业、城市建设等领域产生的生态危机，是有机马克思主义出场的实践背景。中美后现代发展研究院特邀研究员帕翠亚·贝婷（Patricia Beiting）基于长寿、健康、幸福的目的，分析了美式饮食与农业工业化对人类健康、家畜健康、乡村社区生活和环境的可持续发展带来的危害。美国"非凡之善"项目执行主任南茜·敏嫦（Nancy Mintie）从世界最大的现存生态系统——澳大利亚的珊瑚大堡礁——之死的角度论述了海洋生态遭受破坏的严重性，认为其根源在于矿物燃料所造成的气候变化。中美后现代发展研究院特邀研究员凯萝·庄斯顿（Carol Francis Johnston）通过数据分析质疑工业化农业对养活世界人口的必要性，认为农业生态学是养活世界人口的更好选择。中国人民大学教授王召分析了以西方生产方式为核心的化学农业造成的自然环境污染和食品安全问题，强调没有情怀的农业现代化是一场灾难。中国农业大学教授胡跃高从食品安全、粮食安全、农村牧区安全、地理安全和农业安全角度，全面分析了中国农业面临的种种生态危机。河南师范大学教授刘科以DDT对农业与公共卫生的贡献及其造成的环境污染为例，论述了技术"亦善亦恶"的两面性。西安交通大学教授李建群在分析城市化目标、城市生态危机的性质等问题的基础上，分析了中国城市化所产生的生态危机。华侨大学许斗斗教授认为，技术时代造成的生态危机本质上是价值观的危机，是价值的社会缺失。与会学者还对转基因农业形成的食品安全问题给予了高度关注。

（二）有机马克思主义出场的必要性

个体经验、国家与地区生态实践、理论论证等多角度的分析表明，有机马克思主义之于生态文明时代是十分必要的。柯布从个人经验及美国的现实出发，从有机马克思主义对世界的影响从发，从中国建设经验出发，论证了生态文明建设尤其是中国生态文明建设对有机马克思主义的实际需要。克莱顿从资本主义引发的生态危机出发，提出有机马克思主义是对当代资本主义的替代性选择。任平认为，有机马克思主义是马克思主义理论史上和世界生态文明思想史上的盛事，因为有机马克思主义是在生态灾难时代对资本主义批判和替代的方案，是对传统马克思主义的超越性尝试，是对中西方生态文化的继承与发展，是建设性后现代主义的马克思主义转向。河北师范大学马克思主义学院副院长李素霞认为，有机马克思主义从对现代性的深刻批判出发，为走出人类生态困境提供了可能性，它对生态文明和人类共同福祉的实践追求为走出人类生态困境提供了现实可能性。山西大学教授邢媛认为，工业文明是对农业文明的超越，而生态文明则是对工业文明的超越。

（三）有机马克思主义的特征与方法

克莱顿认为，有机马克思主义有六个主要贡献：强调富裕国家过度消费和全球环境危机之间的关联，强调超越经典马克思主义与现代主义的后现代特性，承认文化、制度与环境的多元性，拥抱每个民族的文化历史传统，强调变化与过程，具有生态学思维方式。

克里福·柯布认为，作为21世纪的社会环境哲学，有机马克思主义应践行马克思主义的五个基本原则：分析性的而非道德主义的，卓越的唯物主义观，反对剥削的社会总体目标，反帝国主义及其霸权，坚持社会福利的相关知识观。不仅如此，有机马克思主义还应汲取建设性后现代主义的有效方法论：将事物或事件放到系统与因果的关系中加以理解，将个体放到其生活环境和人类背景中加以理解，坚持社会是有目的的，其目的在于使社会成员获得更高级的经验，将自然看作能量流动的整体系统，将斗争与和谐看作辩证联系的，真正的和谐允许自由与冲突。

杰伊·迈克丹尼尔认为，迈向有机马克思主义需要五个转变，即从孤立的个人主义转向集体主义，从人类中心主义转向自然主义，从对眼前事物的同情转向对万物的同情，从个人经验主义转向对身体和人类认知的全面分析，从对地球的机械论分析转向对地球生命力的认知。

王治河强调，有机马克思主义在根底上是一种厚道马克思主义，这种厚道性体现在它针砭资本主义的不义，强调对自然、他人和将来的厚道，反对消费主义的暴殄天物，主张惜物论，挑战"代价不可避免论"，强调发展的首要目的是提升人的生命，提高人的生活，发展的成果应惠及全体人民。

此外，作为有机马克思主义最直接的理论来源，经典马克思主义与过程哲学所蕴含的生态文明思想也是与会者探讨的重点。扬州大学马克思主义学院院长余远富等学者以《反杜林论》为例，论述了恩格斯的辩证唯物主义生态观。中国人民大学教授候衍社以《劳动在从猿到人转变过程中的作用》为例，分析了不合理的劳动关系对自然的破坏性影响。北京外国语大学教授孙磊梳理了中外学者对《资本论》生态思想的研究状况，认为"资本逻辑"和"人与自然的物质交换"等课题有待深入进行。《过程与实在》等著作的中译者周邦宪，强调了以怀特海为代表的过程哲学对生态文明的意义与贡献。中国政法大学讲师马翠明基于《怀特海的文明哲学》一书，分析了真、美、冒险、艺术、平和等五种品质构成的怀特海文明观。美国进步基督教联盟执行主任蒂莫西·墨菲（Timothy Murphy），以历史回顾的方式分析了布莱恩·亨宁、查尔斯·哈茨霍恩、小约翰·柯布这三位过程哲学家以及迈克尔·哈特和安东尼奥·内格里这两位新马克思主义者的生态文明思想。合肥工业大学教授张才国梳理了克沃尔生态社会主义思想构建的原则和方法。

二 中国传统文化中的生态文明智慧

中国传统文化是有机马克思主义的主要理论来源之一，"天人合一"是中国传统生态观的集中体现。中国人民大学马克思主义学院副院长张旭认为，中国传统生态文化的核心是主张人与自然和谐共生的"天人合一"生态观，它和马克思主义的生态结构论高度契合，对韩国、日本等东南亚文化圈产生了重大影响。学者罗安宪将中国传统生态文明思想归为"和而生物"与"利而不害"两大基点，前者是内生于心的共生、共在的生态观，后者则是外化于行的生态伦理准则。西安交通大学人文学院哲学系主任张帆从本体论、存在论、认识论、方法论、人生论、价值论角度区分了中西方文化，认为西方文化是单元个体式思维，中国文化则是生命整体式思维，后者在人与自然的关系上集中体现为"民胞物与"和"天人合一"。学者刘丹鹤将"天人合一"的政治生态智慧归结为敬天重道、效法天地、参天地之化育三个义利之辨，认为现代政治应以此为基础。渤海大学教授杨道宇认为，阳明心学在融合儒释道的基础上将"天人合一"发展为"与天地万物为一体"的四位一体生态观：以孝为基点的家庭生态、以恻隐为基点的社会生态、以亲民为基点的政治生态、以"生""物"为基点的自然生态。香港中文大学教授谢彩虹以汉学家安乐哲（Roger Ames）和郝大维（David Hall）对《中庸》的翻译为例，诠释了"人参天地之化育"中的过程思想和人以创造性为抓手的生态伦理责任。

此外，老子、荀子、墨子、佛教的生态思想也受到了中外学者的关注。克莱蒙研究生大学教授莎伦·斯诺伊思（Sharon Snowiss）以莱布尼茨的二进制计数、DNA双螺旋结构、量子力学、基因组学和生物信息学等现代科学证明了老子《道德经》阴阳原理的生态科学性。中国人民大学教授王易将荀子的生态思想归结为"天人相分""顺其自然""顺天而为""制天命而用之"等方面。华东师范大学博士宋锦洲将墨子的政治生态思想归结为"兼相爱""交相利"与"天下为公"等方面。学者王致远通过佛教的冥想指出，个体身心锻炼应放在他所处的社会背景中加以理解，从而在个体发展与社会正义等宏观环境改善之间建立有机联系。杰伊·迈克丹尼尔博士从儒家的集体主义、道家的自然主义、大乘佛教的普度众生精神、中国传统医学的全息思想、"气"哲学的有机思想等角度，论证了生态文明建设所必需的精神营养。

与会者在重视中国传统生态智慧的同时还指出，中国传统文化仍需要"返本开新"。中山大学研究员左康华从思想演化史的角度，阐述了"天人合一"在不同历史时期的"返本开新"。东北师范大学学者杨淑静从辩证法角度指出，中国传统文化须在不断地自我否定中完成自生成，体现开放性与兼容性。杨道宇等学者认为，中国传统哲学应在和有机马克思主义等后现代哲学的互构中完成自身的再生成。

三　生态文明视域下的经济发展

世界经济尤其是资本主义经济的畸形发展是造成当代生态危机的根源。因此，如何使经济发展更具生态性便成了与会者探讨的一个重要问题。循环、公正与合作被认为是经济生态化的三大要素，城乡经济生态化是经济生态化的着力点。

首先，就生态化要素而言，循环经济被认为是走向经济生态化的必然之路。东北师范大学教授孙育红以此为基础重点分析了作为循环经济理论基础的可持续发展理论和荷兰风车模式、美国3M模式、德国DSD模式、美国循环消费模式四种实践模式。南京财经大学学者胡连生、杨玲重点解释了循环经济的三个原则——减量化、再利用、再循环，以及丹麦的卡伦堡生态工业园。此外，生态经济构建还包括公正与合作因素，美国"团结经济研究中心"主任严怡帆（Yvonne Yen Liu）介绍了亚裔美国人自主形成的包含公正与合作因素的经济发展模式。

其次，就农业而言，农业生态化得到了与会者的认同。对于农业生态化的必要性，凯萝·庄斯顿博士以数据分析发现，养活世界人口的最佳方式是生态农业而不是工业化农业。王召研究员以化学农业生态问题为基点指出，农业现代化必须具有生态性。山西大学教授赵宇霞具体分析了农业生态化在强化农民生态意识、提升农民竞争力、改善农民生活等方面的巨大作用。在此基础上，学者们从"三农"视角论述了农业生态化的路径。中国农业大学教授胡跃高认为，农业安全包括食品安全、粮食安全、农村牧区安全、地理安全、农业安全五个层级，生态农业建设应以这五大关联系统所构成的复杂巨系统为基点。扬州大学教授王晓燕指出，"能人探路、村官跟进、精英整合、村民驱动"是动员村民建设中国生态村的有效机制。第9届"柯布共同福祉奖"获得者安金磊以自己1985年以来从事有机农耕的经验强调，土地是有生命的，人应该循自然之道，敬畏生命，形成多种生物和谐共生的农耕生态园。

再次，与农业生态化相应，城市生态化的意义与路径问题也是会议的一个焦点。李建群教授在分析城市生态危机的基础上指出，体制是解决城市生态危机的关键一环。学者虎业勤强调了城市低碳交通对生态城市建设的关键作用，指出其目标在于经济、社会、生态与人文的和谐，运行的关键在于制度、技术、人文的协同驱动。北京林业大学学者苏彦舒以污水治理为例强调，环境审计对生态城市建设具有巨大作用。学者石秀芳认为，人要实现诗意存在的生存理想，必须提升自身的审美意识与能力，完成从"经济人"到"生态人"的转变。芝加哥大学学者罗易以西藏林芝古柏园为例，分析了商业旅游的生态化问题。中国地质大学学者陈军基于城乡一体化，从需求压力、创新努力、市场环境、政策支持等方面构建了涵盖21个指标的中国区域生态创新结构模型。会议期间，与会者参观了克莱蒙的城市生态村，其有机农园和朝圣地"尊重他者，人与人、人与自然、人与精神和谐共处"的大爱精神引起了强烈共鸣。

四 生态文明视域下的政治文明

"如何使政治文明更具生态性,并通过政治文明促进生态文明发展",是生态文明建设急需探讨和解决的重大问题。

第一,资本主义制度是生态危机引发的根源。蒂莫西·墨菲教授从布莱恩·亨宁、查尔斯和小约翰·科布等人的过程哲学思想以及迈克尔·哈特和安东尼奥·内格里等人的新马克思主义思想出发,认为马克思主义和过程哲学是对资本主义榨取逻辑的超越。美国斯托克顿大学教授安妮·波默罗伊(Anne Pomeroy)通过数据分析指出了资本主义与生态破坏之间的内在关联,认为调整资本主义制度并不能解决生态问题。中央财经大学学者王淼梳理了世界共产党对当代生态危机根源的认识,强调资本主义的趋利体制、逐利本性、消费方式、全球扩张等资本因素是当代生态危机的根源。

第二,作为建设性后现代主义,有机马克思主义者在批判资本主义对生态破坏的基础上指出了有机马克思主义对于生态文明建设的必要性。柯布从美国政治民主生活对马克思主义的逐渐接受以及拉美、古巴、巴西、北欧和中国等国的马克思主义实践出发,指出了有机马克思主义对生态文明时代的必要性。克莱顿认为,不受限制的全球资本主义逐渐制造出一个越来越充满敌意的环境,社会主义尤其是有机马克思主义是对当代资本主义的替代性选择。张才国教授总结了美国学者克沃尔的生态文明观,认为资本主义是自然的最大公敌,生态社会主义才是出路。

第三,世界和平是生态文明的基石,公正与合作是生态文明的必由之路。中国环保部华东环境保护督查中心办公室主任杨永岗在分析战争造成的环境污染、生物破坏和地质结构恶化基础上指出,维护世界和平是环境保护的基本内涵之一。美国生态正义与激进分享经济运动领袖查德·迈耶思(Ched Myers)指出,应当顺应地球的流域趋势来设计行政区域,从而使所有生物与其共同的水域连接在一起,并使居住于其中的人类成为其共同体的一部分。学者张晓萌基于政治哲学视野论述了正义与生态的有机关联,认为应基于正义原则建设生态文明,使人与自然和谐共存。此外,中国领导人习近平在世界气候变化大会上提出的"各尽所能、合作共赢"

"奉行法治、公平正义""包容互鉴、共同发展"的生态文明合作理念,受到了与会者的积极关注。

第四,生态文明制度建设是促进生态文明发展的根本路径。朱广庆秘书长介绍了中国近年来生态文明建设的成效与经验,并在此基础上提出了绿色思想、绿色布局、绿色生产、绿色生活、绿色制度"五位一体"的生态文明建设设想。环保部华南环境科学研究所副主任张修玉按照"决策→评估→监管→考核"的制度运行时序,建构了绿色高效的决策制度、生态有效评价制度、生态环境监管制度、生态优先考核制度"四位一体"的生态文明制度体系。云南大学公共管理学院院长崔运武强调了地方政府在节能减排方面的地位作用,并以此为基础设计了地方政府有效执行政策的基本策略。中南财经政法大学学者万健琳以政府或市场单中心治理模式的缺陷为切入点,提出了"政府主导、多主体参与"的新型生态治理机制。合肥工业大学教授周甄武认为,中国的生态文明制度与实践体现了中国共产党对执政规律、文明建设规律和社会发展规律认识的深化。

第五,现代生态文明发展需要政治智慧的有效参与。西雅图中美友谊协会创会主席费劳德认为,中国环境危机的治理需要新的创造性洞见,需要中国传统、西方传统、马克思主义的有效参与。学者刘丹鹤认为,中国传统政治智慧是当代政治文明建设的有益资源,中国"天人合一"的政治生态智慧对现代政治建设的主要启示是:敬天重道、效法天地、参天地之化育。美国协和大学研究生项目主任布鲁斯·汉森(Bruce Hanson)认为,伯纳德·卢默的关系性权力理论告诉领导者,必须将自己视为寻求理解与支撑历史使命的关系性存在。

五 生态文明视域下的教育变革

生态文明建设是靠人来进行的,要实现生态文明理想就必须造就一批具有生态情怀的人,正如学者王子龙所说的"欲变外生态,先变内生态",通过行动将精神生态客观化为外部的生态文明。在这种意义上讲,生态人的理想"样子"及其生成路径便成了生态文明建设的首要问题。学者范树成、李素霞认为,生态人是对自然人、经济人、道德人的人性假设的扬弃与超越,是生态意识、生态情感、生态行为的有机统一,应从生态意识教育、法律制度完善、生态实践生成三条路径协同造就生态人。杨道宇博士基于阳明心学视角指出，真正的生态文明是家庭生态、社会生态、政治生态、自然生态的有机统一；相应地，完整的生态人是孝心、恻隐之心、亲民之心与生生之仁心的有机统一。因此，教育应在家庭生态上着重培育人的孝心与孝行，在社会生态上着重丰富其亲身体验、提升其移情能力并使其认同公共价值观，在政治生态上着重培育民本、民生、民主信仰，在自然生态上着重培育"人为天地心"的有机体思想、"心外无物"的认知追求、"爱及万物"的生命情怀和"参天地之化育"的生态责任感。四川外国语大学教授王寅从"语言是人存在的家"出发，强调生态教育离不开语言教育，并基于体验语言的生态性提出，语言教育应基于与真实世界的交互作用形成的亲身体验来发展语言，从而使人的认知发展建立在身体经验的基础上，使语言、真实世界与心灵形成生态性关联，进而使认知发展生根于这种生态性关联之中。

大学是生态文明研究的主阵地，也是培育生态人的着力点。东南大学学者赵娟基于有机马克思主义强调，大学应确立服务于共同福祉的教育目的观，致力于生态文明的生态教育观，树立长远和整体的视野以防止智力的过度开发和人的单向度发展，塑造具有全球公民的价值观。厦门大学教授王洪才从中国大学的实际情况出发总结了大学文化生态困境，并在分析了其原因的基础上指出了走出困境的具体措施。东南大学学者张然基于过程哲学提出，大学教育应更加注重过程，超越僵化的观念，提升艺术教育。大连理工大学学者胡月以牛津幸福感问卷、正负性情感量表、生活满意度量表为工具，将大学生幸福感置于生态文明视域下进行探析，认为从生态文明视域和积极心理学角度进行干预，有利于提升学生的幸福感。

"新共同体主义"刍议

——读《21世纪生态经济学》兼及新伦理观

裴 勇/文

近期读了赫尔曼·达利和小约翰·柯布合著的《21世纪生态经济学》(*For the Common Good: Redirecting the Economy toward Community, the Environment, and a Substainable Future*《为了共同福祉——转向面向共同体、环境和可持续未来的经济》),这是一部面向未来的重要著作,意在解决当前人类面临的危机,探讨人类如何更好走向未来。所有面向未来的思想者、宗教家、政治家、经济学家、学者、知识分子都有必要了解此书的视角、分析和提出的对策建议。

作者认为,当前的经济制度和国际体制是现代性的、以西方为主导的、以人类为中心的、以金融资本为核心的、个人主义至上的、把理性和科技迷信化的、为少数人利益及其无限贪欲服务的、盲目增长的、造成生态灾难的、不可持续的且已全球化了的体制。为此,未来必须重新定位人类的经济、社会发展方向,这就是——建立为共同(体)利益服务的、生态的、有机的、整体论的、可持续发展的新经济制度、社会运作机制和国际体制,创造以共同体利益为中心的新型的生态文明,我将这一主张称之为后现代共同体主义或新共同体主义。现代社会已经存在一种"共同体主义"(communitarianism),也叫"社群主义",但它是现代性意义上的。本文中的共同体主义是后现代意义上的,所以我称之为"后现代共同体主义"或"新共同体主义"。

第一次启蒙,人类进入现代性社会。它以个人主义、市场经济、资本主义、无限增长为主导,目前正因为生态灾难、人性异化而难以为继。第二次启蒙,人类将进入后现代社会。它将以个体和集体兼顾、自给自足的适度规模经济、共同体主义、可持续发展为主。我认为，这其中的核心是精神理念和信仰问题。柯布说，信仰是生存的支持机制。宗教和信仰提供的世界观和伦理规则将对经济和社会发展模式产生导向作用。新教教义以及启蒙运动带来的现代性特征，导致了西方中心论、人类中心论、对象性思维和非此即彼的二元论、科学迷信和技术狂野而无限度开发，加速了对自然和生态的无度攫取和破坏以及人际的倾轧或疏离。新教伦理和资本主义的协同滋长、交互增生，把现代性的弊病和盘托出，把人类带入了一个危险的困境之中。人类要走出现代性困局，走向后现代，走向生态的、为共同体利益服务的、可持续发展的新文明形态，需要新的发展伦理或经济伦理给予指引。新文明形态需要一种自给自足的、适度规模的、节制欲望的、控制需求的、以共同体为基础的、注重个体与整体均衡的、多元文化并存的、整体兼顾的发展模式。针对这样的需求，需要围绕上述新型文明的共同价值，同时尊重不同文化的特点，提出一种精神一致但文化表达多样的新的发展伦理，进而向生态文明、人的真正解放进发。

柯布指出："一些不承认有神论的人，仍然承认个体的价值和整个系统的价值。我们与他们有着同样的立场，而且我们认为许多人在直觉上与我们有着同样的信念，即两者都很重要。我们的观点是，这种承认最好以这样一种观点为基础，即存在一个统一的整体，它对其中发生的一切都很敏感。我们确信，这个无所不包的统一体就是先知传统的上帝。"我认为，就西方的基督教文化背景而言，应该找回那种尊重自然、注重整体大全、确信作为无所不包统一体上帝的"先知传统"，以代替那种已经过期了的现代性"新教伦理"。从韦伯的"新教伦理与资本主义"过渡到"先知传统与后现代共同体主义"，以"先知传统"为指引，走向"新共同体主义"。那些不承认西方有神论的其他文化传统，大多都有统一的整体论传统。中国儒家的天、易，道家（教）的道、虚，佛教的法界、佛性，印度教的梵天等，大多是一种近似无所不包的统一体概念，历来就蕴含着前述新共同体主义的主要价值观，并主张节制欲望、修养内在、中道均衡、人与自然的和谐统一等，天然地和后现代共同体主义更容易接轨。就中国而言，可以发展出儒家伦理与新共同体主义，佛教伦理与新共同体主义，或整合儒释道三家，提取中国传统文化精髓，发展出中华人文伦理与新共同体主义，或圣贤传统与新共同体主义，推动中国经济、社会向后现代生态文明迈进。

当代中国领导人连续提出的"科学发展观"和"人类命运共同体"观念，与柯布等西方建设性后现代主义者提出的"新共同体主义"的理念，在内在精神上是一致的。总体而言，这应该已经成为全球的共识。在人类命运共同体意识下，传统的资本主义与社会主义的意识形态之争，除了作为利益之争的旗号外，已经失去了实际意义。未来的地球村应该只有一种统一的意识形态——"新共同体主义"。在此基础上，世界各国、各种文明才能在保持多样性和独特性前提下平等互尊、合作共赢，创造共同福祉。达利和柯布对共同福祉问题的探讨是站在全球立场上的，尽管提出的对策是针对美国的，但那些具体到经济和社会生活各个方面的对策和宗教哲理文化思辨，对其他国家特别是中国具有重要的参考价值。中国学者也应该像柯布他们一样，针对中国的发展，面向未来提出"新共同体主义"的现实的、切实有效的具体主张。关键是，中国必须首先走出现代性的思维和局限，在尽量规避现代性弊端的同时，向后现代和新共同体主义转舵，这既包括物质、经济层面，更包括精神、社会层面。

2018年"柯布共同福祉奖"获奖感言

鲁枢元/文

[编者按] 2018年4月27日，在美国著名生态城市——克莱蒙举行的第12届"生态文明国际论坛"上，隆重颁发了第11届"柯布共同福祉奖"。中国著名生态批评家、黄河科技学院生态文化研究中心主任、建设性后现代与生态文化研究中心主任鲁枢元教授获此殊荣。这个奖项以世界著名后现代哲学家、生态经济学家、有西方绿色GDP之父美称的美国人文与科学院院士小约翰·柯布博士的名字命名，是世界生态哲学和生态文明领域的最高奖项。该奖旨在奖励世界范围内为推动生态文明建设、增进人类与自然共同福祉作出杰出贡献的生态环保人士。中美后现代发展研究院院长克莱顿和秘书长曾庆华，为鲁枢元教授颁发荣誉证书，这里刊登的是鲁枢元教授的获奖感言。

尊敬的小约翰·柯布博士，菲利普·克莱顿教授，主持人，各位女士、各位先生：

晚上好！

我怀着感恩的心情走上这个授奖台。我做梦也没有想到，能在自己的有生之年来到美国领取"柯布共同福祉奖"这个世界范围内生态哲学和生态文明领域的最高奖项。

首先我要感谢的是美国人文与科学院院士、当代杰出的思想家柯布先生。如果说伟大的哲学家怀特海从理论上结束了一个时代并同时开启了一个时代的话，那么柯布先生以及他的同伴格里芬先生，还有他带领的团队，则推进了时代的转型和社会发展范式的变革。数十年来，柯布先生一直在倡导过程哲学、有机马克思主义、生态经济学、有机农业，为这个新时代的诞生铺下了一块又一块基石，成为这个新时代即生态型后现代卓有成效的建造者。柯布先生更以他崇高的信仰、仁爱的心灵、敏锐的智慧、素朴的人生，为世人树立起一个圣洁的道德标杆。

我能够获得以柯布先生名字命名的这一奖项，深感荣幸，同时又感到非常不安。因为比起此前的获奖者，我做得还很不够。

近30年来，我持续关注的是人类的"精神生态"。我努力在做的只是把人类的精神活动作为一个活跃的变量纳入地球生态系统，把生态作为一个重要的审美范畴、诗学范畴引进文化艺术领域。我希望通过改变人的内在尺度，即调整现代人的价值观念、生存模式、行为准则，来改善人与自然的关系、人与人的关系，从而进入这个生态型的新时代。

生态无国界。亨利·梭罗说过：这个时代有必要汇集各个民族古老的生态智慧，以应对日益险恶的生态危机。为此，我曾编辑出版了《自然与人文》一书，萃集了从孔子、老子、柏拉图、伊壁鸠鲁到怀特海、史怀泽、德日进、利奥波多、泰戈尔、梁漱溟等古今中外圣人先哲的生态话语，其中当然也收录了柯布、格里芬的精彩论断。我的以中国伟大的自然主义诗人陶渊明为个案研究的著作被翻译成英文出版，同样是希望为沟通中西方生态文化的交流奉献一份力量。

目前，物质主义、科学主义、经济主义、消费主义的洪流仍在世界范围内狂野地肆意泛滥。由柯布先生、格里芬先生、克莱顿先生主导的建设性后现代运动正在构筑一道生态型的堤坝，竭尽全力将这股洪流导入一条平稳、和谐、安全、健康的河道，这将成为地球上全体人类与万物的共同福祉。

前边的道路很艰难，但最终的愿景一定能实现。中国有句古话，叫"谋事在人，成事在天"。其中的"天"就是自然，就是带有神性的自然。我相信，"人"与"天"都是站在我们这一边的。让我们为了地球上人类与万物的共同福祉，携起手来，共同奋斗吧！

小公司和大哲学的深层契合

张　正/文

我所在的公司是一家致力于设计开发伴手礼产品的小型文创设计公司。我在学习了过程哲学这个伟大哲学后发现，小公司和大哲学看似遥不可及，实则也深层契合呢。我们公司成立十年来，从3、4个人发展到了现在的20多名员工，从最初的十多种产品发展到了目前有几百种产品。我们的产品通过新华书店、机场书店等连锁商业机构推广到了全国20多个城市，进入了几百家门店，数以万计的顾客在购买和欣赏我们的产品。对此，我们感到十分骄傲。

我们的产品以中国古典文化元素为设计主题，这样的产品在国内很常见。我们还开发了许多中国文化纪念品，但和其他公司不同的是，我们并不是把各种古老的纹饰与图样照搬地复制在产品上。例如，我们在开发十二生肖系列产品时，先要理解生肖文化，然后邀请插画师、设计师共同合作，再结合今天的审美取向，重新将这些文化符号进行设计和造型，使产品更符合今天的消费者特别是年轻人的审美和生活需求。当人们接触到这些商品之后，大家会有眼前一亮的感觉：哇，这是我们熟悉的文化符号，但又有着新颖的造型与功能。

生肖文化在中国已有上千年的历史，代代相传，深入到中华民族的心灵之中。但是，这并不意味着我们要照抄祖先画出的图样。就传承与发展的关系来说，我认为，相较于传承而言，更重要的是发展。如果只是一味地继承祖先的衣钵，真有点吃祖宗饭的意味，这实际上是有愧于祖先的。作为工艺品设计开发的从业者，我们不能满足于现状，而应持续地将传统的文化概念不断向前推进，将其物化为集合造型美与文化内涵的产品，以满足大众的物质与心灵需求。很显然，不断地求变求新求美，这和过程哲学所倡导的万物流变、注重创新、探求艺术和美是深层契合的。

我们的公司架构是一种轻公司的架构，公司内部设有产品研发、品牌推广、销售质检等部门。我们的商业运营模式是，由公司设计开发产品，将蓝图交给多年合作的工厂，由他们进行生产，工厂按照图纸生产相关部件后，再由我们将来自不同工厂的部件组装配好、制成成品，发给我们的经销商，再由连锁经销商将这些产品推到全国几百个零售店的货架。我们的顾客会在零售店里购买这些产品，或是自己欣赏使用，或是作为礼品送给他人。根据我们的追踪调查，我们注意到，这些产品中有很大一部分是送人的。对此，我们同样感到很骄傲。

从我们在大脑中设计出产品，经过生产和营销各个环节，再到客户购买使用，这是一个很长的价值链条。各个环节的参与者都做出了贡献，同时也获得了回报。在整个过程中，我们关注的不仅仅是商业利润，我们更关注合作伙伴的满意度、公司股东和员工的满意度、特别是顾客的满意度。只有在各个环节上的所有参与者们都可以分享到商业利润并获得他人和社会认可的时候，我们的公司才能正常运营并持续健康地发展下去。这和过程哲学所倡导的万物关联、关心他者同样有着深层契合之处。

人本该诗意地栖居

——第十二届中美过程暑期班感悟

王晓丹/文

有这样一种体验，会让你觉得是耳边轻柔的回荡，低声的诉说；有这样一种体验，不需要太多的技巧，却能唤起灵魂深处的责任与良知；有这样一种体验，会让你卸去疲惫，带你走向美好的记忆与感动；有这样一种体验，会让你剔除痛苦，即使身在他乡也会由衷地延续那依然震撼的心灵。

2018年7月16—21日，由美国中美后现代发展研究院、美国过程研究中心、中国过程学会和三生谷生态书院联合举办的"第十二届中美过程（后现代）哲学暑期高级研讨班"，在浙江省杭州市胥岭国际生态村成功开办。我有幸能够参加这次为期一周的学习研讨，无比珍惜，回忆无穷。或许，自己的经历对他人而言微不足道，但我总觉得这是人生中的一次深刻体验。即便刚开始时经历了些许陌生和对未知的恐惧，但现在笑着回味那短短的几天，又感到长长的无限思念。

一 后现代起居：活着是一种自然存在状态

这次研讨会的地点位于浙江省杭州市胥岭国际生态村。胥岭村是建德市乾潭镇邵家村的一个自然村，也是杭州市摄影家创作基地。胥岭坐落在海拔400余米的山坳里，四周群山环抱，梯田重叠。它风光旖旎，底蕴厚重，因春秋战国时的吴国大夫、军事家、谋略家伍子胥途经此地而得名。从山脚到岭尖有一条千年古官道，岭尖有一座小天池和胥峰亭，还有永福庵遗址。站在岭尖遥望，有一种"一览众山小"的感觉。沿着古官道走下来，子胥庙遗址、子胥茶园、胥乐亭散落其间。还有竹鸡洞、金栗洞、狮尾洞、胥乐洞，这些都是天然溶洞，深不可测，目前尚未开发。研讨班举办之际正值夏季，群峰层绿，农宅点缀，羊肠小道渐铺其中，潺潺小溪清澈见底。各色小花怒放阡陌间，鸟儿鸣叫嬉戏树梢枝头。梯田层层叠叠，峰峦云雾缭绕，农宅炊烟袅袅，让人心旷神怡。我初来乍到，就被这优美的风景迷住了。我们的生活起居，正是在这样的自然生态环境中展开的。

我们住在三生谷书院的二层阁楼里。阁楼由竹子搭建而成，像极了修身养性的疗养之地。在这简单生态的居住环境中，我们早起拔草、徒步登山，欣赏蓝天白云的馈赠，轻触晨间雨露的滋润。晨起，我们与大自然亲密接触，早饭是生态有机的农家谷物和蔬菜。上午，开始怡身宁神的静坐冥想，紧接着是富有生态意蕴的后现代课堂。晚间，是自娱处乐的文体活动。最喜那晚上的萤火虫，星星点点，一闪一闪，梦幻朦胧，美好自然。欣赏完美丽的萤火虫，略作洗漱，早早睡去，修整一天的精神收获与身体运作，养精蓄锐，迎接明天清晨的美好。这是一个"日出而作、日落而息"的安静日子，从来都是晚睡晚起、熬夜焦虑的我们，在这短短的几天，竟然可以享受自然的馈赠，与自然相通，顺乎阴阳，相辅相成。

除了与大自然的亲密接触，我们还收获了新的友谊。来自国际上四面八方的师友相聚，有王治河老师的幽默风趣，樊美筠老师的优雅大方，杨富斌、温恒福、杨丽等老师的治学严谨，还有 Prof. Jay McDaniel、Prof. Paul Bube、Dr. Kevin Clark、Dr. Andrew Schwartz 等多位国外知名学者的异域学识。

在三生谷的学习和生活，简直诗意。诗意地栖居亦即诗意地生活，而诗意则源于对生活的理解与把握，尤其是内心的那种安详与和谐，那种对诗意生活的憧憬与追求。"当人的栖居生活通向远方，在那里，在那遥远的地方，葡萄闪闪发光。那也是夏日空旷的田野，森林显现，带着幽深的形象。自然充满着时光的形象，自然栖留，而时光飞速滑行。这一切都来自完美。于是，高空的光芒照耀人类，如同树旁花朵锦绣。"

二　后现代课堂：思想是开放自由产物

怀特海曾言："教育是一个一分钟一分钟、一小时一小时、一天一天地耐心掌握细节的过程。不存在一条灿烂的概括铺成的空中过道通往学问的捷径。……教育的问题就在于使学生通过树木而见到森林。"这次研讨班正是一次践行自由和开放的后现代课堂。

后现代课堂包括一些基础教材，如梅斯勒博士的《过程—关系哲学》、杰伊·麦克丹尼尔博士的《什么是过程思想？》等等。还有一些在线资料，如柯布博士的《怀特海哲学术语》《新文明的五个基础》、麦克丹尼尔博士的《过程思想家相信什么？》等等。我们收到教材后的第一个任务就是熟悉教材。记得第一天晚上，我在阁楼的书社预习教材，因为是全英文版本，预习起来很慢，但并不感到孤单。我深受两个北师大学姐、学妹的精神感染，竟然一起学到凌晨1点多才去睡觉。在初来乍到的第一天，我深感身边小伙伴们的一些优秀品格值得学习。"成功的花儿，人们只惊羡她现时的明艳！然而当初她的芽儿，浸透了奋斗的泪泉，洒遍了牺牲的血雨。"正如冰心的这首小诗描写的那样，我们总是艳羡旁人的优秀和成功，殊不知他们付出了我们不曾看到的诸多努力。研讨班的同学们都太过优秀，翻译不在话下，全英侃侃而谈，学术观点条理明晰，多才多艺文体兼备。

后现代课堂的重要基础是一系列珍贵的讲座：杨富斌教授的《怀特海过程哲学的创造性原理》、杨丽教授的《基础教育课程改革不能忽视学生"头脑中的知识"体系的生成》、温恒福教授的《为积极人格而教》、王治河博士的《建设性后现代婚恋观漫谈》等。这些讲座观点新颖，使我们对后现代哲学、后现代教育、婚恋、生活等都深受启发。讲座期间有许多讨论环节，大家各抒己见，气氛活跃轻松。课堂还安排了茶歇，为我们准备了瓜果小吃，现在想来真是美味至极。

后现代课堂的一个重要环节是小组阅读，课时安排在每天下午，所有学生进行分组，有初级班和高级班。初级班主要是对怀特海经典原文进行阅读和理解，由 Dr. Andrew Schwarz 和 Kevin Clark 两位老师主持。这和昨天的作业相关，前一天晚上要预习明天学习的内容，第二天在阅读课上要交流讨论，分享心得。这种课堂设计既调动了我们学习的主观能动性，又极大地赋予了我们作为学生的主体性，还提高了自我学习的能力，锻炼了英语表达能力，拉近了学生之间的亲近关系。我在 Kevin Clark 老师这一组，他很亲和，也很幽默，讲解时声情并茂，感染力极强，深受学生们喜爱。

后现代课堂的点睛之笔在于"寓教于乐"。"要是教育没有用，它算是什么呢？它是藏着不用的才能吗？当然，不管你对生活的目的是什么，教育总是应该有用的，教育过去对奥古斯汀是有用的，对拿破仑是有用的，它现在还是有用的，因为理解是有用的。"此次研讨班不仅仅拘泥于课堂教学，而且把课堂搬到了美丽的大自然当中。清晨，我们为农田除野草。登山冥想，我们体会每一个自我存在的当下，聆听内心真挚的声音，无关外在嘈杂，无关旁人惊扰，只关乎当下与自我，身心合一，形神俱备。登上山顶，我们俯瞰群山，层叠农田，炊烟袅袅，白云缭绕，合影嬉笑，无不和谐美好。参观溶洞，我们感叹自然的神秘，大家手拉手，互帮互持，更加拉近了距离，收获了深厚的友谊。晚上的文娱表演，大家多才多艺，欢乐互动，打破了山谷的宁静，心身得以愉悦、舒展。这些活动，是我们切身体悟怀特海过程哲学的最好形式。

三 后现代心灵：过程是诗意存在的可能

怀特海哲学告诉我们：世界就是过程，过程就是实在，整个宇宙是一个不断生成和发展的过程。离开不断生成和发展的过程，一切存在都会丧失自身的生命力。不管见识高低，一个人深度整理和收拾自己的内心，这本身就很迷人。然而现在，能够真正做到关注当下、活出后现代的人，真是鲜而有之。

从后现代视角反思当下的现实可以发现，经济全球化导致全球贫富差距进一步扩大，科学技术是导致生态危机的重要原因之一，民主政治伴随着官僚化与权力腐败，理性主义的偏执产生了精神空虚与社会道德信仰危机。特别是在文化领域，当代文化越来越呈现出明显的大众化、世俗化、网络化、虚拟化趋势，人们习惯于坦然而不假思索地接受这种趋势带来的精神娱乐与人格麻痹，放弃了对人文关怀、人生价值、精神信仰的高层次追求。在低俗文化中失去了人之为人的个性，趋炎附势而沾沾自喜；在虚拟世界里过度沉沦、不务正业，在商业趋向中蒙蔽双眼、唯物欲是瞻。很少有人关注尊严、个性、理想、自由、精神、信仰、人格，取而代之的是娱乐、消费、金钱、物质、利益、网络、攀比。许多人不再是具有丰富情感、生命朝气、独创精神、人格自由的人，几乎成了头脑简单、心灵荒芜、千篇一律、精神麻木的行尸走肉。一些人接受教育不再是为了获取知识、拯救灵魂、实现价值，而是为了文凭执照、物质利益、娱乐享受。人的心灵开始荒芜，自我逐渐缺失。

当下，我们亟需后现代救赎。人的生命的独特之处，在于人是唯一能对其生命意义不断发出询问的生命。询问生命，询问自我，还原本我，还原本真。追求开放、动态、过程的延续，聆听内心的絮语。真正自信的人，任何解释都是多余的。真正美丽的人，任何装饰都是多余的。真正自我的人，任何依靠都是多余的。我们都是凡人，都处在自我实现之中，我们需要为物质利益而奋斗。但是，我们仍应有强大的内心、平和的心态和悲天悯人的情怀。如果我们每天都在耗费能量以填补心理的失衡，不去关注事物以滋润心灵，不去善待身边的同伴，我们就没有成长和进步可言，对社会和他人就毫无价值。让我们少一些抱怨，少一些愤怒，少一些挑剔吧。让我们多一些付出，多一些善良，多一些平和吧。

人，本该诗意地栖居。法国后现代主义思想家德勒兹说："今天，我们生活在一个客体支离破碎的时代……我们不再相信有什么曾经一度存在过的原始总体性，也不相信在未来某个时刻有一种终极的总体在等待着我们。"在这次为期一周的后现代研讨班上，我学到了很多，感慨也很颇多，这些收获关乎学习、教育、生活、心灵。一切都处于永恒的变化与发展之中，一切都没有终点、永远在路上，一切都在希望之中。我们的心灵需要净化，我们的生活需要回归诗意。

最后，让我以拜伦的诗句来感恩这次研讨班上所遇到的一切："如我遇见你，在多年以后，我将何以致候？唯沉默与眼泪。"

《过程哲学与建设性后现代主义》自序

曲跃厚/文

过程哲学，又称机体哲学，特指当代英国著名哲学家阿尔弗雷德·诺斯·怀特海（1861—1947）的哲学，是建设性后现代主义的理论源头和基础。建设性后现代主义是相对于以法国哲学家雅克·德里达、美国哲学家理查德·罗蒂等人为代表的解构性后现代主义而言的，其主要代表人物有美国哲学家小约翰·B. 柯布和大卫·R. 格里芬等人。本书之所以定名为《过程哲学与建设性后现代主义》，是因为其中收录的论文、译文绝大多数都和过程哲学与建设性后现代主义相关。这些论文、译文大多发表在中国社会科学院主办的《哲学研究》《哲学动态》《哲学译丛》（现名《世界哲学》）和《国外社会科学》等期刊上，是从我自 20 世纪 80 年代中期以后至今撰写和翻译的 100 多篇论文、译文中挑选出来的。本书的出版，是我多年来在这一领域里耕耘劳作的一个小结，也是我对这个时代和社会的一种回报，尽管这种回报是如此之渺小和微不足道。

关于过程哲学与建设性后现代主义，该说的在我的论文中都已经说了。这里，主要谈的是我的求学和治学之路，或许可能对年轻学子多少有些启发。

我的小学、中学和大学都是在南京上的。小学和中学时期正值"文革"十年时期，了解那段历史的人都知道，那时对学生而言，"榜样"和"英雄"是黄帅和张铁生。在那种环境下，要在学校里真正学到点什么知识是很难的。好在我的父母都是教师，因而即使是在那个年代，我的学习成绩一直不错，为日后考上大学打下了良好基础。这里，要感谢的是我从未谋面、甚至不知道其姓名的安徽人民广播电台的两位英语老师。记得是20 世纪 70 年代初，安徽人民广播电台在全国较早开设了广播英语教学，每周一、周四两次课，其他时间重播。当时还是小学六年级学生的我，因为年少、对新事物感兴趣，竟也坚持自学了好几年，直到高中毕业。那两位英语老师，一男一女，发音标准，教得有方，再加上进度不快，我的英语水平在当时的普通学校中算是佼佼者，一度还当起了小老师。那几年的自学对我后来的学习和翻译来说帮助很大，以致成年后有同事问我怎么记得那么多英语单词时，我会骄傲地回答："童子功"。

更加幸运的是，在我即将高中毕业时，"文革"被画上了句号，我赶上了改革开放这一伟大的历史机遇。改革开放是我们时代最鲜明的特征，教育是最早改革的领域之一。1978年11月，经过匆匆准备，我参加了"文革"时中断了十年的高考。年少气盛的我总觉得自己一定能够考上，有一种"我不上大学谁上大学"的预感，但对考上什么样的大学和专业并无把握。我报考的是外语类院校，但因文科成绩较好，被录取到了南京大学政治系（后改为哲学系），成了一名曾被誉为"科学的科学"和"皇冠上的钻石"的学科——哲学的门生，步入了哲学这个神圣的殿堂。对于被动地被哲学系录取，我从未感到过后悔，甚至感到有点庆幸。2007年底，为纪念高考入学30周年，中国教育电视台曾邀请北大、清华、复旦、南大等七所高校当年入学的同学制作了一套来年春节播放的特别节目——"春天里的聚会"。我在节目中说过："如果来生让我再选专业，我会主动地选择学习哲学，因为它能使人变得更聪明。"

南京大学的综合实力，在全国无疑是第一流的。大学四年，对我们影响最大的事件，莫过于我们的老师、时任哲学系副主任的胡福明以"特约评论员"的名义于1978年5月11日在《光明日报》上发表了"实践是检验真理的唯一标准"这篇宏文。这件事对当代中国历史走向的影响，无论如何评价都不过分。遗憾的只是我当时还是一个哲学系一年级的新生，对这类理论问题还处于懵懂状态，不像我的那些年龄大得多的同学那样兴奋不已和积极参与。哲学系的学生要学的东西是很多的。尤其是在那个年代，除了要学习本专业必学的一些知识（如马克思主义哲学、西方哲学、中国哲学、逻辑学、伦理学、宗教学、美学等）以外，还要学习大量的自然科学知识。数学、物理学、化学、天文学、地学和生物学这六大基础学科的课程我们都学过，南京大学在这方面有着得天独厚的条件。比如，我们上天文学课就可以到学校的天文台去上，这在国内其他高校是不可想象的。再加上还要学习政治学、经济学、历史学、心理学、法学、外语等大量人文社会科学知识，学习任务是很重的。好在那时的学生基本上是教室—图书馆—宿舍三点成一线，学习虽苦，但乐在其中，四年的大学生活竟也一晃而过。1982年2月，我完成毕业论文《马克思〈数学手稿〉中的哲学问题》，顺利毕业、获得哲学学士学位，并被分配到上海第二军医大学工作。

我的治学之路是从翻译开始的。之所以从这里切入，和改革开放新时期、现代西方哲学在中国的流行以及我的英语专长有一定的联系。当时，对我影响比较大的是邓小平1979年3月底在党的理论工作务虚会上发表的《坚持四项基本原则》这篇讲话中的这样一段话："我们绝大多数思想理论工作者都应该钻研一到几门专业，凡是能学外国语的都要学外国语，要学到能毫无困难地阅读外国的重要社会科学著作。我们已经承认自然科学比外国落后了，现在也应该承认社会科学的研究工作（就可比的方面说）比外国落后了。"① 如果说以往的理论工作者由于历史条件的限制不太容易做到这一点还情有可原的话，那么改革开放以后成长起来的理论工作者还不能做到这一点，那就应该更多地从自身查找原因了。于是，我利用第二军医大学图书馆有限的哲学社会科学资源，查找了"教育哲学的目的""逻辑实证主义的历史"等资料，开始翻译并投稿给中国社会科学院文献中心和哲学研究所主办的《国外社会科学》《哲学译丛》，很快发表出来，这给了我很大的鼓励和自信。

1984年9月，是我治学道路上的一个重要里程碑。这一年，我考入北京大学哲学系助教进修班，来到北大这个全国最高学府进一步深造。在北大，从老师的层面讲，我受益最大的是王太庆和陈启伟两位先生，这两位先生都是西方哲学的大家。王先生早年毕业于西南联大，随陈康先生研习西方哲学，在国内哲学界享有盛誉。先生精通英、德、法、俄、拉丁、希腊和希伯莱等多门外语，经他之手翻译的西方哲学经典，或煌煌巨著，或箴言残篇，洋洋洒洒，达数百万字。由他担任主要译者的《西方古典哲学原著选辑》（包括《古希腊罗马哲学》《16—18世纪西欧各国哲学》《18世纪法国哲学》《18世纪末—19世纪初德国哲学》等等），特别是他

---

① 《邓小平文选》第二卷，人民出版社1983年版，第181页。

和贺麟先生合译的黑格尔《哲学史讲演录》（1—4卷）更是脍炙人口，堪称经典，成为每个中国学子学习西方哲学的必读书目。1985年上半年，王先生在北大开设"西方哲学史史料学"，我有幸担任课代表，和先生有过较多的接触。先生平日不苟言笑，给人以大智若愚的感觉，但讲起课来却如数家珍，字字玑珠。课下，同学们总喜欢围住先生问这问那，问得最多的当然是学习外语的问题。这本是题外话，所以先生的回答总也很干脆："师父领进门，修行在个人。"我从王先生那里学到的外语知识和翻译技巧几乎为零，但他的这一回答看似什么也没说，其实把一切都告诉了你。我想，聪明的学生是不难从中悟出点什么的。

陈启伟先生讲授的"西方分析哲学"课程在当时是很新的，而且讲得很细。他对我帮助最大的，是帮我根据德文校对了"科学的世界概念：维也纳学派"（Scientific World‐Concept：Vienna Circle）这篇当代西方哲学的重要文献。我上大学时就听说过这份文献，复旦大学哲学系教授刘放桐主编的《现代西方哲学》和南京大学哲学系教授夏基松在《光明日报》上连载的"现代西方哲学"等论著，都把这份文献译为"科学的世界观：维也纳学派"。但我找遍南京、上海和北京的各大图书馆，都没有查到这份文献的外文原文。后来还是通过我的同学、美国图兰大学哲学系留学生王庆节，在这份文献三位作者之一O.纽拉特的夫人M.纽拉特主编的《经验主义与社会学》（*Empiricism and Sociology*）一书中找到了它。1988年，我译完这份文献时已经离开北大，并因为夫妻分居两地从上海第二军医大学调到了天津军事交通学院工作。由于这份文献是以英德对照文本发表的，而我又不懂德文，为慎重起见，我冒昧地将译文寄给了时任北大外国哲学研究所所长的陈先生，请他根据德文进行校对。我知道陈先生很忙，身体也不是很好，除了给我们上过课以外没有任何私交，对我这个哲学系的旁听生也不太了解。没想到陈先生很快就认真仔细地用铅笔校对完毕，并在给我的回信中说明，我原译稿标题中的"世界观"（World‐Concept）一词译得不合适，因为维也纳学派明确地反对本义上的形而上学，反对对世界作整体的把握，主张的是经验主义、实证主义、逻辑分析，因而这里的"Concept"一词不应译为"观"（outlook），而应直译为"概念"。他特别强调，如有不同意见还可以再商量。1989年初，在维也纳学派诞生60周年之际，经陈先生校对过的这篇译文首次发表在中国社会科学院哲学研究所主办的《自然科学哲学问题》第1期上。1991年，陈先生把这篇译文收入他主编的《现代西方哲学论著选读》（北京大学出版社，1991年版）一书。1993年，陈先生又给我来信，邀请我出席由中国人民对外友协、中国社会科学院哲学研究所、北京大学外国哲学研究和奥地利驻中国大使馆等单位在北京新大都饭店联合举办的"纪念洪谦先生：国际科学哲学暨维也纳学派学术研讨会"，这是我第一次参加国际学术研讨会。陈先生的帮携，可谓"不思量，自难忘"。他是大家，我是学生，大家的严谨和虚怀令学生感佩仰止。

1989年1月，经过严格的考试和答辩，我以《脑科学研究中的直觉问题》一文获得北京大学哲学硕士学位。饮水思源，知恩图报，这里要对所有呕心沥血培养过我们的北大老师发自内心地说一声：谢谢你们！

天津是我的第二故乡，我在这里生活了18年，可以说我人生最美好的时光是在这里度过的。显然，天津各方面的条件和上海不可同日而语，包括做学问的环境。但天津有一个好处，那就是我的心静。在天津，除了上课，我有大量的时间可以自己支配。我的许多论文和译文是在天津完成的，以致2003年我去南京政治学院讲学时，时任哲学系主任的何怀远教授和我开玩笑："你在那个'鬼不生蛋'的地方怎么能做出我们在专业院校都做不出的学问来？"我也曾想过这个问题，除了自己心静以外，一个重要原因就是我在天津确立了自己的研究方向——过程哲学。这又要感谢我的挚友、时任中国社会科学院文献信息中心《国外社会科学》编辑部副主任、现任美国加州克莱尔蒙特大学过程研究中心中国部主任的王治河博士，以及过程哲学的第三代传人、世界著名过程思想家小约翰·B. 柯布和大卫·R. 格里芬。

1997的某一天，我去中国社会科学院《国外社会科学》编辑部送稿件，正好遇上治河君值班。他以为我是一个老作者（我1986年起就为该杂志写稿译稿），一定是个上了岁数的人，没想到是他的同龄人，又是系友，没聊几句，就递给我一本柯布和格里芬合著的《过程神学》（*Process Theology*）要我翻译。当时我对过程哲学并不十分了解，因为国内现有的西方哲学史教材和论著几乎很少提到怀特海，我只是在美国哲学家 M. 怀特（M. White）的《分析的时代》（*The Age of Analysis*）一书中看到过关于他的一个章节，再就是复旦大学哲学系陈奎德博士写过一本《怀特海哲学演化概论》。但由于和治河君相见恨晚，我也是个爽快人，便毫不犹豫地接了下来。这一接，就命里注定地和过程哲学结下了不解之缘。后来我才知道，早在20世纪三四十年代，熊十力、牟宗三、张申府、方东美、金岳霖、贺麟、张岱年、唐君毅、程石泉等老一辈哲学家就研究过怀特海。只是这些人后来到了台湾，加上大陆"文革"等因素的影响，国内一直很少有人研究怀特海这位大哲学家。当然，这只是一个因素，另一个很重要的因素是，即使是在西方哲学界，在很长一个时期，怀特海哲学也不处于主流地位，因为20世纪30年代以后西方占主导地位的哲学之一是以维也纳学派为代表的分析哲学，而不是以研究宇宙论为旨归的形而上学哲学，因而怀特海哲学在很大程度上被边缘化了。但是，金子总是会发光的；哲学毕竟不是逻辑分析和语言分析，分析不能回答和解决人类面临的一切问题。20世纪后期，随着建设性后现代主义的兴起，作为其理论源头和基础的过程哲学又被重新挖掘出来，成为哲学研究的一个新亮点。通过对过程哲学的研究，我想说，相比较而言，过程哲学确实要比分析哲学高一个层次。怀特海是大哲学家、大科学家、大教育家。在哲学上，他的《过程与实在》堪与康德的《纯粹理性批判》、海德格尔的《存在与时间》相媲美；在科学上，他和罗素合写的《数学原理》堪与牛顿的《自然哲学之数学原理》相比肩；在教育上，B. 罗素、W. V. O. 奎因、J. M. 凯恩斯都曾是他的高徒。而维也纳学派的相关成员，充其量只是一些对哲学感兴趣的自然科学家，并非真正意义上悲天悯人的哲学家。因而其成员虽不乏精确的算计，但缺乏高远的整合，过程哲学在哲学史上的意义要大于分析哲学。

2001年底，经已赴美留学的治河君介绍，美国加州克莱蒙大学过程研究中心名誉主任柯布和执行主任格里芬联名邀请并赞助我赴该中心访学，我在美国西部洛杉矶附近的克莱蒙这个号称"西部小哈佛"的大学里度过了令人难忘的半年时光，并成为过程研究中心1973年创立以来接待的第一个来自中国大陆的访问学者。过程研究中心是以过程思想为对象的研究机构，但又不仅仅局限于此，还包括了生态、教育、女权、宗教甚至自然科学等众多领域，用柯布的话来说，这是一个无中心的中心。作为中心名誉主任，柯布是当代世界过程思想的巨擘。早在1972年，他就出版了《地球主义》（*Earthism*）一书，并自称是一个"地球主义者"。可以说，和罗马俱乐部《增长的极限》及斯德哥尔摩《宣言》的作者们一样，柯布是世界上最早的一批生态主义者。他和美国著名经济学家 M. 达利（M. Dali）合写的《为了共同福祉》（*For the Commom Goods*）一书，获得过美国政府的奖励。正是由于他的杰出贡献，柯布当选为美国国家人文社会科学院院士，成为克莱蒙大学终身教授。和我所熟悉的维也纳学派及南斯拉夫实践派一样，这个中心在世界各地（如美国的克莱尔蒙特、日本的东京、韩国的首尔、印度的班加罗尔、奥地利的萨尔斯堡、南非的比勒陀尼亚等地）举办过多次国际学术研讨会，包括 2002 年在北京举办的研讨会，有着广泛的世界性影响。在克莱蒙这座美丽的小城，我旁听了相关课程，参加了许多研讨，收集了大量资料，采访了学界名流，并用英文作了"中国大陆的过程哲学研究"的演讲。我所撰写和翻译并在《哲学研究》《哲学动态》《世界哲学》等刊物上发表的许多关于过程哲学的论文和译文，大都是在克莱蒙和天津完成的。这些论文和译文有一些被《新华文摘》《人大复印报刊资料》全文转载，"评格里芬的后现代人权观""走向一种后现代教育哲学"还获得过全军政治理论研究优秀成果奖。后来，我还协助治河君在北京师范大学、黑龙江大学等高校建立了若干个过程研究中心，创办了由中国社会科学出版社出版的《中国过程研究》年刊并担任执行主编。我也成为改革开放后国内研究过程哲学的知名学者，确立了自己在这一领域的学术地位。

2006 年下半年，由于工作需要，我在时任总后勤部政治部宣传部部长杨杨、副部长王建仁、后勤学院副政委张宝全等领导的关心帮助下，从天津调至总后勤部干部轮训大队工作。到北京后，我的工作性质发生了相应的变化，自由支配的时间也不像在天津那么多了。但北京的平台明显要比天津大，尽管工作起来是很忙的。这一时期，我在学术研究上尽管也间或地涉足过程哲学，如多次应邀赴北大、北师大、首师大等院校讲学，为赵光武教授主编的《后现代哲学概论》撰写"过程哲学"一章，译校怀特海的《科学与哲学论文集》并由首都师范大学出版社出版等，但主要精力已经不在过程哲学上了。近几年，我受中央编译局原局长衣俊卿的委托，为他主编的"东欧新马克思主义译丛"翻译了南斯拉夫实践派代表人物之一 M. 马尔科维奇（M. Markovi?）的三部著作，撰写了关于马尔科维奇的一些论文。原本我还想趁热打铁，借着自己多年的积累，写两本关于过程哲学和南斯拉夫实践派的专著,但随着年龄的增大,自己的体力、精力包括眼力已经不像年轻时那样充沛,有一种"廉颇老矣,尚能饭否"的感觉,因而萌发了编一本文集的念头,想给自己的学术生涯画上一个句号。这本文集就是这一想法的产物,也不知它是否是一个句号,或是这个句号是否圆满。但我相信奥斯托洛夫斯基关于"人生无悔"的名言,我应该而且必须用自己的努力回报这个时代和社会。